Un jardin sur mon balcon

Secrétariat d'édition : Sylvie Gauthier, Isabelle Macé,
et Société Les Cours (Caen)
Conception graphique et réalisation : Anne-Marie Le Fur,
Béatrice Lereclus et Société Les Cours (Caen)
Illustrations : Ushie Dorner, Marlène Gemke,
György Jankovics, Christine Mills
Couverture : Nicole Dassonville

Cet ouvrage reprend la totalité des titres suivants :
Jardinières et balconnières, *Légumes et fleurs de balcon*,
Fruits en pots, *Plantes aromatiques*,
parus chez Hachette Pratique
dans la collection Petits Pratiques Hachette.

Martin Weimar, Friedrich-W. Frenz, Thomas Jaksch,
Peter Himmelhuber et Christine Recht

Un jardin sur mon balcon

Les conseils de spécialistes pour cultiver fleurs, fruits,
légumes et plantes aromatiques sur le balcon

Collection dirigée
par Patrick Mioulane

HACHETTE

SOMMAIRE

Les fleurs

Fleurs de balcon et pots

D'année en année, elles conquièrent toujours davantage de fenêtres, de balcons et de terrasses, étalant leur beauté dans des pots toujours plus raffinés, déversant un flot de fleurs hors des balconnières et des suspensions. Quelles sont à vrai dire les fleurs de balcon, d'où viennent-elles ? Vous allez l'apprendre dans les pages qui suivent. Vous découvrirez quels récipients et type de fixation leur conviennent le mieux, vous y trouverez ce qu'il est essentiel de connaître sur les balcons. Celui qui sait tenir compte des contraintes de lumière, d'humidité et de vent pour choisir ses fleurs sera récompensé par des plantes luxuriantes aux superbes inflorescences.

Quelles sont les fleurs de balcon ?

Les temps sont depuis longtemps révolus où l'on ne trouvait que des pélargoniums (appelés couramment géraniums) et des pétunias en pots. Une multitude de fleurs annuelles et d'arbustes, jusqu'alors cultivés en jardin, ont fait leur apparition, sur nos balcons et rebords de fenêtres, dans des pots et des bacs variés.

Les fleurs de balcon classiques

Ces petites merveilles qui donnent inlassablement fleur sur fleur tout l'été ne résistent pas au gel, et quand vient la fin de la saison - selon leur durée de vie -, elles retrouvent leurs quartiers d'hiver ou sont jetées. Elles vont enjoliver votre balcon de merveilleuses couleurs. Celles qui durent le plus longtemps sont principalement les pélargoniums (géraniums), les fuchsias, les bégonias, les impatientes, les marguerites, les calcéolaires et les pétunias. Une abondance et une variété de fleurs caractérise la "nouvelle vague" des fleurs en jardinières ou balconnières, de plus en plus appréciées ces dernières années :

- *Astericus maritimus ;*
- *Centradenia,* cascade rouge violet ;
- *Scaevola aemula,* violette ;
- *Convolvulus sabatius,* liseron de Mauritanie bleu clair ;
- *Erigeron karvinskianus,* pâquerette espagnole, blanc rosé ;
- *Lobelia erinus,* pour les suspensions, bleu clair.

En pots

Si vos fleurs ne tiennent pas tout l'été, vous pourrez, en revanche, participer toute l'année à la vie de la nature, en germination, en floraison et en fanaison, joies et beautés que vous auriez avec un jardin. Les fleurs et herbacées annuelles, mais aussi des arbustes pluriannuels et des fleurs à bulbes, développent leur pleine beauté au rythme des saisons, prétextes bien agréables pour étudier la nature. Lors de l'achat de vos plantes, pensez à de beaux plants de fruits à la coloration intéressante (vigne) ou à la parure vive en automne (cotoneasters). Les bosquets, arbustes et herbacées font un effet extraordinaire l'hiver quand ils sont recouverts de givre.

Mon conseil :
Après cette amorce d'idées d'arrangements, choisissez, pour la première fois, quelque chose de nouveau : vous avez à votre disposition une vaste palette de plantes !
Pour la culture en pots, prenez des plantes dont les racines se développent en surface plutôt qu'en profondeur. De nombreuses plantes, connues de longue date, ont été travaillées et rendues "aptes au balcon". Certaines variétés, nées de la main même des horticulteurs, résistent mieux au climat artificiel d'un balcon citadin. Elles pourront survivre si elles restent un moment sans eau et craignent moins que la plupart les parasites et les maladies. Il existe un grand nombre de fleurs, de légumes et de bosquets qui ont été conçus spécialement pour la culture en balconnières.

Un peu d'histoire

Des manuscrits de l'ancienne Égypte montrent des fleurs cultivées et destinées à l'ornementation de la maison ou à des cérémonies religieuses. Les "plantes en pots" servaient à décorer les cours et les jardins intérieurs des Égyptiens, des Grecs, et plus tard, des Romains. Elles étaient placées dans des récipients d'argile. Bien qu'il y eût, avant la naissance du Christ, des balcons et des loggias dans les villas romaines, ceux-ci ne furent jamais pourvus de plantes vivantes. Ceux des maisons de la haute noblesse, situés à l'endroit le plus exposé, étaient ornés de guirlandes de fleurs... en mortier ou en plâtre : une affectation qui resta purement politique jusqu'au XIXe siècle. Il faut attendre les changements sociaux, l'extension des villes et le début de la construction des maisons d'habitation au siècle dernier pour que des fleurs et des bosquets s'installent sur les balcons. Cet essor fut étayé par les nombreuses découvertes de plantes outre-mer qui gagnaient l'Europe à toute vitesse. En voici quelques exemples :

- En 1700 les formes primitives des pélargoniums (géraniums) vinrent d'Afrique du Sud en Hollande.
- En 1800 commença la culture en jardin des fuchsias.
- En 1822 la calcéolaire jaune (*Calceolaria integrifolia*) vint du Chili en Europe.
- En 1849 on vit le premier pétunia double en culture.
- En 1880 une expédition rapporta l'impatiente de Zanzibar.

Depuis, le simple citoyen utilise son balcon comme succédané de jardin et prétexte à jardinage.

Ascendance et origine
Ces fleurs, qui nous accompagnent toute l'année au balcon, sont des hôtes du monde entier. Un grand nombre est originaire des zones tropicales et subtropicales.

Les fleurs de balcon tropicales
Ces plantes ne sont pas soumises à des changements de saisons (écarts de températures et de lumière) et peuvent donc produire des fleurs toute l'année, en abondance. Elles n'ont pas besoin de période de repos et continuent leur floraison même dans leurs quartiers d'hiver. Les températures élevées et l'humidité de l'air favorisent leur croissance. Les impatientes, dont les ancêtres viennent d'Afrique orientale, de Ceylan, d'Inde et de Nouvelle-Guinée, ont besoin de beaucoup d'engrais.

Fleurs de balcon subtropicales
Ces plantes déversent leurs généreuses inflorescences le temps d'un été seulement. Leur croissance est marquée par le changement extrême des périodes de pluies et des saisons sèches. Quand la pluie tombe, elles germent rapidement et fleurissent. Si la saison sèche s'installe, elles refont aussitôt des semences. Vous pouvez prolonger leur floraison et leur ensemencement en les arrosant copieusement. Un exemple : le souci, originaire du Cap, en Afrique du Sud (*Dimorphotheca sinuata*). D'autres plantes de cette zone climatique ont la faculté d'emmagasiner l'eau. Vous les reconnaîtrez à leurs feuilles et à leurs tiges épaisses, telle, par exemple, *Scaevola aemula* d'Australie.

Fuchsias hybrides Avelanche, aux tutus violets.

Différences de longévité
Indépendamment de leur durée de vie biologique, les plantes se divisent en trois groupes :
Les annuelles
sont des plantes qui germent pendant un an, fleurissent, donnent des semences et meurent ensuite (par exemple les zinnias, les bleuets, les sters d'été). Elles ne peuvent pas hiverner. On peut renouveler leur culture à chaque printemps par des semences.
Les bisannuelles
sont des plantes semées en juillet/août ; elles germent et commencent à se développer la même année. Leur plus belle floraison n'a toutefois lieu qu'au printemps ou à l'été suivants. Elles sont particulièrement indiquées pour la culture dans de la tourbe. Les pensées, les giroflées, les myosotis fleurissent au printemps. On les remplace ensuite par une plantation d'été.
Les plantes pluriannuelles
sont des arbres, des arbustes et des végétaux herbacés parmi lesquels on peut ranger les fleurs à bulbes. Si on les entretient bien, on peut espérer les faire vivre de nombreuses années. Selon leur origine, elles résistent au gel et peuvent hiverner en plein air, avec une bonne protection (voir page 56). Les autres seront rentrées à la maison et protégées du froid (l'hivernage avec une protection est mieux pour les petits pots). Beaucoup de nos fleurs de balcon, arbustes des climats tropicaux ou subtropicaux, vivent plusieurs années.

Les plantes des balcons alpins sont réputées dans le monde entier pour leurs splendides couleurs et leur grande variété.

Dans nos régions, par contre, les faire hiverner revient plus cher que de les resemer au printemps. C'est pourquoi elles sont rangées, la plupart du temps, parmi les plantes annuelles. Les plantes vivaces qui résistent au gel sont capables d'hiverner en plein air, avec une petite protection (voir page 56). Les parties herbacées aériennes meurent en hiver ; le végétal passe la saison froide grâce à ses tubercules souterrains ou ses rhizomes. Au printemps, de nouvelles pousses apparaîtront.

Acheter ou cultiver ?
Il vous est possible d'acheter des plantes de balcon déjà en pleine floraison ou bien en jeunes plants non fleuris. L'alternative qui reste : les cultiver soi-même. Quelle que soit votre décision, chaque procédé a ses avantages et ses inconvénients.

Plantes en fleurs
Qui n'a pas envie de flâner sur le marché, après de longues journées d'hiver toutes grises, pour ramener à la maison les messagers multicolores du printemps et réaliser sa première plantation de balcon ? L'achat de plantes en fleurs toutes prêtes est toujours associé à un sentiment particulier d'euphorie.
Avantages :
Les plantes en fleurs sont idéales pour une plantation rapide sans grande préparation. Elles épargnent du temps, de la peine et ne demandent pas beaucoup d'espace. Vous aurez tout loisir de profiter pendant presque une année entière de votre balcon en fleurs, grâce à la grande variété que vous proposent les jardineries et les centres de jardinage en n'importe quelle saison. Ce choix offre aussi l'intérêt de ne pas avoir à faire trop d'effort pour imaginer sa future plantation. Dès l'achat, vous pouvez combiner les espèces selon l'harmonie de couleurs souhaitée.
Inconvénients :
Les plantes de balcon en fleurs sont plus chères que des jeunes plants ou des semences, et leur transport, quand elles sont touffues, est plus délicat que celui des petites plantes. Souvent, à partir de la mi-avril, la plupart des plantes à fleurs pour balcon sont déjà vendues. Il faudra donc vous les procurer assez tôt pour avoir un riche assortiment - tout en assurant une place suffisante, bien éclairée pour les plantes.

Jeunes plants
Les jeunes plants sont des boutures à racines, par exemple les pélargoniums, ou des plantes issues de semis, repiquées, comme les tournesols annuels ou les légumes.
Avantages :
Les jeunes plants verts sont bien meilleur marché que des plantes en floraison. Vous aurez souvent des rabais si vous en prenez une grande quantité. Les jeunes plants s'enracinent mieux que des plantes en fleurs parce qu'ils se trouvent encore en croissance végétative.
Inconvénients :
On offre souvent des jeunes plants peu développés en pleine croissance : cela signifie qu'ils ont encore besoin de place et de temps pour croître. Vous pouvez poursuivre la culture de plantes qui résistent au gel sur le rebord de la fenêtre, en serre ou dans des bacs de couche.

Cultiver soi-même

Celui qui désire faire pousser lui-même des plantes rares sur son balcon n'y parviendra pas tout seul ; vous n'aurez vos semences ou bulbes, le plus souvent, qu'en passant par des firmes spécialisées (voir adresses page 242). Bien des années sont nécessaires avant que les arbustes atteignent leur pleine maturité. Laissez donc aux horticulteurs le soin de cultiver et achetez des exemplaires déjà grands en toute confiance !

Avantages :

Une culture personnelle de fleurs de balcon est précieuse. Pour des enfants, elle prend la valeur d'une expérience passionnante. Le semis des fleurs de soleil, à germination rapide, sera particulièrement facile ; il peut s'effectuer dès la fin du mois d'avril, sans mesures de protection particulières, dans des balconnières en plein air. Tout aussi simple est la plantation des oignons des fleurs de printemps en automne. Ils seront hivernés en pots, en plein air (voir page 26).

Inconvénients :

De la patience, du temps, un peu de discipline et un minimum de connaissances en jardinage sont nécessaires pour faire croître avec succès. La culture trop précoce des fleurs de balcon sensibles au gel peut entraîner des frais démesurés. Selon la quantité de plants que vous souhaitez cultiver chez vous, prévoyez un bocal ou une serre pour petites plantes, pourvus d'un appareil de climatisation automatique. Il arrive souvent que le rebord de la fenêtre soit suffisamment chaud pour permettre la germination des graines, mais un emplacement froid et très clair dans la maison fait souvent défaut : les jeunes plants s'étiolent et pourrissent avant même de pouvoir être mis dehors après les gelées tardives.

Acheter selon la saison

Les fleurs de printemps :

Acheter les oignons pour une culture personnelle, en septembre/octobre, et les mettre en terre. Les premières fleurs peuvent être obtenues dès le mois de décembre.

Les fleurs d'été :

Les plantes de balcon en floraison sont dans le commerce dès avril, les jeunes plants verts dès mars. Les annuelles sont semées entre février et avril, suivant la date de leur culture. Beaucoup sont proposées en plants. Semer les bisannuelles au mieux en juillet/août de l'année précédente - ou sinon acheter des jeunes plants. Acheter les arbustes au printemps et les planter.

Les fleurs d'automne :

Acheter au printemps les arbustes qui fleurissent en automne, les végétaux cultivés en conteneur peuvent être plantés en été. Les asters, les chrysanthèmes et les bruyères sont en fleurs à partir d'août/ septembre.

Plantation d'hiver :

Les arbustes à feuillages persistants ou à floraison hivernale, tels le genêt, l'obier boule-de-neige ou l'hamamélis doivent être plantés au printemps ou en automne.

Où acheter des plantes ?

Le mieux est de se fournir chez des horticulteurs qui les cultivent eux-mêmes. Les centres de jardinage, les marchés et les fleuristes offrent également un grand choix, généralement de bonne qualité, et sont de bons conseils. Méfiez-vous des aubaines trop alléchantes de plantes à bas prix ; la qualité des fleurs risque de laisser à désirer, car il est vraisemblable qu'elles ont été stockées, telles des marchandises, sur des étagères. Il vous faudra cultiver vous-même les fleurs rares à partir de semences ou d'oignons que vous auront livrés uniquement des expéditeurs spécialisés (voir adresses page 242).

Tout dépend de l'emplacement

Avant d'acheter vos fleurs ou vos plantes, examinez attentivement votre balcon ou la fenêtre que vous désirez décorer. En effet, les végétaux ne prospèrent pas seulement grâce à l'eau ou aux substances nutritives, mais aussi en fonction de leur emplacement. L'influence de la lumière, de la température, du vent et de la pluie peut être décisive. Ainsi, les fuchsias n'aiment pas le plein soleil d'une face sud, les pélargoniums et les pétunias, à l'inverse, le supportent aisément mais souffrent des averses. Informez-vous donc bien sur les besoins de vos plantes avant de les acheter. Posez-vous quelques questions : “Comment mes plantes vont-elles être exposées ? (voir page 15, l'emplacement du balcon). L'endroit est-il protégé du vent et de la pluie ? (voir page 16, le vent et la pluie). Quelle lumière recevront-elles ? (voir page 16, le soleil, l'ombre, la pénombre). Est-ce qu'elles conviendront à la taille et la résistance du balcon ? Ne seront-elles pas trop hautes devant la fenêtre ?” Ces réflexions vous aideront à éviter des erreurs de jardinage et des déboires financiers !

Bien amendées, les fraises en pot ont de beaux fruits, comme le montre cette vasque.

Le balcon
Les conditions de lumière et de température que connaît le balcon dépendent de son orientation et de sa construction.
Un balcon situé au sud offre du soleil toute la journée. Mais en été la chaleur y est très forte. Les plantes sensibles peuvent y brûler. Dans tous les cas, un arrosage intensif est à prévoir. Les emplacements au sud-est et sud-ouest sont les meilleurs, toutes les plantes y prospèrent, sauf celles aimant l'ombre, bien sûr.
Un balcon exposé au nord reste toujours dans l'ombre, le soleil direct ne l'atteignant jamais. En l'absence de soleil, qui provoque l'évaporation de l'eau de pluie et d'arrosage, l'humidité se maintient souvent longtemps dans le substrat. Peu de fleurs de balcon peuvent y prospérer, et il est rare d'obtenir une abondance de fleurs estivales.
Les balcons situés à l'est et à l'ouest ont des incidences de lumière semblables, puisqu'il n'y a jamais d'exposition au soleil dur de midi. Le balcon à l'est retient le doux soleil du matin. Le balcon à l'ouest offre le soleil de l'après-midi ou du soir, mais est soumis aux averses et tempêtes.

Mon conseil :
Ce ne sont que des généralités qu'il faut adapter à votre environnement : un balcon au sud peut se retrouver dans l'ombre grâce à un toit, ou un arbre placé devant ; un mur extérieur blanc qui réfléchit le soleil fera d'un balcon au nord un emplacement clair !

Des espaliers protègent du vent... et du regard des voisins !

Le vent et la pluie
Les expositions à l'ouest sont souvent livrées à la pluie et au vent, et dépourvues de protection. Sur des toits en terrasse, sur des balcons plus en hauteur ou des terrasses privées, il est déconseillé d'installer des plantes fragiles qui peuvent facilement se casser. Nombreuses sont celles qui, appréciant la chaleur, ne peuvent que peu ou pas du tout prospérer quand elles subissent les averses.

Le soleil, l'ombre, la mi-ombre
C'est avec ces expositions que les horticulteurs et les centres de jardinage caractérisent les besoins en lumière des plantes. La plupart du temps, celles-ci sont dotées des symboles suivants :

☼ = soleil : La plante a besoin et supporte le plein soleil. La place au sud est importante pour sa floraison.

◐ = ombre : La plante supporte ou aime l'ombre, elle peut donc être orientée au nord.

● = mi-ombre : La plante aime surtout pousser dans un endroit éclairé, mais ne supporte pas le soleil de midi, trop agressif. Elle peut être exposée à l'est ou au sud-est, à l'ouest ou au sud-ouest.

Mini-guide des pots
Toute fleur de balcon gagne à être dans un joli pot, adapté à elle et à son environnement. Le commerce spécialisé en présente un vaste choix (pots, caisses, coupes, bacs, suspensions, amphores, etc.) dans les matériaux les plus divers. À l'achat, comparez les offres selon la forme, le matériau, la taille, le poids, la résistance et le prix.

Ce que doit comporter un bon pot à fleurs
Etre suffisamment vaste afin qu'il y ait assez de substrat et de place pour la formation des racines. Ceci est tout particulièrement important pour les pluriannuelles. Des récipients trop petits comportent, en outre, le risque de donner trop peu d'eau aux plantes, le substrat dans le pot pouvant à peine emmagasiner de l'humidité. Avoir des trous d'écoulement afin qu'il n'y ait pas d'eau stagnante, qui fait pourrir les racines en cas d'arrosage trop généreux ou d'averse.
Résister au gel, afin que des conifères, des plantes vivaces à feuillages ou des arbustes puissent hiverner en plein air.

Mon conseil :
Pour chaque pot, prévoyez une soucoupe pour l'eau d'arrosage en excédent. Vous éviterez des ronds de mousse et d'eau disgracieux sur le sol, ainsi que des disputes avec les voisins !

Différents matériaux

Les pots en plastique. Ils résistent aux intempéries, sont légers et bon marché. En été, ils gardent mieux l'humidité du substrat, car leurs parois, non poreuses, n'absorbent pas l'eau.
Inconvénients :
Ils ne sont pas vraiment jolis ! Et mis au sud, ils peuvent chauffer au point de brûler les racines.

Les pots en terre cuite, eux, sont magnifiques. Ils vont avec toutes les plantes et donnent un air méditerranéen à votre balcon. Il y en a de simples, d'autres plus décorés. Ils ont un certain poids qui leur assure une bonne stabilité ; leurs parois poreuses laissent respirer les racines des plantes. Même en été, une bonne humidité est garantie.
Inconvénients :
Ils sont chers, fragiles et cassent sous l'effet du gel.

Les pots en aggloméré. Il en existe sans amiante dans le commerce. Ils sont lourds, donc stables, résistants au gel, aérés. Ils sont indiqués pour certains agencements, car on peut les peindre de toutes les couleurs.
Inconvénients :
Les pots en Fibrociment coûtent cher et se fendent au moindre choc.

Les pots en bois ont un poids moyen et résistent au gel.
Inconvénients :
Ils sont chers et exigent beaucoup d'entretien. Suivant l'espèce du bois, ils craignent l'humidité et doivent être traités avec des produits, pas toujours compatibles avec les plantes. Il faut toujours placer ces pots sur des planches pour leur donner la meilleure aération possible, ou encore sur des briques.

Entretien

Les pots en argile doivent être "imbibés" à fond avant la première mise en pot. Le mieux est de les plonger dans une baignoire jusqu'à ce qu'il n'y ait plus de bulles à la surface. On peut aussi mettre les grands pots quelques jours sous la pluie ou les nettoyer avec le jet du tuyau d'arrosage. Chaque pot doit être brossé et rincé à l'eau claire avant d'être rangé. Gardez de préférence les efflorescences calcaires sur les pots de terre cuite : elles leur confèrent leur première patine, si recherchée. Avant le début des gelées, mettez à l'abri tous les pots fragiles.

La sécurité sur le balcon

Si votre balcon dépend d'un appartement en location, vous avez tout à fait le droit d'en disposer librement tant que les droits du colocataire ou du propriétaire de la maison sont respectés. De nombreux baux ne permettent pas non plus d'installer des jardinières suspendues à l'extérieur.

- En règle générale, le locataire a le droit, même sans l'autorisation du propriétaire, de mettre des bacs à fleurs sur son balcon et de les planter librement.
Ce droit est limité dans la mesure où il doit assurer la sécurité de sa balustrade et ne pas transformer l'aspect extérieur général de la maison.

- Si vous voulez poser un grand nombre de bacs ou de lourds caissons sur le balcon, il vous faudra au préalable vérifier la résistance du balcon.

- Consignez par écrit avec le propriétaire toute transformation d'ordre architectural comme l'installation de lambris, de lambrissages ou de peintures sur le balcon.
Quant au propriétaire, il en discutera avec les autres copropriétaires auparavant. Même si vous avez un accord écrit, votre bailleur peut, en fin de bail, vous demander de tout remettre en l'état initial.

- Fixez les jardinières de telle façon que ni le vent ni la tempête ne puissent les renverser (voir pages 18-19, le guide pratique des fixations). Les caisses doivent posséder un système de sécurité (dessin 2, page 18) empêchant le bac de tomber.

- Contrôlez à intervalles réguliers les dispositifs d'attaches.

- Évitez que l'eau d'arrosage ou de pluie ne coule le long de la façade ou chez le voisin. En automne ou en hiver, cela peut devenir une véritable source de danger, notamment si l'eau gèle sur le trottoir. Veillez donc à ne jamais oublier la soucoupe sous chacun des pots.

- Pulvérisez des produits sur les plantes quand vos voisins ne sont pas sur leur balcon, et faites attention à ce que le nuage de brumisation ne s'envole pas sur les autres balcons.

GUIDE PRATIQUE
Les fixations

Les balconnières, les pots et les suspensions doivent être bien choisis : sûrs, solides, ils doivent rester debout en cas de tempête violente. Des pots non fixés sont un danger pour les passants et peuvent occasionner des blessures ou des dommages graves.
Important : Il faut toujours pourvoir les pots de soucoupes pour l'eau d'arrosage.

Fixer des suspensions
La place étant comptée sur un balcon, les suspensions offrent une alternative intéressante. Elles sont souvent accrochées par une cheville à une saillie de mur protecteur ou au plafond, et suffisamment en hauteur pour qu'on ne se cogne pas dedans et que les plantes ne soient pas gênées dans leur croissance quand elles étalent leurs feuilles vers le bas. Réfléchissez donc bien à l'endroit où les mettre ! Si merveilleuses qu'elles soient, elles sont souvent les laissés-pour-compte de l'arrosage, de l'époussetage ou de la prévention contre les parasites.

Quelques systèmes facilitent ces opérations :
Fixation à palan : elle n'est pas attachée par un crochet mais par un cylindre d'où descend une chaîne assez longue, le long du mur latéral. À chaque soin, on fait descendre le pot sur la chaîne, puis on le hisse à nouveau à sa place. On peut trouver cet ingénieux système dans les commerces spécialisés.

Système de fixation mural (dessin 1) : Les fixations latérales sur les murs, attachées grâce à des clous muraux, sont moins hors de portée. Il en existe de toutes sortes dans le commerce, celles en fer forgé sont particulièrement décoratives.

Mon conseil :
Suspendre des pots à des cordages naturels est très esthétique. Mais veillez à ce que les cordes porteuses n'entrent pas en contact avec le terreau. Elles pourriraient à force d'humidité, et la suspension finirait par se détacher. Les chaînes sont plus sûres, de même que les cordes en matière plastique, en acier ou en acier galvanisé.

Fixer des balconnières
Selon les particularités architectoniques de votre balcon, vous pourrez vous procurer dans le commerce des systèmes pour balcons ou des supports. Sinon vous pouvez les fixer sans trop de mal vous-même. Auparavant, renseignez-vous impérativement pour savoir si la balustrade supporte des caissons lourds et s'ils conviennent à votre balcon. Souvent, il est interdit de suspendre à l'extérieur.
Système de fixation pour balconnière (dessin 2). Avec celui-ci, très courant, vous pourrez suspendre vos bacs aussi bien

1 Support latéral en fer forgé pour suspension.

2 Porte-jardinière pour suspensions intérieures et extérieures.
3 Coin de sécurité pour balustrades, avec avancée, à visser.
4 Fixation à feuillard pour balustrades et bacs en bois.

à l'intérieur qu'à l'extérieur, sur le parapet. Il suffit de visser les supports sur la largeur du bac et de la balustrade. Sur les montants horizontaux, vous disposez d'une ample quantité de pièces de métal qui sont vissées tout le long, en butoir pour le bac. Les bacs en matière plastique s'affaissant facilement, il faut prévoir un support tous les 40 cm.

Système de fixation à visser (dessin 3). Ces pièces assurent une certaine sécurité pour le maintien des balconnières sur les parapets ou les rebords de fenêtre. On peut les y visser ; ils empêchent les pots de tomber.

Système à feuillard (dessin 4). Une méthode incroyablement simple pour fixer des caisses en bois sur de larges planches de bois. Vous aurez besoin de feuillard troué - on en trouve dans les magasins de matériaux de construction, de toutes les tailles. Bacs et balustrades seront reliés par des vis à bois.

Placer en toute sécurité des pots individuels

Les pots de fleurs sont encore plus instables que les bacs. Dans de nombreuses régions, ils sont fort appréciés car ils évitent une transplantation.

Assurer les pots de fleur sur le rebord de fenêtre (dessin 5). Avec deux équerres et une latte de bois assez épaisse, vous pourrez construire vous-même une protection très simple. Chevillez les équerres dans le mur, au niveau du bord supérieur des pots. Entre les pots et la moulure, il ne doit y avoir aucun jeu. La moulure sera ensuite fixée aux équerres par des vis à bois.

5 Fixation par lattes des pots individuels sur le rebord de la fenêtre.

6 Pots séparés dans des bacs à fleurs sous l'appui de fenêtre.

Installer des pots dans des bacs à fleurs (dessin 6). C'est une opération simple qui permet d'agrandir l'espace d'un rebord de fenêtre trop etroit. Sous la fenêtre, vous chevillerez au mur des supports à balconnières. Vous pourrez y loger confortablement des pots, bien calés, en ayant la liberté de les bouger à tout moment. Bien sûr, cette méthode s'applique aussi aux pots isolés placés sur les rembardes de balcon, à l'intérieur comme à l'extérieur.

Fixer des pots sur une balustrade (dessin 7). Pour les coins, on trouvera dans le commerce des paniers en fil de fer spécialement conçus à cet effet. Pour les petits balcons, c'est l'idéal : il devient possible ainsi de mettre de la verdure, même dans les coins habituellement inutilisés. Quant aux treillages, les commerces spécialisés en proposent certains où l'on incruste les pots. Les formes sont variées. Beaucoup de plantes peuvent prendre place sur ces supports originaux.

7 Supports de pots de fleurs sur les barreaux ou pour les coins.

Mon conseil :
On peut renforcer la sécurité des pots individuels en passant un morceau assez long de fil de fer, galvanisé du bas, à travers le trou d'écoulement d'eau et la terre de façon à ce qu'il ressorte en haut par le pot. Tirez l'extrémité inférieure vers le haut et amarrez le pot solidement.

Des balconnières en toutes les saisons

Des fleurs printanières fraîches et délicates, des plantations d'été florissantes et somptueuses, une atmosphère d'automne toute en rouges et ors, un joyeux feuillage vert en hiver, tout cela, vous pouvez le créer sans trop de peine. Que vous ayez peu ou beaucoup de place n'est pas important. Il en faut peu pour associer joliment de nombreuses fleurs en caisse, en vasque, en suspension, en pot ou en bac. Dans les pages qui suivent, vous trouverez divers conseils pour les agencer et des idées de plantations pour toutes les saisons.

Le rendez-vous des fleurs de toutes les couleurs.
Toute la magnificence de l'été s'étale dans ce bac. Le pompon du pélargonium rouge rayonne entre le rudbeckia et les soucis, les pétunias bleu foncé et le liseron de Mauritanie bleu (voir page 33).

Des astuces pour agencer les fleurs de balcon

Le plaisir de faire des plantations sur votre balcon sera considérablement accru par un choix judicieux de plantes et leur harmonie de couleurs. Tout comme un maquillage réussi peut mettre en valeur les beaux traits d'un visage, des fleurs combinées astucieusement renforcent mutuellement leur charme individuel.

Pensez toujours au coup d'œil !

Celui qui décore son intérieur avec des plantes souhaite l'embellir, en faisant plaisir à ses proches et à lui-même. Avant tout achat, pensez à respecter quelques lois de l'effet optique.

L'effet à distance :
Vous l'obtiendrez avec des plantes à grandes fleurs et/ou très florifères. Par exemple : les grandes fermes alpines à plusieurs étages sont décorées le plus souvent de pélargoniums, de pétunias ou de bégonias.

Effet de proximité :
Si vous avez envie de vous créer une oasis de verdure sur un petit balcon, vous pouvez choisir des plantes avec peu de fleurs, délicates. Elles gagneront à être vues de près.

Environnement :
Que ce soit un mur de béton, une balustrade en bois ou en fer forgé, toute plantation se trouve devant un fond de couleur. Devant un mur clair, choisissez des couleurs vives ; devant un mur sombre, des fleurs claires et pastel.

Équilibre optique :
Imaginez, lorsque vous agencez vos plantes, que votre balconnière est une balance dont l'aiguille est placée exactement au centre. Sont qualifiées de belles les plantations qui sont situées au milieu. Cela ne signifie pourtant pas qu'il faille planter la même chose de chaque côté ! Mais une plante en hauteur d'un côté exige un équilibre de l'autre, qu'apporte par exemple une fleur à port retombant ou buissonnant.

Plantation représentative

Les lois sont autres que celles de la plantation quasi naturelle. Par représentatif, on entend une décoration de fleurs qui doit embellir un balcon ou tout un fronton de maison - vu de l'extérieur. Dans ce cas, il faut planter par échelons pour satisfaire l'œil, c'est-à-dire poser les plantes à port dressé ou à feuillage à l'arrière-plan, tandis que des fleurs basses à port retombant ou semi-retombant s'imposent au premier plan : elles garnissent le bord du pot.

Mon conseil :
Évitez les plantes qui poussent trop haut devant les fenêtres, elles auraient une incidence sur la lumière.

Plantation quasi naturelle

L'ordonnance haut/bas n'est plus respectée ici. Des plantes en tige pourront trouver place au premier plan, d'autres à port retombant ou grimpantes au milieu ou en bas, et des fleurs moyennes se cacher derrière des plus grandes. En vous promenant, regardez donc autour de vous. La nature ne procède pas en échelonnant, mais elle nous réserve bien d'autres surprises : par exemple, une petite touffe de fleurs protégée du vent derrière un arbuste touffu. Ne choisissez donc pas vos fleurs toutes de la même hauteur, mais prenez aussi des plantes courbes ou déportées sur un côté.

Mon conseil :
Ne coupez pas trop vite avec les ciseaux pour ordonner, sauf si la croissance d'une plante trop luxuriante commence à gêner l'espace vital des fleurs voisines.

Associer les couleurs

La longue masse d'une plantation régulière de pélargoniums rouges a, certes, un effet apaisant mais rapidement ennuyeux. Toute monotonie endort les sens, les émousse.
Il faudra donc veiller à la variété des couleurs.

Un balcon aux couleurs romantiques, joli à croquer et savamment décoré.

- Les couleurs complémentaires renforcent mutuellement leur éclat : ce sont les contrastes rouge-vert, bleu-orange et jaune-violet.
- Les combinaisons tons sur tons ont un effet très élégant.
- Les couleurs froides, bleu, violet, vert canard, vert tendre, peuvent toutes être combinées entre elles ou avec du blanc.
- Les couleurs chaudes, jaune, orange, rouge vermillon, s'harmonisent très bien entre elles.
- Naturellement, il est possible de mêler des couleurs chaudes et froides. Toutefois, il faudra être sensible à l'harmonie entre elles. Jouez la note d'ambiance en réservant certaines couleurs, posez des accents ici ou là.
- Établissez des rapports dans les quantités de couleurs : beaucoup de couleurs chaudes dans un domaine, et peu dans l'autre. N'oubliez pas les verts dans les plantations. Ils sont une zone de repos entre les couleurs.

Le vert, la couleur des feuilles, peut être renforcé avec celui de l'asparagus, des herbacées ou du lierre. Des feuilles blanches et vertes, comme celles que possèdent le *Plectranthus coleiodes* ou des lierres panachés, apportent un supplément de lumière.

Couleurs et calendrier de l'entretien des principales fleurs de balcon

	autres couleurs de fleurs	fleurs blanches	nom scientifique nom courant		période de floraison	emplacement	arrosage	hivernage
Couleurs froides : de bleu à violet			*Brachyscome iberidifolia*		VI - X	ensoleillé, mi-ombre	○	▲
	rose	□	*Convolvulus tricolor* belle-de-jour		VI - IX	ensoleillé, mi-ombre	●	❦
			Convolvus sabatius liseron de Mauritanie bleu		V - X	ensoleillé, mi-ombre	○	▲
			Felicia amelloides aster du Cap bleu		V - X	ensoleillé, mi-ombre	○	▲
			Heliotropium arborescens héliotrope	☠	V - X	ensoleillé, mi-ombre, à protéger de l'humidité	●	▲
	rose	□	*Lobelia erinus* lobélia		V - X	ensoleillé, mi-ombre, ombre	●	❦
	rose	□	*Lobularia maritima* alysse odorant		V - IX	ensoleillé, mi-ombre	○	❦
	rose	□	*Myosotis sylvatica* myosotis		IV - VII	ensoleillé, mi-ombre	○	❦
			Scaevola aemula		VI - X	ensoleillé, mi-ombre	○	▲
	crème, jaune, orange, rouge, rose	□	*Viola* Wittrockiana hybrides pensées hybrides		IX - VI	ensoleillé, mi-ombre	○	▮
Couleurs froides : de rose à pourpre	rouge	□	*Bellis perennis* pâquerette vivace		II - VI	ensoleillé, mi-ombre	●	▮
	jaune, rouge, violet, bleu	□	*Callistephus chinensis* aster de Chine, reine-marguerite		VII - X	ensoleillé, mi-ombre	○	❦
			Centradenia cascade		IV - X	ensoleillé, mi-ombre	○	▲
	crème, jaune, orange, rouge, rouge brun, violet	□	*Chrysanthemum* Indicum hybrides de chrysanthème	☠	IX - XI	ensoleillé, mi-ombre, ombre	○	▲
		□	*Erigeron karvinskianus* vergerette d'Espagne		V - X	ensoleillé, mi-ombre	○	▲
	orange, violet, vert	□	*Fuchsia* fuchsia		V - X	mi-ombre, ombre, besoin de vent / emplacement protégé	●	▲
	orange, rouge, violet	□	*Impatiens* hybrides hybrides d'impatientes		V - X	mi-ombre, ombre, à protéger de l'humidité	○	▲
	jaune, rouge, violet, bleu	□	*Petunia* hybrides hybrides de pétunias	☠	V - X	ensoleillé, mi-ombre, à protéger de l'humidité	●	❦
	crème, jaune, orange, rouge	□	*Rosa* rose miniature		VI - X	ensoleillé, mi-ombre	○	▮
	rouge, saumon, violet, bleu	□	*Verbena* hybrides verveine		V - X	ensoleillé, mi-ombre	●	❦

Symboles utilisés

Si vous désirez faire tout un balcon ou juste un bac à fleurs dans votre couleur préférée, vous trouverez ici des suggestions fournies par l'auteur. Naturellement, les autres couleurs sont aussi mentionnées.
Les fleurs blanches apparaissent dans une rubrique à part.

Floraison
Les chiffres romains indiquent les mois.

Emplacement

- ensoleillé
- mi-ombre
- ombre
- À protéger de l'humidité, craint la pluie
- A besoin de vent
  Emplacement protégé

Couleurs et calendrier de l'entretien des principales fleurs de balcon

Groupe	autres couleurs de fleurs	fleurs blanches	nom scientifique nom courant	période de floraison	emplacement	arrosage	hivernage
Couleurs chaudes : de jaune à orange			*Astericus maritimus*	V - X	☼ ◐	modéré	à la maison
Couleurs chaudes : de jaune à orange			*Calceolaria integrifolia* calcéolaire	V - X	☼ ◐ ☂	abondant	sans hivernage (plante annuelle)
Couleurs chaudes : de jaune à orange	rose	□	*Chrysanthemum frutescens* chrysanthème frutescent	V - X	☼ ◐	abondant	à la maison
Couleurs chaudes : de jaune à orange	crème	□	*Dimorphotheca sinuata*	V - IX	☼ ◐	modéré	sans hivernage (plante annuelle)
Couleurs chaudes : de jaune à orange	crème, rouge brun, brun		*Helianthus annuus* tournesol, soleil	☠ VIII - X	☼ ◐ ✶	abondant	sans hivernage (plante annuelle)
Couleurs chaudes : de jaune à orange	crème, rose, rouge, bleu	□	*Nemesia* hybrides némésie	V - IX	☼ ◐	modéré	sans hivernage (plante annuelle)
Couleurs chaudes : de jaune à orange			*Santivalia procumbens*	V - X	☼ ◐	modéré	sans hivernage (plante annuelle)
Couleurs chaudes : de jaune à orange		□	*Thunbergia alata* thunbergie Suzanne aux beaux yeux	V - X	☼ ◐ ✶	modéré	sans hivernage (plante annuelle)
Couleurs chaudes : de jaune à orange			*Thymophylla tenuiloba*	VI - X	☼ ◐	modéré	sans hivernage (plante annuelle)
Couleurs chaudes : de jaune à orange	crème, rouge, rouge brun		*Tropaeolum* hybrides capucines	V - X	☼ ◐ ●	abondant	sans hivernage (plante annuelle)
Couleurs chaudes : de rouge à rouge brun	jaune, orange, rose, saumon	□	*Begonia*-hybrides bégonias	IV - X	◐ ● ☂	modéré	à la maison
Couleurs chaudes : de rouge à rouge brun	jaune, orange, rose		*Cheiranthus cheiri* giroflée ravenelle, giroflée jaune	IV - VI	☼	modéré	en plein air avec protection
Couleurs chaudes : de rouge à rouge brun	rose, saumon	□	*Dianthus* Chinensis hybrides œillet de Chine	VI - X	☼ ◐ ☂	modéré	sans hivernage (plante annuelle)
Couleurs chaudes : de rouge à rouge brun	rose	□	*Erica herbacea* bruyère	☠ X - XII	☼ ◐ ●	abondant	sans hivernage (plante annuelle)
Couleurs chaudes : de rouge à rouge brun	crème, jaune, orange, rose	□	*Gazania* hybrides	VI - IX	☼	modéré	à la maison
Couleurs chaudes : de rouge à rouge brun	jaune, orange, rose	□	*Lantana* Camara hybrides	V - X	☼ ◐	modéré	à la maison
Couleurs chaudes : de rouge à rouge brun	crème, rose, vert	□	*Nicotiana sanderae* tabac d'ornement	V - X	☼ ◐ ●	modéré	sans hivernage (plante annuelle)
Couleurs chaudes : de rouge à rouge brun	rose, saumon, violet	□	*Pelargonium* géranium	☠ V - X	☼ ◐	abondant	à la maison
Couleurs chaudes : de rouge à rouge brun	jaune, orange, rose, bleu, violet	□	*Primula* Vulgaris hybrides primevères	I - V	☼ ◐	modéré	en plein air avec protection
Couleurs chaudes : de rouge à rouge brun	jaune, orange		*Tagetes* hybrides œillet d'Inde	VI - X	☼ ◐	modéré	sans hivernage (plante annuelle)

Arrosage

- abondant
- modéré

Hivernage

- sans hivernage (plante annuelle)
- à la maison
- en plein air avec protection

Attention

☠ Plante vénéneuse ou contenant des substances toxiques irritantes

Idées pour le printemps Conseils et exemples

Après un long hiver tout gris, chacun a besoin de couleurs et de verdure. On pense aux perce-neige, aux violettes, aux crocus, aux tulipes et aux narcisses. Pour que vous puissiez savourer le plaisir des couleurs de ces joyeux messagers du printemps, il faut penser à eux assez tôt.

La plupart des fleurs de printemps à bulbes montrent généreusement leurs délicats boutons si leur programme de germination et de croissance est respecté.

Fleurs à bulbes - quand les planter ?

En automne.
Les fleurs à bulbe qui fleurissent au printemps subissent quand même frimas et gelées. Elles devront être plantées en automne, dans des pots résistants. Dès la fin de l'été, les centres de jardinage et les horticulteurs offrent un ravissant choix de plantes à fleurs pour le printemps. Vous vous procurerez les raretés auprès des expéditeurs spécialisés (adresses page 242). Veillez à ce que les bulbes n'aient pas de traces de moisi et ne soient pas desséchés. Si vous ne les plantez pas juste après l'achat, stockez les oignons dans l'obscurité, au froid, jusqu'à la mise en terre, mais jamais dans des sacs en plastique.

Mettre en terre.
Planter les oignons dans le substrat, rejet vers le haut (côté pointe), et si possible à une profondeur égale à deux fois la hauteur du bulbe. On distingue, bien que difficilement, le haut et le bas souvent uniquement grâce aux racines desséchées. Si les oignons sont à l'envers, ce n'est pas grave, ils se replacent d'eux-mêmes dans le bon sens, mais ils auront alors besoin d'un peu plus de temps pour donner des fleurs. Posez les pots dans un coin abrité de votre balcon et maintenez bien la terre humide afin que les racines puissent se développer. N'oubliez pas votre plantation en hiver et arrosez-la en cas d'hiver sec sans gelée.

Au printemps.
Vous vous épargnerez le travail d'une préculture si vous achetez vos bulbes déjà en fleurs. Les horticulteurs font eux-mêmes ce travail, et offrent dès la mi-décembre les premières fleurs de printemps. Mais ces plantes, précultivées à températures plus élevées, gèlent en plein air en cas de grand froid. Elles conviennent pour décorer à court terme un balcon ou une pièce. En revanche, une plantation à long terme ne sera entreprise avec des bulbes précultivés que si la température extérieure ne descend pas en dessous de 0 °C. Vous pouvez prolonger la floraison en couvrant les bulbes avec du papier ou des tissus, en cas de gel ; en les entreposant à mi-ombre, sans les exposer directement au soleil ; en les mettant dans une pièce fraîche et ombragée.

Que faire des oignons défleuris ?

Dans des grands pots avec de plantes vivaces, vous enlèverez tout au plus des fleurs fanées et du feuillage brun. Ne coupez jamais les parties vertes des fleurs à bulbes. Toute la force des feuilles doit redescendre dans les oignons, pour que la floraison puisse se faire l'année suivante. Si vous changez les plantations à chaque saison, inutile de les conserver. Il est plus simple et plus sûr de s'en procurer d'autres en automne. Si vous avez un jardin vous pouvez sortir les plantes fanées de leurs pots et les y transplanter.

Mon conseil :
En automne, plantez dans une vasque une quantité régulière de pensées de votre couleur favorite et mêlez-y irrégulièrement des oignons de tulipes de toutes les couleurs. Maintenue humide, cette plantation donnera au printemps un feu d'artifice de fleurs.

Printemps au balcon.
Entre les plantes qui hivernent et les fleurs nouvelles écloses, il fait bon se laisser caresser par les premiers rayon du soleil.

Modèles de plantations

Voici des conseils de plantation rapide pour ceux qui s'y prennent au dernier moment. Ces fleurs, déjà précultivées, fleurissent dès le début du printemps.

Bac de primevères aux tons chauds

Peu de travail - plein d'effet. Ces plantes sont disponibles dans le commerce dès janvier.

Plantes pour des bacs de 60 cm :
12 primevères *Primula vulgaris.*

Plantation et entretien :
Planter en les mélangeant, en penchant un peu celles du devant au-dessus du bord du bac. Bien arroser et amender toutes les semaines. Dès le mois de mai, mettre les primevères dans le jardin, elles y refleuriront l'année suivante. Le bac peut être réutilisé pour la plantation d'été.

Saules en caisson

Voilà une plantation changeante pour de nombreuses années, qui fera le régal des abeilles au printemps !

Plantes en caisson de 50 cm de diamètre :
2 saules en arbuste à port retombant, *Salix caprea* mas pendula, 6 petites pervenches, *Vinca minor*, 1 hellébore, *Helleborus hybride*, 1 pot de narcisses odorants, *Narcissus tazetta* Cheerfulness (environ 4 oignons par pot), 2 pots de muscaris, *Muscari aucheri* (environ 5 oignons par pot).

Plantation et entretien :
Acheter au début du printemps des saules à chatons, des pervenches et une rose de Noël. Deux saules à chaton forment une couronne équilibrée. Mettre la rose de Noël au premier plan, disposer les pervenches de manière aérée. Ceci permet de gagner de la place pour les narcisses et les jacinthes qui fleuriront plus tardivement. Planter les narcisses à l'arrière-plan et les jacinthes devant. Poser le bac à mi-ombre, l'arroser et le fertiliser régulièrement. La pervenche s'ouvre d'avril à mai. Hiverner le caisson sous protection en plein air, amender la terre au printemps suivant.

Des primevères en bac qui se plaisent partout.

Un saule à chatons dans un pot résistant au gel.

Coupe de Pâques violette

Une coupe décorative pour une chambre qui peut aussi être mise dehors après Pâques.

Plantes pour une coupe de 25 cm de diamètre :
2 primevères, *Primula vulgaris*, 3 pots de Muscaris, *Muscari aucheri* (5 oignons environ par pot), 3 jacinthes, *Hyacinthus orientalis* Bismarck, 1 pot de *Chionodoxa gigantea* (plusieurs oignons par pot).

Plantation et entretien :
On trouve ces plantes en fleurs dès janvier. Les planter en les échelonnant par taille : mettre les primevères et *Chionodoxa* au premier plan, les Muscaris au milieu, les jacinthes Bismarck à l'arrière-plan. Ne pas laisser la coupe à la chaleur. En cas de gel, rentrer les pots à l'intérieur ou les couvrir.

Coupe violette.

Coupe jaune de narcisses

Des agencements frais et joyeux, en tons sur tons, ou en une seule couleur.

Plantes pour une coupe de 30 cm de diamètre :
4 pots de narcisses miniatures, *Narcissus cyclamineus* tête à tête (4/5 oignons par pot).

Plantation et entretien :
Arroser peu après la plantation et mettre à mi-ombre, elles fleuriront plus longtemps. Amender une semaine plus tard, transplanter au jardin après la fanaison et fertiliser encore une fois. Enlever seulement les feuilles fanées.

Mon conseil :
Des petits narcisses sauvages ou alpins sont particulièrement charmants dans un pot.

Attention :
Les oignons de narcisses sont toxiques.

Narcisses jaune d'or.

Jardinière de printemps pour des emplacements ensoleillés.

Bac de printemps multicolore

Des fleurs jusqu'à la fin de l'été !

Plantes pour un bac de 60 cm :
3 plants de giroflée jaune, *Cheiranthus cheiri*, 2 pâquerettes, *Bellis perennis*, 3 myosotis, 2 tulipes hybrides.

Plantation et entretien :
Acheter ces plantes en fleurs au printemps et les placer comme suit dans leur bac : la giroflée de côté et à l'arrière, au centre ; une tulipe élevée à côté, à l'arrière-plan et au centre du bac. Planter les myosotis et les pâquerettes vivaces en groupe, à droite et à gauche, de telle façon que chaque plante soit en biais au-dessus du bord du bac. Mettre au soleil ou à mi-ombre. Arroser régulièrement et amender une fois par semaine. On peut enlever la giroflée, la pâquerette et le myosotis après la floraison et les remplacer par des fleurs d'été tels des pélargoniums, des héliotropes, des marguerites, des pétunias ou des verveines.

Idées pour le printemps

Le jasmin jaune d'hiver fleurit dès janvier.

Voici de ravissants arrangements originaux du début du printemps jusqu'à la fin de l'été.

Premières fleurs - tout en jaune

Pour des emplacements dans la pénombre, voici des plantations toujours vivaces.

Plantes pour un bac de 60 cm :

1 jasmin d'hiver, *Jasminum nudiflorum*, 3 *Pachysandra terminalis*, 3 lierres, *Hedera helix* arborescens, 1 pot de faux narcisses, *Narcissus pseudonarcissus*.

Plantation et entretien :

Choisir un pot résistant au gel ! Mettre les narcisses à l'arrière-plan, sur le côté, le jasmin devant, de l'autre côté, et entre eux, en alternance, les *Pachysandra* et le lierre. Humidifier la terre et amender en été une fois par semaine. Hiverner sous protection en plein air. Arroser quand il n'y a pas de gel.

Bac à friandises pour enfants

Un régal pour le palais, des petits visages en pétales...

Plantes pour un bac de 60 cm :

12 pensées, *Viola* Wittrockiana hybrides mélange rococo, 6 plants de fraises des bois, *Fragaria vesca*.

Plantation et entretien :

Choisir un pot résistant au gel. Acheter les plants dès septembre, les mêler et bien les arroser. Placer les bacs à la lumière du soleil ; dès le début des gelées, les protéger par un paillis. Maintenir humide même en hiver. Dès mars, enlever la protection : les pensées montrent déjà des fleurs. À partir du mois de mai, amender tous les 15 jours. Bien soignés, les fraisiers donneront des fruits jusqu'en automne. Si les fraises ont trop poussé, couper les feuilles aux ciseaux. Elles repousseront.

Mon conseil :

Si vous avez oublié de le faire en automne, vous pouvez malgré tout mettre les plants au printemps. Mais il se peut que les fraisiers donnent plus tardivement.

Pensées et fraises des bois aimables et nostalgiques.

Un assortiment complet, pour une plantation effectuée en un clin d'œil !

Coupe bariolée
Voici rassemblées les fleurs de printemps les plus recherchées.
Plantes pour une coupe de 30 cm de diamètre :
2 pots de tulipes rouges, *Tulipa praestans* fusilier (3 oignons par pot), 1 pot de jacinthes bleues, *Hyacinthus orientalis* Bismarck (3 oignons par pot), 2 pots de muscaris, *Muscari aucheri* (5 oignons par pot), 1 pot de crocus jaunes, *Crocus chrysanthus* (3 à 5 oignons par pot), 2 pots de perce-neige, *Galanthus nivalis* (3 à 5 oignons par pot).
Plantation et entretien :
Acheter les plants en fleurs au printemps et les mettre en terre. Les placer à l'abri du gel et à la mi-ombre, dans une pièce ou sur le balcon. Après défloraison, remplir à nouveau la coupe de plantes.

Mon conseil :
Procurez-vous les oignons en automne et plantez-les serrés les uns contre les autres. Mettez la coupe (résistance au gel) sur le balcon avec des branches de sapin, de la paille ou de la fibre de bois en couche protectrice ; arrosez les jours où il ne gèle pas. Dès que les premières pousses pointent, couvrez. Ainsi la plantation pourra rester dehors tout le printemps.

Bac bleu aux tulipes
Plantez en automne et admirez au printemps !
Plantes pour un bac de 60 cm :
6 plants de giroflée en mélange, *Cheiranthus cheiri*, 5 oignons de tulipes, *Tulipa* Queen of night, 1 oignon de tulipe, *Tulipa* Black parrot.
Plantation et entretien :
Choisir un pot résistant au gel ! Au printemps, mettre les oignons de tulipes à environ 5 cm de profondeur, et en 2 groupes, à l'arrière-plan, puis les plants de giroflées. Hiverner dehors, sous protection. Arroser peu, les jours où il ne gèle pas. Mettre à l'abri du vent au printemps et amender chaque semaine.

Mon conseil :
Les bacs en résine de synthèse résistent au gel et peuvent être peints.

Tulipes violet noir et giroflées colorées.

Idées pour l'été
Conseils et exemples

Pour le jardinier du balcon, l'été commence après les saints de glace (du 12 au 15 mai). En de nombreux endroits, ces jours proverbiaux sont ceux où l'on peut commencer à planter des fleurs de balcon sensibles au gel. Dans les régions de vignes ou dans les villes, naturellement, il est possible de le faire plus tôt !

Dès la mi-avril, vous trouverez un très grand choix de plantes à fleurs sur les marchés ainsi que dans les centres de jardinage et chez les horticulteurs. Aussitôt après vous être procurés les derniers catalogues ou listes de plantes, commandez les graines ou les plants des espèces rares ou spéciales. Souvent elles existent en quantités réduites et sont vite épuisées. Si vous passez commande à la forte saison, vous risquez de les recevoir trop tard, le service d'expéditions des firmes pouvant être surchargé.

Suggestions
Suivant les plantes choisies et la manière dont vous les placez, des déserts de béton gris se transformeront comme par magie en oasis de verdure, en havres de tranquillité ou en petits potagers ou vergers.

<u>Haute tige en point de mire.</u>
Les plantes sur tiges cultivées dans des bacs cubiques forment une décoration un peu dénudée pour un balcon. La solution idéale pour accroître le plaisir est une pyramide florale, ou un végétal taillé en boule sur une tige. Des arbustes à fleurs conviennent parfaitement pour ce type de culture. L'important est d'avoir au pied de la tige une plantation décorant le pot, par exemple *Lobularia maritima*, les lobélias, *Lobelius erinus*, la pâquerette bleue, *Brachyscome iberidifolia*, ou les verveines cascadées, *Verbena* hybrides. Il faut aussi avoir la possibilité d'hiverner ces plantes.

<u>Avantage :</u>
Avec une haute tige, on habillera le coin d'un balcon de fleurs, en haut et en bas.

<u>Espaliers, étagères ou escaliers de fleurs.</u>
Afin d'exploiter au mieux l'espace que vous réserve le balcon, réfléchissez où et comment placer les pots. De nombreux articles du commerce vous aideront :

- des espaliers et des treillis comme tuteurs sur le mur,
- des étagères en différents matériaux,
- des escaliers à fleurs pour un décor de bacs et de pots,
- des supports à pots de fleurs pour les accrocher aux espaliers ou aux grillages (dessin 7, page 19).
- des suspensions permettant d'égayer une avancée de balcon (dessin 1, page 18).

<u>Plantes grimpantes.</u>
Quand la balustrade est votre propriété, vous avez la possibilité unique d'y faire grimper des plantes. Mettez au pied de la balustrade des grands pots pour des plantes grimpantes. Des thunbergias, des pois de senteurs, des capucines qui ont une croissance rapide et isolent des voisins, le temps d'un été. En outre, une telle verdure éloigne la poussière des rues et crée un microclimat intéressant.

<u>Fruits, herbes, légumes.</u>
Tout balcon peut donner un petit paradis de dégustation, s'il est très ensoleillé. Un caisson a une contenance de 6 herbes différentes environ. On peut cultiver des fraises dans des caisses ou même en suspensions. Les cassis ou les groseilles à maquereau donnent des fruits dans des jardinières de 30 cm de diamètre. Dans une jardinière, la salade, les tomates-cocktail et les mini-radis se sentent chez eux ; de même que les haricots d'Espagne : mettez, après les saints de glace, les semences à gonfler dans de l'eau tiède et plantez-les le jour suivant. Avec leurs fleurs flamboyantes, ils feront une ravissante composition.

Sur ce balcon, des tubéreuses, des roses, des pélargoniums et des anthémis (de gauche à droite).

Une jardinière jaune et rouge

Le rendez-vous de toutes les couleurs de fleurs d'été. Pour une fois, les pélargoniums ne prédominent pas, ils apportent seulement une note de gaieté.

Plantes pour un bac de 60 cm :
2 plants de *Rudbeckia hirta*, 2 soucis, *Calendula officinalis*, 1 pélargonium à port dressé, *Pelargonium*-Zonal-hybride Bundeskanzler, 2 pétunias bleu foncé, *Petunia*-hybrides, 2 liserons bleus, *Convolvulus sabatius*.

Plantation et entretien :
Acheter les fleurs en mai et agencer les bacs. Mettre les plantes à port retombant (liseron, pétunias) au milieu, penchées légèrement au-dessus du bord vers l'avant. Planter les pélargoniums au centre, pour donner la note de couleur, placer le *Rudbeckia* le plus haut, et les soucis à l'arrière et au bord. Placer le bac dehors après les saints de glace, au soleil ou même à mi-ombre. Arroser tous les jours. Au bout de 3 semaines, amender toutes les semaines.

Conseils d'amendement

Pour pouvoir développer de belles fleurs, les plantes ont besoin de nombreuses substances nutritives. Ainsi vous trouverez des conseils d'engrais en sus des conseils de plantation (page 56). De façon générale, commencez à amender seulement de 3 semaines à 1 mois après la plantation, car les terreaux achetés tout faits ont déjà été fertilisés. Renseignez-vous aussi auprès d'un horticulteur.

Idées pour l'été

Modèles de plantations

Voici des conseils de plantation pour pélargoniums, du plus délicat au plus rustique. Enfants chéris de tous les jardiniers, ils produisent des fleurs sans se lasser. Robustes, ils sont de toutes les formes : à port dressé, à port semi-retombant, à port retombant, et même sur tige.

Pélargoniums et capucines

Un clin d'œil au jardin de la ferme avec des plantes vite luxuriantes.
Plantes pour une jardinière de 60 cm :
1 pélargonium à port dressé pourpre, *Pelargonium* Zonale hybride Kardinal, 2 espèces cascades de couleur rose à port retombant, 2 pots de capucines naines (ou en graines), *Tropaeolum* hybrides.
Plantation et entretien :
Placer le pélargonium Kardinal à gauche au fond, les autres retombant au centre,devant, et en biais au-dessus du bord droit du pot. Les espèces cascades forment vite de longs jets. Planter la capucine tous les 3 pélargoniums, ou planter 5 semences entre les pélargoniums et séparer 2 plantules après la pousse. Placer en plein soleil, à l'abri du vent. Arroser abondamment tous les jours. Un mois après, amender toutes les semaines. Les pélargoniums peuvent hiverner à l'abri du gel et être replantés l'année suivante avec d'autres plantes annuelles.

Pélargoniums en haute tige

Une acquisition qui dure longtemps et une sous-plantation variable.
Plantes pour un bac de 35 cm de diamètre :
1 pélargonium sur tige, *Pelargonium*-hybride, 4 plants de *Calocephalus brownii.*
Plantation et entretien :
Les hautes tiges seront entourées des plantes basses, en plein soleil, mais protégées de la pluie. Bien arroser tous les jours et amender toutes les semaines. Rentrer avant les gelées.

Pélargoniums et capucines toutes pimpantes.

Pélargoniums sur tige et plantes tapissantes.

Pélargoniums rouges et blancs en suspension.

Suspension de pélargoniums

La floraison est assurée de mai au début des gelées, de nombreuses années durant, si l'hivernage a été bien fait.

Plantes pour une suspension de 30 cm :

1 pélargonium à port retombant blanc, *Pelargonium peltatum*-hybride, 2 pélargoniums à port retombant, 1 rouge, 1 rouge et blanc (Mexicaine ou Rio), *Pelargonium peltatum*-hybride.

Plantation et entretien :

Répartir d'une façon aérée les pélargoniums dans le pot et bien les arroser. Une plantation plus dense n'est pas souhaitée : en été, les plantes se développeraient moins vigoureusement et donneraient moins de fleurs. Dans les régions à climat continental, suspendre dehors mais après les saints de glace. Bien arroser tous les jours, couper les parties défleuries, et amender chaque semaine. En période de grosse chalour, mettre dans l'eau toute la suspension une fois par semaine. Laisser l'eau s'égoutter : les pélargoniums n'aiment pas l'humidité stagnante. Rabattre un peu les plus longues pousses avant les gelées et ranger les suspensions.

Mon conseil :

Pour les suspensions, ne prenez pas les hybrides à port retombant qui font des jets très longs (jusqu'à 1,20 m) et ont une floraison très uniforme. Des espèces à grandes fleurs, disposées en ombelles seront plus jolies.

Pélargoniums et bleuets

Un arrangement de fleurs d'été pour un emplacement ensoleillé mais abrité du vent.

Plantes pour un bac de 60 cm :

2 pélargoniums rouge à port dressé, *Pelargonium* Zonal hybrides, 2 pélargoniums à port dressé aux feuilles panachées striées de blanc, *Pelargonium* Zonal hybrides, 2 marguerites naines, *Chrysanthemum frutescens*, 2 bleuets, *Centaurea cyanus*.

Plantation et entretien :

Acheter les fleurs en mai, planter en alternance les marguerites et les pélargoniums. Les seconds seront penchés au-dessus du bord, les bleuets à l'arrière-plan. S'ils sont encore petits, étayer avec un tuteur les pélargoniums pour ne pas étouffer les bleuets. Acheter des bleuets vigoureux. Poser les bacs au soleil ou à mi-ombre, abrités du vent. Arroser abondamment et amender 1 mois plus tard. Ranger avant le début des gelées, couper en même temps les bleuets qui seront remplacés par d'autres plantes annuelles l'année suivante.

Mon conseil :

Rabattez régulièrement les fleurs fanées. Ceci favorise une nouvelle floraison.

Pélargoniums, bleuets et marguerites.

De vieilles connaissances en jeune compagnie. Des fleurs chéries, exubérantes, dont le parfum suranné évoque l'époque de nos grand-mères.

Bac de bégonias à l'ombre

Des bégonias à bulbes et des impatientes, placés à mi-ombre ou à l'ombre, promettent des mois de fleurs.

Plantes pour un bac de 60 cm :

4 bégonias à bulbes (2 rouges, 1 orangé, 1 jaune), hybrides de bégonias à bulbes, 3 impatientes, *Impatiens Walleriana* (ici, la variété blanche et rouge Belizzy Rotstern).

Plantation et entretien :

Acheter les fleurs à la mi-mai, mettre en terre. Les impatientes bicolores allègent un peu la lourde présence des grosses fleurs de bégonias. Placer le bégonia jaune un peu en biais au-dessus du bord, répartir les autres fleurs tout autour. Abriter du vent, à l'ombre ou à mi-ombre. Bien arroser. Puis arroser abondamment en évitant l'humidité stagnante. Amender chaque semaine, 3 semaines après la plantation. Les bégonias à bulbes peuvent hiverner si les tubercules sont assez gros. Après les premières gelées, couper la plante à plus de 3 cm au-dessus du bulbe. Tirer avec précaution les bulbes hors de terre et les stocker au sec à 5-10 °C, dans un endroit aéré, jusqu'à la pousse (février-mars). Planter dans un substrat humide et laisser pousser à la lumière et à la chaleur. Ne pas hiverner les impatientes.

Suzanne aux beaux yeux

Des petits visages tout en fleurs.

Plantes pour un pot de 35 cm de diamètre :

4 plants de Suzanne aux beaux yeux, *Thunbergia alata*.

Plantation et entretien :

Avant la plantation (dès mai), piquer dans le substrat 3 tuteurs, en forme de tente, et les lier ensemble au sommet. Mettre les fleurs, en tuteurer 3, l'une est réservée pour tourner autour du récipient. Abriter du soleil et du vent, arroser abondamment et amender toutes les semaines.

Bac de bégonias et d'impatientes.

Les Suzanne aux beaux yeux partent à l'assaut !

Tons plus froids des pétunias et des impatientes.

Pétunias en rose intense

Des fleurs sans relâche, à profusion même dans l'ombre, toujours très assoiffées, sensibles à la pluie.

Plantes pour un bac de 60 cm :

3 impatientes roses, hybrides de Nouvelle-Guinée, 2 pétunias hybrides violets, 2 pélargoniums odorants (ici, au parfum de sapin), *Pelargonium fragrans.*

Plantation et entretien :

Les pélargonium odorants seront plantés des deux côtés du bac, légèrement penchés au-dessus du bord. Placer les pétunias et une impatiente à l'arrière-plan, les deux autres impatientes au premier plan. Poser la jardinière à mi-ombre et à l'abri de la pluie. Arroser tous les jours abondamment et commencer à amender toutes les semaines, 3 semaines après la plantation.

Mon conseil :

Rentrez cette jardinière avant les premières gelées et enlevez les pétunias. Les géraniums odorants et les impatientes font de belles plantes d'appartement en hiver, près d'une fenêtre froide et claire.

Attention :

Les pétunias appartiennent à la famille des morelles, plantes vénéneuses.

Lantanas en bac

Un brin rustique, cet ensemble de pâquerettes bleues et de lantanas est très apprécié. Les jaunes et les violets, couleurs complémentaires, accentuent l'éclat des fleurs.

Plantes pour un bac de 60 cm :

1 pâquerette bleue, *Brachyscome iberidifolia*, 1 *Lantana camara* hybride jaune, 1 violette cornue, *Viola cornuta*, 1 petit plan de bourrache (ou des graines), *Borrago officinalis.*

Plantation et entretien :

Mettre la violette cornue d'un côté du bac, la pâquerette bleue de l'autre, entre elles placer le lantana, un peu en biais, penché au-dessus du bac. À l'arrière-plan, planter la bourrache. Mettre le bac en plein soleil, bien arroser après la plantation, ensuite modérément, et amender tous les 15 jours, 3 semaines après la plantation.

Mon conseil :

Rabattez à volonté toutes les pousses trop courbées du lantana. Enlevez régulièrement les parties fanées de la pâquerette. La bourrache annuelle ne peut pas hiverner. La pâquerette, le lantana et la violette cornue peuvent passer l'hiver de 6 à 10 °C, à la lumière et dans un endroit presque sec.

Attention :

Toutes les parties du lantana sont vénéneuses.

Des pâquerettes bleues et des lantanas.

Idées pour l'été

Des rêves de fleurs multicolores pour tout un été.

Composition or
Des fleurs de juillet à octobre. Des fleurs de jardin, comme les montbretias ou les œillets, prennent racine sur les balcons, sans problème.
Plantes pour un bac de 60 cm :
20 oignons de montbretias, *Crocosmia hybrides*, 3 œillets d'Inde simples brun orangé, à petites fleurs, *Tagetes tenuifolia*, 3 œillets d'Inde nains doubles jaunes, *Tagetes patula*.
Plantation et entretien :
Début mai, se procurer des oignons et des plants. Planter les oignons à l'arrière-plan, à environ 8 cm de profondeur, mettre devant, en alternance, des œillets foncés et clairs. Abriter du soleil et du vent (les montbretias peuvent atteindre 60 cm de hauteur) ; les arroser régulièrement et amender toutes les semaines. Les œillets sont annuels, mais les montbretias peuvent être déterrés et passer l'hiver au sec dans la tourbe.

Mon conseil :
Dans ces agencements ton sur ton, veillezà ce que le pot soit, lui aussi, d'une couleur assortie.

Une harmonie d'or : des œillets d'Inde et des montbretias.

Le liseron de Mauritanie bleu, Felicia amelloides, *et des némésies de couleurs.*

Des suspensions aux fleurs ravissantes
Assez inhabituelles sur les balcons, mais quelle foison de fleurs l'été durant : voici les "enfants" préférés du soleil !
Plantes pour une suspension de 30 cm de diamètre :
1 liseron bleu, *Convolvulus sabatius* ou ipomée, 3 némésies, *Nemesia* hybrides, 1 aster bleu du Cap, *Felicia amelloides*.
Plantation et entretien :
Planter à l'arrière-plan le Felicia buissonnant ; au premier plan, le liseron et les némésies, en biais au-dessus du bac. Bien arroser et suspendre à la lumière. Amender chaque semaine. Couper les pousses fanées en été aide à une meilleure ramification et favorise la reprise des fleurs. L'hivernage est possible (à l'exception des némésies).

Bac de fuchsias rouges

Des carillons dans un bac à fleurs ! Les fuchsias fleurissent toute l'année, de préférence dans un endroit légèrement ombragé.

Plantes pour un bac de 60 cm :
3 fuchsias à port dressé et 3 à port retombant et semi-retombant, *Fuchsia* hybrides.

Plantation et entretien :
À l'arrière-plan, mettre les espèces à port vertical, au premier plan, en biais, penchées au-dessus du bord, les autres. Bien arroser, placer à l'ombre ou à mi-ombre, amender toutes les semaines. Enlever régulièrement les parties défleuries. Avant les gelées, ranger la caisse et l'hiverner à l'abri du gel.

Mon conseil :
Les fuchsias fleurissant dans tous les tons de rouge, la seule couleur qui leur tienne encore compagnie est le blanc. Veillez en les achetant à choisir des teintes pastel ou foncées. Le bac en sera plus vivant et plus contrasté.

Bac élégant jaune et violet

Des accents originaux de couleurs, une construction classique, un délicat parfum de vanille et des fleurs à profusion. Un bac d'été qui se plaît dans un endroit ensoleillé.

Plantes pour un bac de 60 cm :
1 sauge, *Salvia farinacea*, 2 héliotropes, *Heliotropium arborescens*, 3 calcéolaires, *Calceolaria integrifolia.*

Plantation et entretien :
Acheter les fleurs en mai. Planter les calcéolaires au bord et vers l'avant, penchées au-dessus du bac ; au centre et plus en retrait, les héliotropes. Tout à fait à l'arrière-plan, la sauge. Placer le bac en plein soleil, à l'abri de la pluie, et bien arroser. Arroser abondamment tous les jours. Amender toutes les semaines, 3 semaines après la plantation. Couper régulièrement les parties défleuries. Il n'est pas souhaitable d'hiverner le bac : les calcéolaires sont annuelles. Les héliotropes vivent plusieurs années, mais la deuxième année, elles ne poussent plus de façon aussi dense. Leur hivernage est délicat : lumière importante et température de 12 à 15 °C. La sauge, quant à elle, ne peut être cultivée qu'annuellement, car elle craint le gel.

Fuchsias tout de rouge vêtus.

Luxuriantes, des héliotropes et calcéolaires.

Idées pour l'été

Des raretés originales pour les amateurs et qui exhalent des senteurs délicieuses.

Bac d'herbacées décoratives
Un parfum raffiné et des herbes de première fraîcheur... dans la cuisine !
Plantes pour un bac de 60 cm :
2 *Santivalia procumbens*, 1 santoline, *Santolina chamaecyparissus*, 1 romarin, *Rosmarinus officinalis*, 1 sauge tricolore, *Salvia officinalis* tricolor, 1 lavande, *Lavandula angustifolia*, 1 pâquerette d'Espagne, *Erigeron karvinskianus*, 2 à 4 graines de tournesol, *Helianthus annuus*.
Plantation et entretien :
Mettre les *Santivalia* de chaque côté, la lavande et le romarin derrière. Planter la santoline, la sauge et la pâquerette d'Espagne au premier plan. Semer entre elles les graines de tournesol. Arroser, mettre en plein soleil, à l'abri du vent. Amender tous les 15 jours. Le bac peut hiverner à la lumière et au froid, ou dehors avec une protection. Les *Santivalia*, les tournesols et la pâquerette d'Espagne qui ne vivent qu'un an devront être remplacés l'année suivante.

Petit citronnier et plant de lavande
Un air de Méditerranée sur un balcon inondé de soleil.
Plantes pour un bac de 50 cm de diamètre :
1 oranger, x *Citrofortunella mitis*, 2 lavandes, *Lavandula angustifolia*.
Plantation et entretien :
Mélanger le terreau avec du sable de quartz. Planter et n'arroser qu'à l'eau douce ; amender toutes les semaines. Raccourcir un peu la lavande avant les gelées, hiverner de 12 à 16 °C, à la lumière et presque au sec.

Des herbes décoratives qui embaument.

Petit oranger et lavande bleue.

Des tubéreuses blanches, des résédas et autres plantes parfumées.

Un bac de tubéreuses parfumées
Jour et nuit, elles sont un enchantement pour les yeux et le nez : les tubéreuses, héliotropes et résédas embaument très fort, surtout le soir venu.
Plantes pour un bac de 60 cm :
1 lavande, *Lavandula angustifolia*, 1 basilic, *Ocimum basilicum,* 2 résédas odorants, *Reseda odorata*, 1 héliotrope, *Heliotropium arborescens*, 1 pélargonium odorant, *Pelargonium fragrans* (ici, au parfum de menthe), 3 bulbes de tubéreuses, *Polianthes tuberosa.*
Plantation et entretien :
Commencer en mars la culture des bulbes de tubéreuses. Mettre en pot, recouvrir de terre, maintenir à l'abri des gelées, à la lumière et au sec. Arroser lorsque les pousses commencent à pointer, et mettre en pot à partir de la mi-mai. D'un côté, les tubéreuses, les résédas et l'héliotrope ; de l'autre, la lavande et le basilic. Entre eux, les pélargoniums odorants. Mettre le bac au soleil, bien arroser, amender chaque semaine, 1 mois après la plantation. Les pélargoniums odorants et l'héliotrope peuvent hiverner au chaud dans la maison, la lavande bien protégée à l'extérieur. Les autres fleurs ne tiennent qu'un an.

Bac de solanées de toutes les couleurs
Une collection de morelles pour les botanistes amateurs.
Plantes pour un bac de 60 cm :
1 tabac d'ornement rose, *Nicotiana x sanderae*, 1 tabac d'ornement rouge, *Nicotiana alata*, 1 tabac à petites clochettes vert clair, *Nicotiana langsdorfii*, 1 nierembergie blanche, *Nierembergia hippomanica*, 5 *Salpiglossis sinuata* de toutes les couleurs, 1 bulbe de pomme de terre, *Solanum tuberosum.*
Plantation et entretien :
Seul le tabac d'ornement est une plante plus rare parmi toutes ces fleurs d'été. Les autres doivent être cultivées en avril, à partir de graines. Dès la mi-mai entreprendre la plantation. Placer le tabac à clochettes à l'arrière-plan sur l'un des côtés, la pomme de terre de l'autre, à environ 5 cm de profondeur. Planter la nierembergie en la penchant au premier plan, et répartir les autres sortes de tabac. Placer le bac au soleil ou à mi-ombre, à l'abri du vent. Bien arroser et maintenir le taux d'humidité. Amender toutes les semaines, 15 jours après la plantation.

Attention :
Ces plantes sont toutes vénéneuses !

La famille des solanées au complet vous salue !

Idées pour l'automne
Conseils et exemples

En ces belles journées d'été indien, votre balcon peut encore offrir la vision charmante des fruits rouges, des feuilles orange doré éclatantes et du camaïeu de violets des asters. Dès leur achat au printemps, pensez à choisir des plantes d'une belle couleur et aux fruits vifs.

Une parure rapide
Les horticulteurs et leurs grandes possibilités d'assortiments permettent d'obtenir une rapide parure de fleurs automnales sur un balcon. La plupart de ces plantes, disponibles dans le commerce dès la fin du mois d'août, supportent les températures inférieures à 0 °C et fleurissent jusqu'à la fin de l'automne : la véronique blanche, rouge lie-de-vin et violette (*Hebe x andersonii* hybrides), les chrysanthèmes blancs, jaunes, ors, bronze, rosés et violets (*Chrysanthemum indicum*-hybrides), les reines marguerites blanches, rosées, violettes et bleues (*Callistephus chinensis*), la bruyère blanche et rouge (*Erica gracilis*), la bruyère des neiges blanche et violet rosé (*Erica herbacea*), les asters d'automne de différentes espèces, blancs, rosés, rouges et bleus (*Aster amellus, Aster novae-angliae*), le séneçon bicolore aux feuilles argentées (*Senecio bicolor*), le *Calocephalus brownii* aux branches en fines dentelles grises.

Beaux fruits, feuilles multicolores
D'innombrables arbustes résistants au gel sont très indiqués pour la culture en pots ou en jardinières. Pour faire un beau balcon d'automne, préférez des espèces ou des variétés qui se pareront de fruits et de couleurs. Le mieux est de les acheter et de les planter au printemps. Elles s'enracineront bien en été, et donneront ensuite des fruits ou un feuillage colorés. Utilisez toujours de grands pots résistants au gel. Les arbustes durent de nombreuses années et offrent une vue magnifique, surtout si on leur plante des fleurs de saison aux pieds.

Arbustes à fruits décoratifs :
- *Rosa rugosa* Frau Dagmar Hastrup : des fleurs simplement roses puis, en automne, de grandes baies rouges.
- Le buisson ardent, *Pyracantha coccinea* orange Orange Charmer, donne des bouquets de fleurs blanches et des grappes de baies oranges.
- Le cotoneaster : toutes les espèces, qui peuvent mesurer de 20 cm à 3 m de haut, donnent des baies rouges.

Mon conseil :
De plus en plus souvent, les horticulteurs proposent *Pernettya mucronata*. Cet arbuste vivace aux grappes de baies rouges ne résiste pourtant pas au gel et demande une protection en hiver.

Arbustes à belle coloration :
- L'amélanchier, *Amelanchier lamarckii*, rouge orangé flamboyant, a par ailleurs des fruits comestibles.
- *Rhus typhina*, d'un rouge orangé éclatant à rouge carmin, a des fruits en forme de bougies et de couleur pourpre.
- Le fusain vivace, *Euonymus fortunei*. Cette espèce de buissons rampants et pourtant grimpants va du pourpre au rose.

Préparatifs d'automne
Prélevez les graines de tournesol annuel. Stockez-les dans des sacs de papier, au chaud, au sec et à l'ombre. C'est le moment d'acheter des bulbes qui fleuriront au printemps (page 26) et celui de planter des fleurs bisannuelles, telles que le myosotis, la giroflée et la pensée. Mettez les jeunes plants en terre, en automne, et laissez-les hiverner sous protection.

Automne mordoré.
Les bruyères, les colchiques (à gauche), les véroniques, la pernettya (dans la coupe) et un buis taillé (à droite) sont baignés par une chaude lumière.

Idées pour l'automne

Modèles de plantations

Jardinière rose d'asters

Différents tons de rose et violet, à grandes et à petites fleurs, rivalisent de beauté.

Plantes pour un bac de 60 cm :
6 reines marguerites rose et violet, *Callistephus chinensis*, 4 asters, *Aster* Dumosus hybrides, roses.

Plantation et entretien :
On peut acheter ces plantes à partir d'août-septembre. Alterner les grandes et les petites fleurs, celles du devant étant légèrement penchées au-dessus de la caisse. Veillez à ce que les contours de l'ensemble soient symétriques et fermés. Ces fleurs supportent aussi bien le soleil que l'ombre. Bien arroser et maintenir toujours légèrement humide. Les reines marguerites à grandes fleurs sont annuelles et ne peuvent hiverner. Les *Aster* Dumosus, à petites fleurs, sont des vivaces et peuvent être transplantés dans le jardin.

Goldsturm et Early Sunrise

Votre couleur favorite est-elle le jaune ? Voici une plantation composée de vivaces résistantes au gel qui durera de longues années.

Plantes pour un pot de 50 cm de diamètre :
1 *Rudbeckia fulgida var. sullivanti* Goldsturm, 1 *Coreopsis grandiflora* Early Sunrise, 1 camomille, *Anthemis tinctoria* Grallagh Gold, 1 euphorbe, *Euphorbia coralloides.*

Plantation et entretien :
Choisir absolument un pot résistant au gel dans lequel les vivaces pourront hiverner en plein air, des années durant. Acheter les plantes à fleurs solitaires au cœur de l'été. Mettre le Goldsturm et le Early Sunrise groupés à l'arrière-plan, la camomille et l'euphorbe en biais, penchées au-dessus du bord. Placer le pot en plein soleil, à l'abri du vent, bien l'arroser et l'amender 3 semaines plus tard. Ne pas couper les branches à fruits. Givrées en hiver, elles seront magnifiques.

Amoureux du rose, voici une jardinière d'asters !

Des arbustes de jardin jaunes en automne.

Chrysanthèmes jaunes et cotoneaster rampant avec des baies.

Coupe de baies
Une plantation rapide aux nombreuses variations.
Plantes pour une coupe de 60 cm de diamètre :
1 cotoneaster horizontal à baies rouges, *Cotoneaster horizontalis*, 3 chrysanthèmes jaunes, *Chrysanthemum*-Indicum-hybrides, 2 plants de séneçon bicolore, *Senecio bicolor*, 1 *Calocephalus brownii.*
Plantation et entretien :
Les plantes peuvent être achetées dès septembre. Ne pas placer le cotoneaster rampant au milieu, afin que ses branches puissent se développer en toute liberté. Planter les chrysanthèmes ensemble, en note de couleur fondamentale, le gris du séneçon et celui du *Calocephalus* assurant la transition. La coupe supporte toutes les incidences de lumière et doit seulement être toujours humide.
Après la défloraison des chrysanthèmes annuels, le cotoneaster rampant peut être transplanté dans un jardin.
Autre possibilité :
On peut remplacer le cotoneaster par des branches de cynorrhodon ou de houx à fruits, et les chrysanthèmes défleuris par des bruyères.

Jardinière multicolore
Une jardinière qui n'a pas été complètement vidée après le changement de saison peut s'orner d'une pensée, de soucis et d'un *Calocephalus* venant de la plantation d'été.
Plantes pour une jardinière de 60 cm :
3 asters, *Aster alpinus*, roses, 3 chrysanthèmes, *Chrysanthemum* Indicum hybrides, 2 de couleur saumon et 1 jaune, 2 plants de séneçons bicolores, *Senecio bicolor*, 1 *Calocephalus brownii*, 1 souci jaune, *Calendula officinalis*, 1 pensée jaune, *Viola*-Wittrockiana hybride.
Plantation et entretien :
Renoncer au souci, fleur d'été, pour pouvoir planter la jardinière, en automne, la première fois.
À l'arrière-plan, mettre les touffes d'asters qui poussent le plus haut ; à doite et à gauche devant, les chrysanthèmes. Planter le séneçon à feuillage argenté légèrement sur le côté, et au centre, penché au-dessus du bord. Au premier plan, au milieu, placer les *Calocephalus* et les pensées. Abriter la jardinière du vent, bien arroser. Couvrir avec du papier journal, en cas de gel.

Kaléidoscope d'asters et de chrysanthèmes.

Idées pour l'automne

Insolite et original, le chou d'ornement !

Lorsque des plantations déploient tous leurs charmes...

Choux décoratifs
Ces grotesques têtes de choux ont un aspect inattendu.
Plantes pour une jardinière de 60 cm :
4 plants de choux décoratifs, *Brassica olearcea.*
Plantation et entretien :
On trouve en septembre des plants de différentes tailles et couleurs. Mettre le chou le plus haut, un peu de côté, du milieu vers l'avant, l'autre en profondeur, dans l'autre sens. Tasser la terre afin que les plants ne basculent pas. Arroser généreusement. Tout endroit convient à la jardinière mais ne pas faire hiverner dehors.

Mon conseil :
Décorez la jardinière avec des feuillages, de la mousse, des châtaignes.

Très nature, des colchiques parmi des fétuques.

Colchiques dans l'herbe
Une belle jardinière qui vit longtemps et demande peu de soins devient joyau en automne.
Plantes pour une jardinière de 60 cm :
8 plants de fétuque bleue, *Festuca cinerea*, 6 oignons de colchiques, *Colchicum autumnale.*
Plantation et entretien :
Choisir des pots résistants au gel. Le mois d'août est le meilleur moment, car on trouve alors des oignons de colchiques. Le substrat idéal est un mélange de terre et de sable. Les plants de fétuque bleue sont mis en quinconce, les oignons, entre eux, à environ 4 cm de profondeur. Bien arroser, ne pas amender. La jardinière peut être placée au soleil ou à mi-ombre, et hiverner dehors. Ne pas couper les feuilles des colchiques qui apparaissent au printemps, mais les enlever quand elles brunissent.

Mon conseil :
Cette jardinière deviendra un véritable hymne au printemps si, entre les herbacées, vous plantez quelques oignons de crocus et/ou de tulipes sauvages.
Attention :
Les colchiques sont toxiques !

Des tournesols en pot
Des soleils en corolle.
Plantation pour un pot de 70 cm de long, 40 cm de large et 60 cm de haut :
1 cotoneaster gris, *Cotoneaster dielsianus*, 5 plants de lierre, *Hedera* helix, 5 plants de tournesol, *Helianthus annuus.*
Plantation et entretien :
Choisir un pot résistant au gel, car cette plantation peut hiverner à l'extérieur. Ajouter, au printemps, les plantes vivaces (le lierre et le cotoneaster). En mai-juin, planter les tournesols à l'arrière-plan, bien arroser. Passé 1 mois, amender tous les 15 jours. Un emplacement à mi-ombre, protégé du vent, est idéal.

Les tournesols sont des annuelles très convoitées des oiseaux. Protéger leur pot, l'hiver, en le couvrant de brindilles en fagot. Au mois de mai suivant, enlever les soleils et en planter de nouveaux.

Mon conseil :
Des dahlias et des asters en touffe sont tout indiqués ici, de même que les haricots d'Espagne, qui peuvent s'enrouler autour des branches du cotoneaster.

Des soleils émergent du cotoneaster et du lierre.

Véronique buissonnante violette
Une plantation qui conviendra à tous ceux qui raffolent du violet.
Plantes pour une jardinière de 60 cm :
5 véroniques buissonnantes violettes, *Hebe* Andersonii hybrides, 1 véronique arbustive lie-de-vin, *Hebe* Andersonii hybride.
Plantation et entretien :
Mettre toutes les plantes en vrac dans le pot, la petite touche de rouge de la véronique buissonnante étant un peu déportée sur le côté. Mettre à l'abri et à la lumière, bien arroser. Pour bien profiter de ces plantes, les ranger avant les gelées. Leurs quartiers d'hiver doivent être éclairés et froids (de 8 à 10° C). Elles doivent recevoir peu d'eau pendant cette période. Au printemps suivant, les rempoter dans une nouvelle terre, et à partir de mai, les sortir dehors. Là, elles seront fertilisées tous les 15 jours. Les plantes ne supportent pas l'humidité stagnante et doivent être abritées de la pluie.

Mon conseil :
Les *Hebe* Andersonii hybrides sont les seules espèces de véronique buissonnante conseillées pour la culture en jardinière. Il existe d'autres espèces violettes et lie-de-vin, d'autres aux fleurs blanches ou aux feuilles vert et blanc.
Autre possibilité :
Mettez une véronique panachée, *Hebe* Andersonii hybride Variegata, et un pois de senteur grimpant, *Vicia cracca.*

Une plantation de véroniques violettes.

Idées pour l'hiver
Conseils et exemples

Même l'hiver, votre balcon peut se transformer en un petit coin de nature. C'est l'époque où les feuillus vivaces et les conifères font leur apparition. Ils animent la grisaille monotone des cités. N'oublions pas les oiseaux qui visitent nos balcons, surtout si l'on pense à y suspendre un peu de nourriture.

Des pots résistants au gel

Les plantations qui survivent au gel doivent être mises dans des pots solides. Il faut à tout prix éviter que la terre gèle et fasse craquer, voire éclater le pot. Les pots en terre cuite absorbent l'eau comme des éponges et gonflent quand elle gèle. Vous remédierez à ce défaut avec des pots en bois, en béton, en pierre naturelle, ou en plastique. Pour ne pas abandonner complètement les pots de céramique, voici quelques astuces :

- choisir des pots cuits et vernis à très hautes températures ; protéger le pot par un manteau de polystyrène expansé, du papier, un paillis ou un fagot.
- Maintenir la plantation légèrement humide pendant tout l'hiver mais éviter l'excès d'humidité. Abriter de la neige et de la pluie.

Mon conseil :
Bien avant l'aménagement d'une plantation d'hiver, pensez à assurer sa protection contre le gel.
Vous habillerez facilement les parois verticales des pots en les tapissant de plaques de polystyrène. Elles isolent de toutes les variations de température et limitent les effets du gel.

Conifères en pots

Les conifères, arbustes à feuilles persistantes, sont à l'aise dans des jardinières, des bacs ou des caisses. Ils préfèrent surtout des endroits à mi-ombre. Au premier stade de la pousse, ils souffrent de la sécheresse et demandent à être arrosés abondamment, même en hiver, si leur substrat n'est pas gelé. Ce sera plus facile si vous plantez les conifères dans un pot suffisamment plein de terre. Voici un choix de conifères de petite taille :

- petit cyprès nain, *Chamaecyparis obtusa* Nana Gracilis, à feuillage vert foncé, brillant ;
- cyprès, *Chamaecyparis pisifera* Filifera Nana, à aiguilles vert vif ;
- genévrier bleu, *Juniperus chinentis* Blaw ;
- genévrier bleu buissonnant, *Juniperus communis* Repanda, à feuillage vert foncé et strié d'argent ;
- genévrier bleu couvre-sol, *Juniperus horizontalis* Glauca, à feuilles, aux aiguilles courtes bleu acier ;
- genévrier nain bleu, *Juniperus squamata* Blue Star, à feuilles bleu argenté, pointues, piquantes ;
- épicéas à cônes, *Picea abies* Acrocona, à feuilles vert foncé, très pointues ;
- épicéa hérisson, *Picea abies* Echiniformis, à feuilles vert jaune allant jusqu'au vert gris ;
- petits épicéas, *Picea abies* Little Gem, à feuilles vert vif, très fines ;
- épicéa bleu, *Picea abies* Pumila Glauca, à feuilles vert bleu, très denses ;
- pins sylvestres nains, *Pinus mugo* Gnom et Mops, à feuilles vert foncé, un peu piquantes.

Mon conseil :
Ces plantations de conifères auront l'air plus fraîches encore si vous les combinez avec des arbustes à grandes feuilles vivaces, comme le laurier-cerise (*Prunus laurocerasus* Otto Luyken), le buis (*Buxus sempervirens*), le cotoneaster rampant vivace (*Cotoneaster salicifolius*, feu de l'automne), le lierre (*Hedera helix*).

Attention : Toutes les parties de ces plantes sont toxiques !

Balcon de contes de fées. Des conifères à feuilles persistantes, des arbustes aux baies rouges, une parure résistante au gel et des mangeoires pour les oiseaux apportent couleurs et vie.

Idées pour l'hiver

Modèles de plantations
Voici venu le temps des conifères et des feuillages persistants. Alors que les couleurs se raréfient dans la nature, par contraste, ressortent les verts des arbustes nains. Pour toutes les plantations qui passent l'hiver dehors, prenez un pot résistant au gel.

Des fleurs en hiver
Cette parure de fleurs d'hiver et de printemps permet une transition équilibrée, aux multiples variations.
Plantes pour un pot de 60 cm :
5 plants de bruyère, *Erica herbacea*, de couleur rose, 2 genêts nains, *Cytisus decumbens*, 2 fétuques, *Festuca scoparia*, 10 oignons de crocus, *Crocus*.

Entretien et plantation :
Acheter les plantes en automne, dès qu'il est possible de se procurer de la bruyère. Mélanger du sable au terreau. Planter les genêts un peu en biais, afin que les branches retombent mollement pardessus le bord. Mettre la fétuque entre les bruyères, et entre elles, les oignons de crocus groupés, à 4 cm environ de profondeur. Arroser, même en hiver, quand il n'y a pas de gel. Le genêt nain a des fleurs jaune clair, dès le début du printemps. Peu de temps après, les crocus percent.
Autre possibilité :
Remplacez les crocus par d'autres fleurs de printemps, telles que les perce-neige (*Galanthus nivalis*), les heranthes d'hiver (*Eranthis hiemalis*) ou les muscaris (*Muscari aucheri*).

De la bruyère, des genêts, des crocus.

Pots pour toutes les saisons
En fleurs au printemps (rhododendron), en été et au printemps (potentille), elles donnent des feuillages généreux en hiver.
Plantations pour un pot de 45 cm de diamètre :
1 genévrier, *Juniperus communis*, 1 potentille, *Potentilla fructicosa* Red Ace, 1 rhododendron nain, *Rhododendron* Repens hybride Scarlet Wonder, 1 pin sylvestre nain, *Pinus mugo* Pumilio.

Plantation et entretien :
Le meilleur moment pour la plantation est septembre/octobre. Mettre les genévriers à l'arrière-plan, la potentille et le pin nain, penchés sur le bord, et le rhododendron dans un mélange de terreau et de tourbe. Mettre le pot à mi-ombre et arroser régulièrement, même en hiver, quand il n'y a pas de gel. Dès le retour du printemps, amender avec un engrais liquide tous les mois.

Un décor variable en hiver.

Conifères et petites fleurs.

Des conifères en jardinière

Ces plantes vivaces sont faites pour tenir de nombreuses années.

Plantes pour une jardinière de 60 cm :
1 genévrier couvre-sol, *Juniperus horizontalis* Glauca, 1 genévrier nain, *Juniperus squamata* loderis, 1 petit cyprès argenté, *Chamaecyparis pisifera squarrosa* Boulevard, 1 cyprès, *Chamaecyparis lawsoniana* Ellwoodii, 1 fusain rampant, *Euonymus fortunei* Gracilis, 1 violette cornue, *Viola cornuta* Princess Blue, 1 ajuga pourpre, *Ajuga reptans* Atropurpurea, 1 corbeille d'argent, *Arabis procubens.*

Plantation et entretien :
Planter les espèces de cyprès et les genévriers nains en septembre/octobre. Placer le fusain sur le côté ; les vivaces résistantes au gel (ajuga pourpre et corbeille d'argent) et le genévrier couvre-sol penchés sur le bord antérieur. L'ajuga pourpre donne des fleurs violettes et bleues en mai-juin, la corbeille d'argent des petites fleurs blanches en mai. Celles-ci ont des tiges de 10 cm. La violette cornue vient au centre, à l'arrière-plan. Arroser en hiver quand il n'y a pas de gel.
Au printemps, enrichir l'eau d'arrosage avec des engrais spéciaux.

Noël caché

Des branches couvertes de boules de toutes les couleurs !

Plantes pour une jardinière de 60 cm :
pins nains, *Pinus mugo.*

Plantation et entretien :
Acheter des pins avec des cônes et les diviser en rameaux de 40 à 20 cm de long. Remplir un pot résistant au gel avec de la terre, et mettre les longs rameaux au fond, les plus petits devant, serrés les uns contre les autres. Décorer éventuellement avec des petites boules, des fleurs séchées ou des décorations de Noël qui ne craignent pas les intempéries.

Branches de Pinus mugo *dans une jardinière.*

Mon conseil :
D'autres plantes sont également très faciles à trouver :
- le mahonia (*Mahonia aquifolium*) aux feuilles brillantes et piquantes ;
- le buis (*Buxus sempervirens*) aux petites feuilles brillantes ;
- le sapin d'argent (*Abies nobilis*) aux aiguilles argentées qui ne tombent jamais ;
- le houx (*Ilex aquifolium*) aux feuilles brillantes vert foncé et aux baies rouges ;
- le gui (*Viscum album*) aux feuilles ovales allongées et aux baies blanches.

Des plantes en bonne santé, des fleurs splendides

Soigner les plantes toute l'année

"Si tu veux être heureux dans la vie, contribue au bonheur des autres : car la joie que nous donnons rejaillit doublement sur nous."
Cette petite leçon de sagesse, tirée d'un album de poésie du temps de nos grand-mères, ne s'applique pas seulement aux relations humaines, mais aussi à celles qu'établissent les hommes avec les plantes. On attend toujours de hautes performances en floraison de la part des fleurs de balcon. Elles nous donneront cette joie si elles reçoivent de notre part le maximum de soins.

Un flot blanc de plantes qui retombent en caressant leur pot. Le Plectranthus coleoides *odorant a des tiges garnies de feuilles vertes et blanches, qui peuvent atteindre 1 m de long. Les* Tropaeolum hybrides, *des liserons jaunes orangés, avec la délicate renouée du Turkestan* (Polygonum capitatum *Afghan) et le liseron de Mauritanie bleu* (Convolvulus sabatius) *apportent une touche de gaieté.*

Camaïeu de roses. Les pétunias hybrides à fleurs doubles et les pétunias " fanfare " fleurissent généreusement tout l'été.

Tout sur la plantation

Une bonne terre est déterminante pour la prospérité de vos fleurs de balcon. À l'achat, veillez à sa qualité et ne prenez pas la moins chère. En cas de doute, exigez de l'horticulteur celle dans laquelle il aurait lui-même fait ses plantations.

La bonne terre

Pour des fleurs de balcon, plusieurs substrats sont indiqués. Toute bonne terre doit satisfaire aux critères suivants :

- donner aux plantes de la tenue et de la stabilité ;
- leur apporter les éléments nutritifs fondamentaux et des oligo-éléments ;
- emmagasiner l'eau et les éléments nutritifs ; les redistribuer aux plantes suivant leurs besoins ;
- rester perméable à l'eau et aérée, même pour des plantations de longue durée ;
- ne pas avoir de bactéries, ni de mauvaises herbes, ni de parasites.

Le terreau standard est tout à fait indiqué pour les plantes de balcon. On le trouve sous des conditionnements variés avec diverses compositions.
Pour les plantations nouvelles, prenez du terreau enrichi, qui contient déjà les engrais de base nécessaires les premières semaines.
<u>Terreau pour fleurs de balcon :</u> Cette appellation peut s'appliquer à toutes sortes de terre et n'est pas une garantie de bonne qualité ou composition.

Le substrat de culture en tourbe : On trouve dans le commerce des variantes faiblement fertilisées ou plus fortement (1 et 2). Toutes sont composées essentiellement de tourbe.
Le terreau convenant à la culture des plantes de balcon, les deux substrats peuvent être mélangés à de la terre de jardin. Mais utilisés purs, ils sont peu recommandés pour les fleurs de balcon.
Les terres pour les semis et les repiquages sont très fines, sans bactérie et peu ou pas du tout fertilisées. Elles conviennent aux semis et à la culture de jeunes plants, mais pas aux plantes adultes.

Une terre "artisanale"

La terre de jardin, pour la culture en pot, est presque toujours trop lourde. Elle se tasse facilement et contient souvent de nombreuses semences de mauvaises herbes.
Vous obtiendrez une bonne terre légère en mélangeant 3 parts de terre de jardin pour 3 parts de compost tamisé et 2 parts de tourbe ou de sable.
Autre possibilité :
Vous pouvez aussi mélanger de la terre de jardin et du terreau enrichi en proportion 1 : 1.

Conseils de plantation

Toutes les plantes mises en pot ou rempotées devraient avoir au moins 2 cm autour d'elles de leur nouveau substrat (les plantes les plus grandes jusqu'à 10 cm). Choisissez donc un pot suffisamment spacieux !

- Dépoter les plantes avec précaution.
- Secouer les mottes des plantes déjà vieilles avec soin quand on les change de pot, couper les racines desséchées ou pourries.
- Pourvoir les pots plus grands d'un système de drainage pour éviter l'humidité stagnante. Au fond du pot, déposer des tessons d'argile, des granulés d'argile, du sable lavé ou du gravier. Étaler dessus un tissu de feutre et ajouter alors seulement le terreau. Le tissu de feutre empêche le mélange du substrat et du drainage ce qui diminuerait la porosité.
- Installer les fleurs, emplir de terre tout autour, tasser légèrement et arroser.

Bien arroser

Toutes les plantes n'ont pas les mêmes besoins. En quelle quantité et à quelle fréquence doit-on arroser ? Plusieurs critères interviennent, de l'emplacement des fleurs aux conditions atmosphériques.

L'eau d'arrosage idéale

Elle est fraîche, chauffée par le soleil et pas trop calcaire. Vous pouvez demander au service des eaux quelle est la dureté de votre eau. Vous l'adoucirez avec des produits spéciaux ou encore avec un pochon de tourbe, trempé dans un seau pendant quelques heures.
L'eau de pluie recueillie ne coûte rien et convient parfaitement aux fleurs de balcon.

Mini-guide de l'arrosage

Vous devez beaucoup arroser pendant la période de croissance principale (c'est-à-dire en été), sur des balcons ensoleillés et venteux, par grande chaleur ou sécheresse. Les plantes, dont le substrat est riche en tourbe, sèchent beaucoup plus vite que les autres et ont besoin d'une forte quantité d'eau.
N'arrosez que modérément au printemps et en automne, dans des emplacements ombragés et par des jours pluvieux.
Les pots en plastique laissent échapper moins d'humidité que ceux en argile, évitant aux plantes de se dessécher trop vite.
Arrosage d'hiver : parfois des plantes pluriannuelles ne survivent pas à l'hiver. Il n'est pas rare qu'un mauvais arrosage en soit la cause (page 37, vous trouverez des conseils utiles).
Les gouttes d'eau peuvent brûler les feuilles comme des loupes !
En hiver, arrosez le matin de manière que les plantes puissent sécher jusqu'au soir.

Systèmes "d'irrigation"

Tout le monde n'a pas des voisins sympathiques qui prennent soin de vos plantes en votre absence. L'auxiliaire idéal en cas d'absence passagère (un week-end, par exemple) sont des bacs avec une réserve d'eau incorporée.
Même des vacances de 3 semaines ou plus se dérouleront sans problème grâce à des arroseurs d'eau automatiques, directement reliés à la conduite d'eau.
Il en existe un grand choix, aux fonctions variées, plus ou moins coûteux et compliqués à installer. Renseignez-vous sur les différents systèmes proposés, comparez leurs performances. Testez le modèle retenu pendant une courte période avant une absence prolongée.

Amender avec succès
Nous attendons des fleurs de balcon qu'elles nous donnent fleur sur fleur. Ceci est possible si un apport régulier et suffisant en éléments nutritifs leur est fourni. L'engrais contenu dans le substrat s'épuisant en 1 mois à peine, il faut amender régulièrement.

Nourrir les plantes
On distingue les substances nutritives, indispensables, en quantité moyenne, et les oligo-éléments, contenus en infime quantité (et appelés aussi microsubstances nutritives).
Ce sont :
- l'azote (N), nécessaire à la croissance des feuilles ;
- le phosphore (P), utile à la fructification et la floraison ;
- le potassium (K) ;
- le calcium (Ca) ;
- le magnésium (Mg).

Tous sont garants d'une bonne structure de la plante. On range parmi les oligo-éléments le fer, le cuivre, le manganèse, le molybdène, le zinc et le bore.

Les engrais complets
L'engrais complet contient les principales substances nutritives et les oligo-éléments. La quantité de chaque substance nutritive y est donnée par le rapport NPK. - 14 : 7 : 14 ou 14/7/14 signifie que cet engrais contient 14 % d'azote (N), 7 % de phosphore (P) et 14 % de potassium (K). Dans les engrais chimiques minéraux, appelés engrais complets, les éléments nutritifs sont liés à des sels chimiques et peuvent être directement et rapidement assimilés par les plantes. Leur effet est immédiat. Mais ils sont agressifs et peuvent brûler les racines du végétal. Dans les engrais organiques complets (contenant de la farine de corne, du sang séché, de la poudre d'os, etc.), les éléments nutritifs doivent d'abord être assimilés par les micro-organismes du sol. Ce processus s'effectue plus lentement en pot que dans le sol du jardin. Par ailleurs, cet amendement favorise la flore et est donc particulièrement recommandé pour les plantations de longue durée.

Autres engrais
Il existe des engrais solides ou liquides, à ajouter à l'eau d'arrosage, à épandre ou à pulvériser sur les fleurs. Les engrais liquides sont recommandés car il est facile de les doser. Les engrais longue durée sont pratiques car ils libèrent leurs substances nutritives en 10-12 semaines.

7 règles d'or de la fertilisation
- Attendez de 3 semaines à 1 mois, après la plantation dans un substrat préamendé, avant de fertiliser régulièrement.
- Si le terreau contient un engrais longue durée, patientez 10 semaines.
- Versez les engrais liquides directement dans l'eau et arrosez.
- Ne faites pas tomber l'eau contenant de l'engrais, ou des granulés, sur les feuilles (rincez aussitôt si cela se produit).
- N'amendez que des plantes à mottes humides. Arrosez toujours un substrat sec avant de fertiliser.
- Mieux vaut doser plus souvent et en quantité moindre qu'amender plus rarement et à fortes doses !
- À partir du mois d'août, n'amendez plus les plantes qui doivent hiverner. La croissance des pousses doit se ralentir progressivement, avant les premiers froids.

Hivernage et multiplication
Quand l'hiver approche, les plantes pluriannuelles doivent être protégées du gel, de l'humidité stagnante et des effets de la sécheresse. Réfléchissez aux quartiers d'hiver que vous allez leur offrir ou aux compositions qui resteront dehors, à l'abri (voir pages 24-25).

Hivernage en plein air
Peuvent hiverner à l'extérieur
Des arbustes, des fleurs à bulbes, des vivaces roses, des plantes à fleurs bisannuelles, qui résistent au gel et peuvent être transplantés dans le jardin. Mais ces plantes craignent le froid ou se dessèchent si le pot n'a qu'un faible volume de terre.
Protection hivernale :
Des plantations longue durée, dans des pots isolés des variations de températures par du polystyrène expansé, peuvent rester au même endroit si elles sont couvertes de paille ou de branches de sapin. Pour faire hiverner les pots non isolés, adossez-les contre un mur extérieur protégé, et appliquer des lattes de bois ou des plaques de polystyrène expansé sur le sol. Resserrer les pots entre eux et les recouvrir ensemble de paille, de paillis, de feuillage ou de fibres de bois. Entourer les plantes sur tiges jusqu'à la couronne de gros branchages et fixer le tout par une bonne ficelle.
Autre possibilité :
Envelopper la plante dans une natte de paille, en forme de tente.

Arrosage en hiver :
Toutes les plantes doivent avoir de l'humidité quand s'installe la période de gel. Arroser donc en hiver, quand il ne gèle pas, avec de l'eau tiède. Les plantes, qui hivernent dans un endroit protégé, ont besoin d'une quantité plus grande d'eau parce qu'elles ne recoivent pas les précipitations. Veiller à ce que les plantes ne baignent pas dans l'eau stagnante.

Hivernage à l'intérieur

Les plantes pluriannuelles tropicales ou subtropicales doivent hiverner dans la maison. Les emplacements chauds et sombres ne sont pas recommandés.
Les quartiers d'hiver doivent avoir une température de 2 à 10 °C, être clairs, aérés, secs et sains.
Rabattre les tiges et les pédoncules avant de ranger les pots, à l'exception des tiges lignifiées (les pélargoniums, les fuchsias, les impatientes).
Mieux vaut des plantes plutôt trop sèches que trop humides.
Plus l'emplacement de l'hivernage est chaud, plus il devrait être éclairé et arrosé
Arroser toujours le matin, afin que les plantes aient le temps de sécher jusqu'au soir.
Contrôler une fois par semaine la présence éventuelle de parasites.
Un feuillage desséché et pourri est un foyer pathogène qu'il faut enlever.
Aérer les jours où il ne gèle pas.
Dès la fin du mois de janvier, arroser toujours davantage et placer les plantes dans un endroit plus éclairé et plus chaud.
Empoter en mars dans un nouveau substrat.

Le liseron bleu (Convolvulus sabatius) *hiverne dehors.*

GUIDE PRATIQUE
La multiplication

On multiplie le plus souvent les plantes de balcon par semis ou par bouturage.
Le choix dépend de l'espèce ; mais d'autres facteurs interviennent (voir page 13).

Multiplication par semis
Pour obtenir une luxuriante floraison aussitôt après les dernières gelées, commencez, dès février, à semer en chambre ou dans une petite serre. Si vous n'êtes pas trop pressé et que votre pièce offre des possibilités restreintes, un semis direct dans des godets prévus à cet effet s'impose dès la mi-avril, en extérieur. Les dates de semis mentionnées sur les paquets de graines se rapportent généralement aux semis directs, faits en extérieur. Les périodes de germination peuvent également y être précisées.

Ce qu'il faut :

- Des graines de la variété choisie. Des semences de tournesol, par exemple, sont en vente dès janvier dans les centres de jardinage, chez les grainetiers et les horticulteurs.
- Un terreau pour semis sans germe pathogène et perméable.
- Ou un terreau standard indiqué pour la multiplication. Les substrats de culture ne doivent pas contenir d'engrais - ou peu -, afin que les racines des plantes puissent se développer correctement.
- Si vous utilisez de la terre de jardin, mélangez 7 parts avec 3 parts de terreau standard, pour la rendre plus perméable et légère.
- Des godets de culture avec un couvercle transparent, vendus dans les commerces spécialisés. Si vous n'avez que quelques graines, un simple pot de yaourt avec un couvercle ou une plaque de verre suffira. Quel que soit le récipient choisi, vérifiez les trous d'écoulement.

Comment procéder :

- Remplir le pot de semis de terre (à 1 cm en dessous du bord), répartir régulièrement et humidifier.
- Semer d'un geste large les graines du paquet, les éloigner le plus possible les unes des autres (dessin 1). Plus l'espacement accordé aux graines est grand, moins la division après la germination sera urgente.
- Du plat de la main ou à l'aide d'une planchette, bien enfoncer les graines moyennes ou fines ; arroser en utilisant une pomme d'arrosoir fine. Les plus grosses graines seront recouvertes d'une mince couche de terre afin qu'elles ne se dessèchent pas pendant la germination.
- Poser le couvercle (dessin 2) pour créer un microclimat chaud et humide, et mettre le récipient dans un endroit chaud, à environ 20 °C. Aucune lumière n'est nécessaire tant que les feuilles des plantules ne sont pas apparues.
- De temps en temps, ôter le couvercle pour aérer.
- Quand les premières plantules sortent, enlever le couvercle, poser le récipient à environ 12 °C, là où il y a le plus de lumière, mais pas au soleil direct.

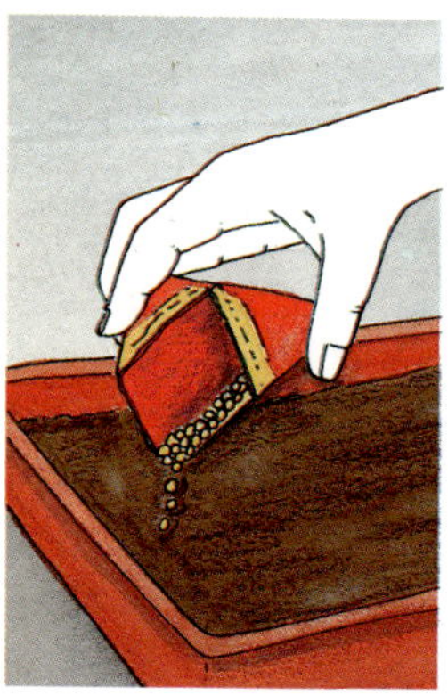

1 Semer les graines espacées le plus possible

2 Garder le semis dans une chaleur humide.

3 Dès qu'elles se touchent, déterrer les plantules délicatement à l'aide d'un bâtonnet de repiquage.

Repiquer les jeunes plantules
Dès que les plantules commencent à se gêner, il faut les repiquer une à une. Se munir d'un bâton, de terreau à faible teneur en engrais, et de petits pots. Des plaques à petits pots (dessin 5) sont pratiques, les jeunes plants y formeront des mottes de racines vigoureuses, sans prendre de place.
Comment procéder :
- Soulever les plantules avec l'extrémité pointue du bâtonnet (dessin 3) ; les séparer avec précaution si elles sont trop serrées.
- Raccourcir les racines (dessin 4) pour stimuler leur développement.
- Avec l'autre extrémité du bâtonnet, préparer un trou et y piquer le jeune plant (dessin 5).
- Tasser légèrement la terre tout autour et bien arroser avec une pomme d'arrosoir fine.
- Mettre les plants de repiquage à 12 °C si possible, avec le maximum de lumière, mais protégés du soleil direct.

6 Couper le rameau à 1 cm en dessous du deuxième point d'insertion.

7 Couvrir le pot d'un sac de papier transparent.

Multiplication par bouturage
Vous pouvez, à la fin de l'été ou au printemps, faire des boutures de plantes pluriannuelles, comme les pélargoniums et les fuchsias. La plante mère doit être vigoureuse, dépourvue de parasites et non fanée. Une bonne bouture se compose de 1 à 2 paires de feuilles complètement formées. Prenez des pousses aoutées ; évitez celles qui sont trop jeunes, elles pourrissent facilement.
Ce qu'il faut :
- Un couteau propre et aiguisé.
- Des pots munis de couvercles.
- Des pots de tourbe. Les jeunes plants seront alors plantés directement avec la motte et le pot à leur emplacement définitif.
- Un terreau pour semis .

Comment procéder :
- Diviser les boutures avec un couteau aiguisé, à 1 cm sous le point de division de la deuxième paire de feuilles (dessin 6) à partir de la plante mère.
- Oter les bourgeons et les fleurs pour qu'ils ne prennent pas l'énergie de la plante.
- Piquer les boutures dans le substrat, sans enterrer les feuilles, bien tasser et arroser soigneusement.
- Recouvrir d'un papier transparent ; un fil d'acier tordu en croix le maintient et l'empêche de toucher les feuilles (dessin 7).
- Poser le pot à la lumière, à bonne température (20 °C maximum), mais le protéger du soleil direct.
- Bien drainer, aérer tous les jours. Plusieurs semaines peuvent s'écouler avant la formation des racines. Retirer alors le couvercle.

4 Raccourcir le bout des racines.

5 Avec l'autre bout du bâtonnet, creuser un trou, y placer la plantule et l'enfoncer.

Pour tous ceux qui aimeraient vivre au bord de l'eau : des plantes de marécages.

Maladies et parasites

Des plantes mal entretenues sont plus sensibles aux maladies et aux parasites. Outre l'entretien quotidien, une multitude d'autres petites astuces préviennent les attaques.

Mesures préventives

• Contrôlez régulièrement vos plantes ; ôtez les parties des plantes malades, desséchées, fanées et les mauvaises herbes.
• Lessivez les pots usagés et rincez abondamment à l'eau claire.
• Donnez à vos fleurs de balcon de jolies voisines qui éloignent les parasites : lavande (*Lavandula angustifolia*) contre les pucerons, œillets (espèces *Tagetes*) contre les nématodes des racines, nicandra (*Nicandra physalodes*) contre les mouches blanches et les pucerons.
• On peut raffermir le tissu des plantes grâce à des pulvérisations d'aromates ou d'autres préparations disponibles dans le commerce.

Erreurs d'entretien et conséquences

Nombreux sont les symptômes qui ne sont imputables qu'à des erreurs d'entretien !
Dès que les plantes reçoivent ce dont elles ont besoin, elles reprennent des forces et donnent de nouvelles pousses vigoureuses.
Les erreurs les plus fréquentes :
• Des plantes qui ne donnent pas de bouton de fleur ont souvent trop d'engrais azoté et pas assez de potassium et de

phosphore. Un lieu trop humide ou trop peu ensoleillé peut aussi en être la cause.

Remède : examiner le type d'engrais et les doses ; éventuellement, changer de lieu.

• Les longues pousses avachies se forment là où il y a trop peu de lumière.

Remède : choisir un emplacement plus éclairé.

• Des feuilles jaunies peuvent indiquer un manque d'azote, d'un excédent d'arrosage ou le vieillissement de la plante.

Remède : contrôler l'emplacement et les engrais, vérifier s'il n'y a pas d'humidité stagnante.

• Les feuilles deviennent pâles alors que les nervures restent vertes, c'est la chlorose due à un manque d'oligo-éléments comme le fer ou le magnésium.

Remède : ne plus arroser qu'à l'eau douce. Ajouter de la limaille de fer dans l'eau d'arrosage et choisir un emplacement chaud.

• Des taches rouges, grises ou gris argenté sur les feuilles indiquent un coup de soleil. Cela arrive juste après l'hivernage avec les premiers rayons.

Remède : habituer les plantes au soleil, en les exposant progressivement.

Combattre les maladies et les parasites

Il n'est pas toujours nécessaire d'avoir recours à des produits chimiques en cas d'attaque de parasites ou de champignons. Essayez donc les alternatives biologiques.

Lutte naturelle :

• Décoction d'orties contre les pucerons. Faire bouillir 5 litres d'eau avec 500 g d'orties fraîches, de 12 h à 24 h. Pulvériser après refroidissement.

• Décoction d'absinthe contre les insectes piqueurs et suceurs. Faire bouillir 1 litre d'eau avec 1 cuillère à soupe de feuilles d'absinthe séchées. Laisser refroidir, filtrer et pulvériser tel quel.

• Bouillon d'ail contre les infections cryptogamiques et les acariens. Écraser 1 gousse d'ail, la faire bouillir avec 1 litre d'eau. Laisser refroidir, passer au tamis et pulvériser tel quel.

• Solutions savonneuses. Elles recouvrent le corps des insectes, les empêchant de respirer.

• Les huiles de paraffine ou les huiles blanches. Dérivées du pétrole, elles bouchent les voies respiratoires des insectes nuisibles.

• L'extrait de pyrèthre. Obtenu à partir des boutons floraux du *Chrysanthemum cinerariifolium*, il agit sur le système nerveux des animaux à sang froid et sur les insectes. À manipuler avec précaution. S'il est dangereux pour les poissons, les mouches des fleurs et les chrysopes, il est en revanche inoffensif pour les abeilles. On trouve le pyrèthre présenté sous forme de produit à pulvériser, à vaporiser ou à planter en bâtonnets.

Attention : Les produits à base de pyrèthre sont particulièrement nocifs pour l'être humain quand ils entrent en contact avec des blessures ouvertes et pénètrent dans le sang. Évitez absolument de respirer le nuage de brumisation.

Lutte chimique :

Quand tous les autres moyens ont échoué ou qu'une maladie est épidémique, la lutte chimique est le dernier recours. On trouve dans les commerces spécialisés des produits à arroser, à pulvériser, à vaporiser, ou présentés en tablettes ou en bâtonnets.

• Les insecticides agissent contre tous les insectes, qu'ils soient nuisibles ou utiles.

• Les acaricides exterminent les acariens.

• Les fongicides détruisent les champignons.

10 points sur l'utilisation des produits

• N'utilisez pas des produits qui comportent la mention T ou T+.

• Si vous utilisez une bombe, prenez-la sans gaz pour la protection de l'environnement.

• Suivez exactement les dosages prescrits. Respectez les intervalles entre chaque pulvérisation, afin de pouvoir exterminer les générations suivantes de parasites.

• Ne préparez que la quantité nécessaire de produit à vaporiser. Les excédants et les préparations usagées doivent être jetés.

• Portez des gants de caoutchouc.

• Si des produits sont dangereux pour les abeilles, n'arrosez ou ne pulvérisez qu'à titre exceptionnel, et seulement tard le soir.

• Ne faites pas de pulvérisation s'il y a du vent. Évitez que des nuages de produits ou l'eau d'arrosage atteignent le balcon.

• Ne pulvérisez pas au soleil ou quand il pleut. Préférez des journées sans vent, à ciel légèrement couvert.

• Ne respirez pas le produit brumisé.

• Conservez les produits dans leur emballage d'origine, hors de portée des enfants et des animaux, loin des aliments, et fermés hermétiquement.

Maladies cryptogamiques

Mesures préventives :

- Aérez, même par basses températures extérieures, les quartiers d'hiver.
- Arrosez avec soin et seulement sur la motte, les jours froids et couverts. Les gouttes d'eau d'arrosage séchant très lentement sur les feuilles quand il fait froid, elles favorisent l'apparition de champignons.
- Arrosez le matin, les feuilles humides ayant le temps de sécher avant le soir.
- Espacez un peu vos plantes pour que l'air puisse circuler librement entre elles et éviter l'apparition de champignons.
- Arrosez ou pulvérisez vos plantes, au printemps et en été, par mesure préventive, avec des préparations toutes faites ; ou encore en brumisant des orties, de l'achillée ou de la prêle en décoction.

Lutte :

- Ôtez délicatement les parties attaquées de la plante, veillez à ne pas répandre de spores de champignons sur les feuilles saines pour ne pas les contaminer.
- Pulvérisez une décoction de prêles ou un fongicide dans le cas du vrai ou du faux mildiou.
- Traitez de la même façon la rouille avec un fongicide.
- En cas de fumagine, traitez pucerons et mouches blanches, leurs secrétions mielleuses sont un régal pour les champignons qui s'y installent. Ôtez les parties très atteintes, nettoyez les autres à l'eau tiède.

Les 5 maladies les plus fréquentes

Feu bactérien du pélargonium.
Symptômes : une coloration noire et la pourriture de la tige, des taches allant du rouge brun au vert jaune sur les feuilles. Les plantes cassent et meurent.
Cause : infection bactérienne due à de la terre contaminée ou des outils à bouturer infestés.
Remède :
voir page 63, les maladies bactériennes.

Faux mildiou.
Symptômes : une moisissure grisâtre sur la face postérieure des feuilles. Des taches jaunes pâles devenant plus foncées sur la face antérieure. Plus tard, les feuilles se desséchent et meurent.
Cause : l'humidité élevée et le peu d'aération accélèrent le développement des spores.
Remède : voir ci-contre, les maladies cryptogamiques.

Vrai mildiou.
Symptômes : tâches blanchâtres à la surface intérieure des parties atteintes. Peut provoquer un dessèchement complet des plantes.
Cause : des spores de champignons, dus à des baisses de températures et à l'humidité des feuilles, par temps froid et humide.
Remède : voir ci-contre, les maladies cryptogamiques.

Rouille.
Symptômes : des pustules rouge brun à brun foncé sur les feuilles et les tiges. Les parties atteintes meurent.
Cause : des spores de champignons. Due à une humidité élevée et un temps chaud, des restes d'eau d'arrosage ou de pluie, par temps froid.
Remède : voir ci-contre, les maladies cryptogamiques.

Fumagine.
Symptômes : un dépôt noir et poisseux sur les feuilles, les tiges, les rejets.
Cause : l'installation des champignons de la fumagine sur les miellats des pucerons et des cochenilles.
Remède : voir page 63 la lutte contre les pucerons.

Maladies bactériennes

Mesures préventives :

Faites attention dès l'achat des plantes saines. Utilisez de la terre sans bactérie et désinfectez votre couteau à l'alcool quand vous procédez à la multiplication par bouturage ou à une taille.

Lutte :

Une guérison de la plante est impossible, on ne peut que prolonger son existence. Ôtez aussitôt les feuilles et les rejets atteints, et saupoudrez les incisions de charbon de bois. Ne multipliez pas ces plantes, ne les jetez pas sur le compost, mais détruisez-les pour éviter tout risque de contamination.

Parasites

Mesures préventives :

- Protégez les plantes des courants d'air et de la sécheresse.
- Amendez régulièrement les fleurs, sans excès. Une fertilisation en azote immodérée stimule trop la croissance des feuilles et ramollit leurs tissus. C'est un festin trouvé pour les parasites ! De plus, l'azote empêche la formation de boutons de fleurs.

Lutte :

- En cas de pucerons et de mouches blanches, pulvérisez un insecticide, du pyrèthre ou une décoction de feuilles d'orties.
- Enlevez les cochenilles avec un linge humide et doux. Pulvérisez une préparation à base d'huile de paraffine ou un insecticide quand l'attaque est trop importante.
- Recueillez les pucerons, utilisez des préparations à base de pyrèthre, d'insecticide ou d'huile de paraffine.

Les 5 maladies les plus fréquentes

Pucerons.
Symptômes : des feuilles enroulées, recroquevillées sur elles-mêmes, cachent des colonies de pucerons verts, rouges ou noirs. Les feuilles sont poisseuses.
Cause : une attaque favorisée par la sécheresse de l'air, la chaleur, un excès d'engrais.
Remède : voir la lutte contre les parasites, ci-contre.

Araignées rouges.
Symptômes : toile très fine avec de petits points rougeâtres sous la feuille. Sur la partie supérieure mouchetures blanc-jaune. Les feuilles se décolorent, sèchent et meurent.
Cause : climat sec et chaud. Manque d'aération.
Remède : voir la lutte contre les parasites, ci-contre.

Cochenilles.
Symptômes : de petits boucliers bruns, facilement détachables, le long des feuilles et des tiges. Des feuilles collantes (miellats des pucerons) sur lesquelles s'installe la fumagine.
Cause : une attaque favorisée par un hivernage au chaud.
Remède : voir la lutte contre les parasites, ci-contre.

Mouches blanches.
Symptômes : des insectes blancs qui volent et des larves vertes sur le dos de la feuille. Au moindre mouvement, un nuage d'insectes s'envole. Feuilles collantes.
Cause : sécheresse de l'air, chaleur. Ces insectes se développent principalement en serre.
Remède : voir la lutte contre les parasites, ci-contre.

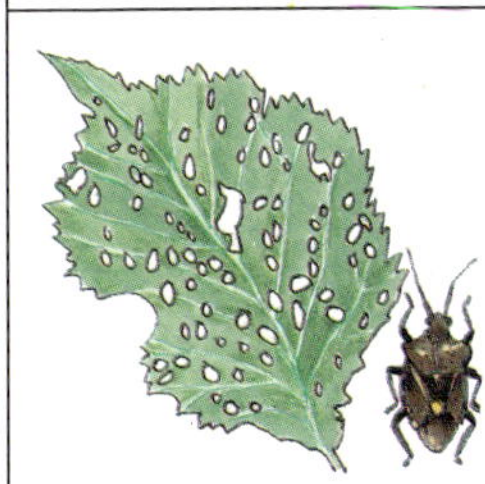

Pucerons.
Symptômes : des feuilles rabougries, trouées, des jeunes pousses et des boutons floraux piqués de brun et ratatinés.
Cause : les parasites pompent la sève quand il fait sec et chaud.
Remède : voir la lutte contre les parasites, ci-contre.

Les légumes

Conseils de culture

Un jardin au balcon

Que ce soit les tomates-cerises à port buissonnant ou les haricots grimpants, quand ils sont placés à l'endroit qui leur convient, beaucoup de légumes à la fois beaux et savoureux montrent, même en pots, ce dont ils sont capables. Laissez-vous séduire par le charme des variétés anciennes et exotiques, qui sont les mieux adaptées aux balcons et terrasses.

Petite histoire des légumes cultivés

Les légumes jouent un rôle important dans notre alimentation et constituent depuis toujours un élément essentiel de la nourriture humaine. Les représentations de légumes retrouvés dans les pyramides égyptiennes sont les plus anciens témoins de leur importance. Nous disposons également de documents anciens de l'époque de Charlemagne dans lesquels l'empereur établissait la liste des légumes qu'il voulait voir cultiver sur ses domaines. À la fin du Moyen Âge, la culture des légumes, des fruits et des herbes aromatiques et condimentaires était pourtant surtout pratiquée dans les jardins des monastères.
Romains et Maures introduisirent par la suite beaucoup de légumes originaires du Bassin méditerranéen, comme l'épinard ou la salade, en Europe centrale et du Nord, mais de nombreuses plantes qui appartiennent aujourd'hui à notre alimentation quotidienne nous viennent d'Amérique centrale ou du Sud. C'est ainsi que les tomates, les haricots, le maïs et bien d'autres plantes apparurent chez nous après la découverte de l'Amérique.
Aujourd'hui, les voyages nous font découvrir de nouveaux légumes inconnus, dont la culture chez soi prend un charme supplémentaire.

Les légumes en pots

Les légumes sont, bien évidemment, principalement cultivés en pleine terre. Toutefois, de nombreuses espèces savoureuses prospèrent sans difficulté en pots et certaines sont même spécifiquement adaptées à la culture sur un balcon. Placés dans un endroit ensoleillé et si possible abrité et régulièrement arrosés et fertilisés, les plants de légumes produisent là aussi une récolte digne de ce nom.
Certes, vous ne couvrirez pas les besoins de la famille en cultivant des légumes sur votre balcon ou votre terrasse, mais vous enrichirez sensiblement vos menus avec les fruits de votre jardin en pots. Et le parfum d'une tomate fraîchement cueillie à parfaite maturité est sans commune mesure avec la saveur fade d'un fruit mûri après récolte...

Plaisir du palais et des yeux

La récolte des légumes ne représente pas en fait l'intérêt principal du jardinage sur un balcon ou une terrasse. C'est bien plus le goût de jardiner, le plaisir de voir germer des graines et d'observer les jeunes plants se développer, fleurir et fructifier - mais aussi de mettre à contribution la valeur ornementale d'un grand nombre de légumes, leur port intéressant et les fruits colorés et aux formes originales de plantes utiles.
Les fleurs de nombre d'espèces de légumes, comme celles des artichauts, des courgettes ou des pois, peuvent rivaliser de beauté avec celles des plantes de balcons habituelles.
Et si vous estimez que ce jardin en pots n'est pas encore assez coloré, vous pourrez lui adjoindre des fleurs d'été et des plantes aromatiques, qui, bien choisies, fourniront aux légumes les aromates nécessaires (voir pp. 86-87).
Laissez-vous inspirer par les associations de plantes présentées par cet ouvrage et essayez différentes variantes. Si vous aimez cultiver en pots des plantes utiles, vous réaliserez chaque année des arrangements différents avec de nouvelles espèces et cela, à coup sûr, ne vous paraîtra jamais fastidieux.

Les jardiniers d'aujourd'hui ont appris à tirer profit des lignes sculpturales et des couleurs originales des légumes. Plantes potagères et fleurs d'été peuvent cohabiter sans problème dans un même pot.

Au fond, le maïs doux avec son port élevé. Au milieu, plusieurs variétés de salades. Devant, un pied de tomate et des lobélies au port retombant.

Les salades ont besoin de beaucoup de lumière, mais n'aiment pas les températures trop élevées.

Un emplacement chaud et très clair

Les plantes doivent se sentir, là où elles sont placées, comme si elles étaient dans leur milieu d'origine. Contrairement aux fleurs et aux plantes bulbeuses, il n'existe pratiquement pas de légumes préférant ou tolérant l'ombre. Plus leur emplacement est ensoleillé et lumineux et plus leur développement est exubérant et la récolte précoce et abondante.

À l'ombre, sur un balcon orienté au nord par exemple, la récolte est inévitablement maigre. Les légumes les moins exigeants en lumière sont les laitues, les épinards et les bettes, mais ils demandent au moins une exposition à mi-ombre.

La plupart des plantes aromatiques ont besoin de soleil et préfèrent un emplacement clair et chaud. C'est particulièrement le cas des plantes méditerranéennes comme le basilic, la marjolaine, le romarin, la sauge et le thym. La bourrache, le fenouil, le persil, la ciboulette et la verveine odorante, au contraire, apprécient les situations de mi-ombre. Elles se trouvent bien à l'abri de plantes plus hautes.

Quant aux fleurs d'été pour balcons et terrasses, il en

existe des espèces pour toutes les expositions, même les plus ingrates. Renseignez-vous, lors de l'achat de vos plantes, sur leurs exigences en lumière, en eau et en chaleur. Une sélection de fleurs de balcon de situations ensoleillées se trouve à la page 87.

La bonne exposition

La meilleure exposition pour la culture de légumes est le sud-est ou le sud-ouest. Les balcons au sud offrent des conditions de lumière optimales, mais sont trop chauds en plein été. Si les plantes qui ont le plus besoin de chaleur, comme les tomates, les poivrons et les aubergines, produisent beaucoup de fruits à ce type d'emplacement, la forte chaleur de l'été rend la production des salades difficile. Elles réagissent en formant des rejets et en se nécrosant à l'intérieur. Dans tous les cas, un bon approvisionnement en eau est extrêmement important aux expositions sud.

Surveiller le vent et les courants d'air

En plus de la lumière et de la chaleur, il faut tenir compte du vent et des courants d'air pour assurer un bon développement des plantes. En règle générale, les légumes préfèrent être abrités. Les espèces à grandes feuilles ou à feuilles tendres, comme les concombres, les melons et les haricots, sont particulièrement sensibles au vent. Ils réagissent aux brises un peu fortes en se flétrissant et ce, d'autant plus que leur terre est plus sèche.
Si la place et la lumière le permettent, vous devez donc mettre vos plantes potagères à l'abri, le long d'un mur ou de la balustrade. Dans le cas contraire, il faut les abriter du vent avec des nattes de jonc ou de solides étoffes tendues sur le côté. Des treillages garnis de grimpantes coupent également le vent. De plus, la terre sèche moins vite à un endroit abrité, ce qui, accessoirement, diminue la quantité d'eau à apporter.
Une situation fermée, totalement abritée du vent - une loggia, par exemple - peut néanmoins être un foyer de maladies cryptogamiques (provoquées par un champignon). Veillez dans ce cas à assurer une légère circulation de l'air pour permettre aux feuilles de sécher plus rapidement.
En situation aérée, les légumes-fruits comme les tomates, les poivrons ou encore le maïs doux, profiteront en outre d'une meilleure pollinisation et donneront donc une récolte plus abondante.

Pluie et humidité

Les balcons orientés à l'ouest sont les plus exposés au mauvais temps, à la pluie et au vent. C'est le cas aussi des bacs accrochés en hauteur et des toits en terrasse. L'humidité prolongée des feuilles est pour beaucoup de légumes la cause de maladies des feuilles ou des fruits. Salades et concombres sont atteints alors par le botrytis ou l'oïdium, les tomates par le mildiou *(voir p. 116)*. Il faut donc renoncer à mettre des plantes très sensibles à l'humidité à des endroits fortement exposés à la pluie. De plus amples informations à ce sujet figurent aux pages 76 à 85.

Attention à la pollution

Si votre balcon donne sur une rue à forte circulation, il vaut mieux vous contenter d'y installer des fleurs et des arbustes d'ornement. Vous éviterez ainsi une pollution des légumes dont on attend plutôt qu'ils soient sains et de bonne qualité.

On trouve des pots de fleurs en toutes sortes de matériaux.

Ce plant de tomates-cerises s'épanouit à merveille dans un pot en terre cuite.

Les récipients du potager mobile

Si votre balcon ou votre terrasse convient à la culture des légumes, il faut trouver les récipients appropriés. Le choix des matériaux, des formes et des volumes est très vaste.

• *L'argile* est le matériau classique des pots de fleurs. Il existe des pots en céramique de toutes les formes et de toutes les tailles, vernis ou non. Les poteries en grès, en terre cuite ou simplement en terre peuvent à eux seuls constituer de véritables objets de décoration.
Les « fraisiers », ces sortes d'amphores en terre dans lesquelles sont pratiquées de nombreuses ouvertures où l'on plante des salades et des plantes aromatiques, sont particulièrement décoratifs *(voir p. 107)*.

• *Le bois* est utilisé de longue date dans la fabrication de bacs à fleurs. C'est un matériau bien isolant mais qui craint l'humidité. Il pourrit plus ou moins vite suivant la qualité. Avec un peu d'habileté, vous pourrez confectionner vous-même un récipient en bois, que vous traiterez au préalable contre la pourriture avec un produit fongicide.

• *Les corbeilles tressées,* posées au sol ou suspendues, s'harmonisent très joliment avec des plants de légumes. Tapissez l'intérieur d'une feuille de plastique avant d'y placer le substrat, pour les protéger de l'humidité et les empêcher de pourrir.
Conseil : afin d'éviter que vos récipients de bois et d'osier ne pourrissent pardessous, posez-les sur de petites cales.

• *Les récipients en pierre reconstituée* sont très solides. De plus, ils ont assez légers et tout à fait adaptés aux balcons et terrasses.

• *Les récipients en matière plastique* existent dans une large gamme de coloris. C'est le matériau le plus léger, il est solide et bon marché. Mais n'oubliez pas que les pots en plastique de couleur foncée sont très chauds au soleil.
On trouve également depuis peu des imitations de terres cuites en matière plastique très réalistes ; de loin, l'illusion visuelle est parfaite.

• *Les récipients en fibres de cellulose,* non polluants, existent en plusieurs formes et plusieurs tailles. Ils sont garantis 2 ans.

• *Les cache-pot :* vous pouvez enfin faire disparaître tous les récipients dans des cache-pot. S'il ne sont pas pourvus d'un trou de drainage, pensez à les vider régulièrement de l'eau de pluie ou d'arrosage en excédent.

La taille des récipients
Choisissez de préférence un pot un peu trop grand plutôt qu'un peu trop petit, car les racines des légumes ont besoin d'un volume suffisant pour bien approvisionner la plante et pour l'ancrer dans le substrat. En outre, les grands pots permettent d'espacer les apports d'eau et d'engrais.
Toutefois, il faut veiller à ce que les bacs ne soient pas trop lourds. Les récipients de 80 cm de long offrent un bon compromis. Pour les plantes les plus grandes comme les tomates, les concombres ou le maïs, des pots individuels de 5 à 15 litres de contenance suffisent. Il existe également dans les magasins spécialisés des socles à roulettes qui permettent de déplacer sans effort les récipients.

Assurer l'écoulement de l'eau
Tous les conteneurs doivent avoir un trou de drainage qui assure l'écoulement de l'eau d'arrosage ou de l'eau de pluie en excédent et évite la stagnation de l'humidité *(voir pp. 110-111)* ; parfois, ces trous sont uniquement poinçonnés et doivent être perforés. Placez sur ces orifices des tessons de terre cuite pour empêcher qu'ils ne se bouchent tout en laissant l'eau s'écouler, et glissez sous le pot une soucoupe adaptée pour éviter la formation de flaques d'eau.

Gagner de la place
Si vous voulez installer plusieurs bacs en utilisant le moins de place possible, vous pouvez les disposer en escalier, sur les étagères en métal disponibles dans les jardineries ou les magasins de bricolage. Cette disposition a l'avantage de fournir assez de lumière à toutes les plantes.
Pensez également aux treillages, qui permettent de palisser les grimpantes.

Les plantes potagères

Ceux qui cultivent des légumes sur leur balcon ou leur terrasse attachent surtout de la valeur aux formes intéressantes, aux fleurs attirantes et à la saveur des fruits. Vous trouverez dans les pages suivantes un choix d'espèces décoratives de légumes qui se prêtent particulièrement bien à la culture en pots. La plupart offrent une récolte échelonnée, ce qui vous permettra de profiter longtemps de vos protégées.

Les descriptions indiquent, en plus des données botaniques et de l'origine de la plante, l'emplacement et les soins appropriés, des conseils concernant la culture ainsi que la récolte et l'utilisation des fruits. Si vous désirez compléter votre petit potager avec des plantes aromatiques et quelques fleurs d'été de couleurs vives, reportez-vous aux pages 86-87. Vous trouverez d'autres espèces intéressantes dans le tableau des pages 88-89, qui vous permettront de composer un plan de cultures varié.

Un grand nombre d'espèces et de variétés de légumes attirantes et savoureuses peuvent être cultivées en pots.

Tomate

Lycopersicum esculentum

Famille : Solanacées
Origine : Amérique du Sud, région andine
Botanique : légume-fruit estimé mais très sensible aux gelées, à ramification et fructification intenses. On distingue les tomates à tuteurer des variétés naines. Les petites fleurs jaunes en grappes apparaissent à partir du mois de mai. Les fruits se récoltent environ 2 mois plus tard. Il existe de nombreuses variétés de tailles, couleurs et formes différentes *(voir p. 119)*.
Emplacement : plein soleil, chaud et à l'abri du vent. Un emplacement sec prévient les maladies cryptogamiques.
Culture : semez à l'intérieur à partir de la mi-mars à une température de 20 °C au minimum, en espaçant les graines pour obtenir des plants forts. Dès que les premières feuilles sont à l'horizontale, repiquez les plants jusqu'aux feuilles dans des godets de 10 cm de diamètre. Écartez les plants abîmés ou rabougris. Placez les plantules dans un endroit clair et veillez à ce que la température de l'air et du substrat soit suffisante (18 °C). Enfin, plantez-les dans des pots de 5 à 10 litres de terre, au même niveau que dans le godet, pour éviter une éventuelle pourriture de la tige. Placez les pots à l'extérieur, à partir de la mi-mai, quand les gelées ne sont plus à craindre.
Conseil : quand vous achetez des plants de tomates, veillez à ce que les pots aient au moins 8 à 10 cm de diamètre. Les plants doivent présenter une forte tige, un port ramassé et un bouquet de fleurs. Des feuilles bien vertes et des racines saines sont aussi des signes de qualité.
Soins : attachez à des piquets ou à un grillage souple les

Tomate 'Pyros'.

variétés à tuteurer *(voir p. 109)*. Menez-les de préférence sur une seule tige, en supprimant (en « pinçant ») régulièrement les tiges adventices

Les fleurs de tomates sont très décoratives.

poussant aux aisselles des feuilles. Étêtez la tige principale lorsque 5 ou 6 grappes de fleurs sont formées. D'autres fleurs n'auraient pas le temps d'amener les fruits à maturité et ne feraient que mobiliser inutilement l'énergie de la plante. Ne pincez pas les tomates naines à port buissonnant. Si les plants sont trop chargés de fruits, contentez-vous d'en améliorer la stabilité avec un petit piquet. Supprimez les feuilles âgées, malades ou fanées. Arrosez et fertilisez régulièrement les plants. Pour obtenir un bon rendement, secouez doucement de temps en temps les pieds pour que le pollen atteigne les stigmates.

Protection des plantes : le mildiou est favorisé par l'humidité des feuilles. Il faut donc éviter de mouiller le feuillage.

Variétés : les variétés suivantes sont tout à fait adaptées à la culture en pots :

- Variétés standard à tuteurer : 'Agora' (croissance rapide), 'Bali' (pour les récolte d'arrière-saison), 'Cristal' (fruits très rouges), 'Trésor' (très terme).
- Variété à fruits en grappes : 'Prémio' (7 à 9 fruits par grappe).
- Variétés à cultiver sans tuteur : 'Topla' (gros fruits réguliers), 'Fandango' (peu sensible à l'éclatement), 'Primabel' (précoce).
- Tomates rondes : 'Fournaise', 'Pyros' ; (à tuteurer).
- Tomates-cerises : 'Cerise rouge', 'Cerise jaune' et 'Sweet 100' (goût exquis). Pour l'apéritif ou la garniture d'un plat d'été.
- Tomates-poires (à tuteurer) : 'Poire rouge' et 'Poire jaune'.
- Olivettes : 'Roma' (fruits allongés) et 'San Marzano' (port élevé).

Pour des pots suspendus, préférez la tomate naine 'Topla' et les tomates-cerises 'Cerise rouge', 'Cerise jaune' et 'Sweet 100'.

Récolte : cueillez les tomates pour la consommation immédiate, de préférence parfaitement mûres. Elles sont alors juteuses et fermes et sont particulièrement parfumées. Ne les mettez jamais au réfrigérateur. La meilleure température de conservation est entre 12 et 15 °C.

Utilisation : les usages de la tomate sont extraordinairement variés. On peut en faire des soupes, des salades, des sauces, des confitures ou encore des conserves.

Attention : la solanine contenue dans les tomates vertes peut être toxique lorsqu'elle est consommée à haute dose. Mais cette substance disparaît à mesure que le fruit mûrit ou lors de la cuisson.

Les tomates jaunes sont très originales.

Tomates-cerises, idéales pour l'apéritif.

Aubergine d'ornement à fruits blancs.

Un poivron de couleur violette.

Aubergine
Solanum melongena

Famille : Solanacées
Origine : Inde
Botanique : légume très sensible aux gelées, aux fruits généralement violets.
Emplacement : ensoleillé, à l'abri du vent et de la pluie.
Culture : semez à partir de mi-mars à une température de 22 à 24 °C. Placez à l'extérieur fin mai dans des pots de 3 à 5 litres.
Soins : tuteurez en cas de fort développement. Tenez le substrat humide, fertilisez toutes les 2 à 3 semaines.
Variétés : 'Prélane', 'Violette longue hâtive' (fruit allongé et ovale, résistant aux virus), 'Galine' (rond, ovale), 'Bonica' (ovoïde), 'Blanche ronde' (fruits blancs).
Récolte : coupez les fruits au sécateur.
Utilisation : à l'étouffée, rôtie, grillée.
Attention : les fruits crus contiennent de la solanine.

Poivron
Capsicum annuum

Famille : Solanacées
Origine : Mexique, Pérou
Botanique : légume buissonnant, sensibles aux gelées. Variété douce du piment, d'abord verte puis jaune et rouge.
Emplacement : ensoleillé, à l'abri du vent et de la pluie.
Culture : semez en mars à 22 °C. Plantez à partir de la mi-mai.
Soins : pincez les variétés à port élevé et supprimez les tiges en excédent. Laissez pousser les variétés naines. Supprimez les premières fleurs. Tenez le substrat humide, faites un apport d'engrais toutes les 2 à 3 semaines.
Variétés : 'Ludo', 'Doux des Landes', 'Estérel', 'Golden Bell' ; piment : 'De Cayenne'.
Récolte : récoltez les fruits parfaitement mûrs.
Utilisation : cru ou cuit à l'étouffée.

Physalis

Physalis peruviana

Famille : Solanacées
Origine : Pérou
Botanique : plante sensible aux gelées, aux fruits jaune orangé de la taille d'une cerise dans une capsule en forme de lampion.
Emplacement : plein soleil, sec, chaud et à l'abri du vent.
Culture : semez ou divisez les touffes à partir de la mi-mars. Placez les jeunes plants à l'extérieur a partir de la mi-mai.
Soins : Tuteurez la plante tôt et conduisez-la sur plusieurs tiges. Pincez peu. Arrosez abondamment jusqu'à fin août, fertilisez tous les 15 jours. Hivernage possible dans un endroit clair et frais (8 à 10 °C). Taille de rabattage en février.
Protection des plantes : cette plante est sensible aux attaque de la mouche blanche *(voir p. 116)*.
Récolte : ne récoltez que les fruits jaune orangé.
Utilisation : les physalis sont sucrés et acidulés. On les consomme crus ou en marmelade.

Poire-melon

Solanum muricatum

Famille : Solanacées
Origine : Colombie
Botanique : ce légume, appelé parfois Pépino, est sensible aux gelées. Ses fruits sont allongés jaune orangé, rayés de violet.
Emplacement : ensoleillé, mais pas trop chaud (entre 15 et 20 °C).
Culture : la multiplication est très facile par bouturage. Plantez les pousses en mars et repiquez-les 3 semaines plus tard individuellement

La poire-melon a une chair juteuse.

Les physalis - fleurs exotiques, fruits exquis.

dans des godets d'environ 10 cm. À partir de mi mai, transplantez les plants à l'extérieur, par 4 ou 5 dans des pots de 5 litres ou dans une suspension de 25 cm de diamètre.
Important : prévoyez de solides fixations pour les suspensions.
Soins : en suspension, pincez régulièrement les tiges des jeunes plants pour qu'ils se ramifient. Vous pouvez aussi conduire les pépinos sur une ou plusieurs tiges, en supprimant les tiges latérales. Hivernage possible dans un endroit clair, frais et sec mais à l'abri du gel. Taille en février.
Variétés : 'Pepino Gold'.
Récolte : dès que les fruits commencent à jaunir (à partir de mi-août).
Utilisation : cru comme le melon, à l'aigre-douce ou à l'étouffée, en marmelade ou en gelée.

Laitue

Lactuca sativa

Famille : Composées
Origine : Méditerranée, Égypte
Botanique :
• Les laitues à couper conviennent bien à la culture en pots. Elles forment des rosettes de feuilles que l'on coupe au fur et à mesure des besoins.
• Les laitues pommées donnent des têtes plus grosses. Les variétés miniatures conviennent bien aux bacs et aux pots.
• Les laitues romaines forment des pommes fermes, aux feuilles dressées.
• La laitue batavia a des feuilles plus tendres et des pommes moins denses.
Avec les laitues, vous pouvez planter des chicorées ('Rouge de Vérone', 'De Chioggia') aux feuilles panachées de vert, de rouge et de blanc. Mais elles exigent une durée de culture plus longue et ne sont semées qu'en mai/juin.

Emplacement : ensoleillé et à l'abri du vent au printemps et en automne. À mi-ombre en été. Évitez les températures supérieures à 30 °C.
Culture : semez entre février et août.
• Laitues à couper : semez directement dans le contenant définitif, sur 2 rangs dans les bacs et à la volée dans les pots. Recouvrez très peu les graines et maintenez la terre humide jusqu'à la germination. Si le temps le permet, sortez les salades à l'abri, dès le mois d'avril.
• Autres laitues : semez clair et repiquez les jeunes plants dès qu'ils ont 4 ou 5 feuilles, en veillant à ne pas trop enterrer le collet. Arrosez souvent et sortez-les dès avril, si le temps le permet.
Conseil : en cas de forte chaleur, placez les semis à la cave pendant 2 jours.
Si vous achetez de jeunes plants, vérifiez qu'ils sont bien trapus. Enfoncez les mottes dans le substrat en laissant légèrement dépasser le collet, afin d'éviter le pourrissement. Si les feuilles sont trop longues, coupez un tiers de leur longueur pour ralentir l'évaporation. Chaque salade doit disposer d'un pot d'au moins 13 cm de diamètre. Dans un bac de 80 cm, on peut mettre 6 salades.
Soins : protégez les plantes des gelées nocturnes avec du voile d'hivernage, un film de plastique ou un petit tunnel. Arrosez régulièrement mais apportez très peu d'engrais. Un léger apport d'engrais est profitable

La culture des laitues à pomme est plus longue.

Les feuilles de la batavia sont croquantes.

aux laitues à couper après une récolte.
Protection des plantes : pour éviter les maladies cryptogamiques, arrosez plutôt le matin, afin que les feuilles sèchent rapidement.
Variétés : toutes les variétés ne se sèment pas à la même saison (reportez-vous au sachet de graines) et n'ont pas la même résistance aux maladies. Les salades rouges sont moins attaquées par les pucerons.

Une chicorée à feuilles vertes et rouges.

- Laitues à couper : 'Brunia' (brun-rouge), 'Catalogna' (feuilles découpées comme celles du pissenlit), 'Lollo rossa' (rouge, à feuilles frisées), 'Feuille de chêne blonde', 'Salad Bowl' (vert-jaune, à feuilles de chêne minces), 'Red Salad Bowl' (la même, de couleur rouge).
- Laitues pommées : 'Brune d'hiver' (résistante au froid), 'Divina' (vert brillant), 'Gotte à graine blanche' (très précoce), 'Kagraner sommer 3' (résistante à la chaleur), 'Kinemontopas' (pour les récoltes d'été-automne), 'Merveille des 4 saisons' (à feuilles teintées de rouge), 'Prima' (très bon goût), 'Gotte dorée' (jaune d'or), 'Perlane', 'Rougette de Montpellier' (précoce, petite pomme ronde).

'Lollo rossa', variété à feuilles rouges.

- Laitues batavias : 'Dorée de printemps' (très précoce), 'Rouge Grenebloise' (résistante à la chaleur), 'Frisée de Beauregard' (feuillage très découpé et dentelé), 'Sierra' (résistante à la chaleur), 'Great lakes 118' (feuilles craquantes), 'Marsala' (pomme très dense).

Récolte : de mai aux gelées. Prélevez uniquement les feuilles extérieures des salades à cueillir (le cœur se développe continuellement), en conservant les feuilles centrales. Vous pourrez couper les feuilles 3 à 5 semaines après le semis. Laissez 2 à 3 cm de tige afin de permettre plusieurs récoltes.
Utilisation : la laitue se consomme crue, ou cuite comme des épinards.

Concombre
Cucumis sativus

Famille : Cucurbitacées
Origine : Inde
Botanique : légume sensible au gel, exigeant de la chaleur, à fleurs jaunes femelles et mâles. Les nouvelles variétés à fleurs femelles donnent des fruits sans graines (parthénogenèse).
Emplacement : clair mais non en plein soleil, chaud et abrité du vent.
Culture : semez à partir du mois de mai à une température d'au moins 20 °C. Mettez 2 ou 3 graines à 3 cm de profondeur dans un pot de 10 cm de diamètre. Ne gardez que le plant le plus fort. Si vous achetez des plants, choisissez des sujets sains, à tige forte et développement ramassé, sans fleurs. Replantez-les à la même profondeur dans des pots peu profonds d'au moins 10 litres. Placez à l'extérieur fin mai.
Soins : la plupart des concombres ont besoin d'être tuteurés. Arrosez fréquemment et abondamment (jamais avec de l'eau trop froide), mais évitez l'humidité stagnante.
Fertilisez souvent mais toujours en petites quantités.
Variétés : 'Breso' (un hybride F1 dont la production s'étale sur une longue période), 'Gynial' (lisse et sans amertume), 'Marketer' (fruits demi-longs, presque lisses), 'Raider' (vert foncé), 'Lemon' (jaune).
Récolte : récoltez les fruits de petite taille pour obtenir un bon renouvellement des fleurs.

Concombre dans un pot en terre.

Les concombres ont besoin de beaucoup d'eau et de substances nutritives.

Courgette
Cucurbita pepo

Famille : Cucurbitacées
Origine : Amérique centrale
Botanique : Légume sensible aux gelées, en touffes larges et portant des fleurs femelles et mâles jaunes. Fruits verts, jaunes ou blancs.
Emplacement : clair à plein soleil, chaud et abrité du vent.
Culture : après la germination, repiquez un plant par pot. Mettez à l'extérieur après le 15 mai.
Soins : arrosez souvent, mais évitez la stagnation de l'humidité. Fertilisez une fois par semaine.
Protection des plantes : par temps très chaud, vaporisez de l'eau pour prévenir l'oïdium.
Variétés : 'De Nice à fruits ronds' (à farcir), 'Jedida' (fruits vert clair), 'Aurore' (précoce), 'Opal' (blanche), 'Gold Rush' (jaune).
Récolte : Lorsque le fruit a une dizaine de centimètres.

Melon
Cucumis melo

Famille : Cucurbitacées
Origine : Afrique, Asie
Botanique : légume aux fleurs jaunes aimant la chaleur.
Emplacement : plein soleil, chaud et abrité.
Culture : semez en avril à une température d'au moins 20 °C. Repiquez les jeunes plants dans des conteneurs de 10 à 15 litres et sortez-les fin mai.
Soins : palissez les plants sur un grillage ou des fils. Tuteurez la tige principale à partir de 1,50 m. Les fruits apparaissent sur les pousses de 2e rang. Supprimez les pousses latérales de 1er rang jusqu'à 50 cm de haut, coupez les suivantes après la 2e feuille. Ne laissez que 6 fruits par plant. Arrosez abondamment, évitez la stagnation de l'eau. Fertilisez souvent mais peu.
Variétés : 'Elisap' (chair blanche), 'Cezanne' (chair très orangée), 'Savor' (très parfumé).
Récolte : à pleine maturité quand l'attache du pédoncule se déchire.

La courgette 'Gold Rush' aux fruits jaunes.

Variété de courge d'ornement.

Le melon demande le plein soleil.

Haricot

Phaseolus vulgaris, Phaseolus coccineus

Famille : Légumineuses
Origine : Amérique centrale et du Sud
Botanique : tous les haricots craignent les gelées.
Emplacement : ensoleillé ou à mi-ombre, abrité du vent.
Culture : semez en mai à une température d'au moins 10 °C. Mettez 5 ou 6 graines dans un pot de 10 cm de diamètre, à 3 ou 4 cm de profondeur. Quand les vrilles commencent à s'allonger, transplantez dans des pots de 5 à 10 litres. Placez à l'extérieur à partir de mi-mai.
Soins : palissez les haricots à rames. Ne les laissez jamais se dessécher, mais évitez l'humidité stagnante. Fertilisez modérément.
Protection des plantes : cette plante est sensible aux attaques des pucerons et des araignées rouges.
Variétés :
- Haricots à rames : 'Phénomène' (vert), 'Or du Rhin' (beurre), 'À cosse violette' (longues gousses violettes), 'Fortex' (grains brun-rouge).
- Haricots d'Espagne : 'Pickwick' (rouge), 'Espagne' (blanc).
- Haricots nains : 'Delinel', 'Morgane' (vert) ; 'De Rocquencourt', 'Safran', 'Rocdor' (beurre) ; 'Obelisque' (gousses au-dessus du feuillage).

Récolte : récoltez deux fois par semaine pour stimuler la floraison.

La couleur de ce haricot disparaît à la cuisson.

Pois mangetout

Pisum sativum

Famille : Légumineuses
Origine : Bassin méditerranéen, Proche-Orient
Botanique : plante grimpante résistante au froid jusqu'à -5 °C.
Emplacement : ensoleillé, aéré, pas trop chaud.
Culture : semez fin mars, 5 graines par pot de 10 cm, à 4 ou 5 cm de profondeur. Placez à l'extérieur à partir de fin avril.
Soins : palissez les plants ou cultivez-les en port retombant. Arrosez régulièrement, fertilisez modérément.
Variétés : 'Carouby de Maussane', 'Normand'.
Récolte : récoltez les cosses jeunes.

Fleurs du pois mangetout.

Maïs doux

Zea mays saccharata

Famille : Graminées
Origine : Amérique centrale
Botanique : légume-fruit à port très élevé portant 1 ou 2 épis par plant.
Emplacement : ensoleillé et chaud. Une température trop élevée bloque la croissance. Une légère brise à l'époque de la floraison favorise la mise à fruit.
Culture : semez fin avril, en mettant 2 ou 3 graines à 3-5 cm de profondeur, dans un pot de 10 cm de diamètre. Après la germination, placez les pots à l'abri contre un mur jusqu'à la plantation. En mai, plantez profondément 6 à 8 jeunes plants par conteneur de 10 litres.
Soins : arrosez régulièrement et apportez de l'engrais une fois par semaine.
Variétés : 'Bunkerhill' ; 'Épi d'or' et 'Zenith' sont des hybrides F1.
Récolte : les épis sont mûrs quand les soies ont bruni ; ils jaunissent, sauf à leur extrémité, et un liquide laiteux sort des graines sous la pression des doigts.
Utilisation : rôti, cuit à l'eau ou grillé.

Bette

Beta vulgaris

Famille : Chénopodiacées
Origine : Bassin méditerranéen, Proche-Orient
Botanique : légume à feuilles et à tiges annuel sous nos climats. On distingue la bette épinard (à couper) et la bette plus grande aux tiges charnues rouges ou blanches.

Le maïs doux se récolte en fin d'été.

Deux variétés de bettes à carde.

Emplacement : ensoleillé ou à mi-ombre.
Culture : semez à partir de fin avril. Mettez 2 ou 3 graines à 3 cm de profondeur dans des pots de 5 cm de diamètre ou semez à la volée et repiquez ensuite. Placez à l'extérieur vers mi-mai dans des conteneurs de 1 à 3 litres.
Soins : arrosez régulièrement et abondamment ; faites un apport d'engrais une fois par semaine.
Variétés : bette à carde : 'Blonde à carde blanche', 'Verte à carde blanche', 'Bette à côtes rouges'.
Bette à couper : 'Verte à couper'.
Récolte : utilisez frais, car les feuilles flétrissent rapidement. Coupez les tiges extérieures des bettes à carde, la plante continue à pousser à partir du cœur.
Utilisation : préparez les bettes à carde comme des asperges et les bettes à couper comme des épinards.

Des goûts et des couleurs

Presque toutes les plantes aromatiques se cultivent facilement en pots et accompagnent parfaitement des légumes, que ce soit séparément ou dans les mêmes bacs. Souvent peu exigeantes, elles s'associent au mieux aux légumes qui se contentent eux-mêmes de terres moins riches. L'abondante floraison des fleurs d'été apporte des couleurs au moment où les fruits sont encore verts. Nous en avons sélectionné ici quelques-unes, mais de très nombreuses plantes et fleurs d'été conviennent à la culture de balcon.

Basilic

Emplacement : ensoleillé, chaud, abrité des courants d'air.
Culture : semez à partir de début mai

(germination à la lumière). Mettez les pots à l'extérieur à partir de mi-mai.
Soins : maintenez humide, fertilisez modérément.
Variétés : 'Fin vert', 'Grand vert', 'À feuilles de laitue'.
Utilisation : condiment des tomates.

Bourrache

Fleurs bleues.
Emplacement : ensoleillé mais pas trop chaud.
Culture : semez en avril. Mettez à l'extérieur en mai.
Soins : maintenez humide.
Utilisation : jeunes feuilles et pousses dans les salades.

Ciboulette

Plante vivace.
Emplacement : ensoleillé à ombragé.
Culture : semez en mars ou divisez les touffes au printemps. Sortez-les en avril.
Soins : arrosez abondamment, fertilisez modérément.
Variétés : 'Ciboulette Civette'.
Utilisation : salades, fromage blanc.

Aneth

Feuilles finement découpées et fleurs jaunes en ombelle.
Emplacement : ensoleillé ou à mi-ombre.
Culture : semez à partir de la mi-avril. Ne transplantez jamais sans la motte. Mettez à l'extérieur à partir de la mi-mai.
Soins : tuteurez les tiges au début de la floraison.
Variétés : on cultive surtout l'espèce type (officinale).
Utilisation : incorporez pousses et ombelles de fleurs finement hachées aux salades vertes ou de concombre, aux plats de poisson et aux sauces. Mettez à mariner les fleurs et les graines avec les cornichons, ou pour parfumer le vinaigre.

Lobélie annuelle

Plantes en coussin, les lobélies *(Lobelia erinus)* conviennent bien à la culture sous les légumes.
Emplacement : ensoleillé.
Culture : semez dès février (germination à la lumière). Transplantez en mai.
Floraison : de mai à septembre.
Soins : arrosez abondamment et régulièrement, apportez de petites doses d'engrais.
Variétés : 'Crystal Palace', 'Empereur Guillaume', 'Collier bleu' (bleu), 'Snowball ' (blanc), 'Rosamond' (rose).
Autres plantes : *Lobularia maritima* peut aussi être planté sous d'autres plantes.

Sanvitalia

Sanvitalia procumbens se couvre d'une multitude de petites fleurs jaune orangé à cœur brun.
Emplacement : plein soleil, aéré.
Culture : semez en mars (germination à la lumière). Repiquez 3 à 5 plants dans des pots de 9 cm et placez à l'abri du soleil direct. Transplantez vers mi-mai.
Floraison : de mai à octobre.
Soins : arrosez et fertilisez modérément. Supprimez régulièrement les fleurs fanées.
Autres plantes : *Brachycome iberidifolia* (fleurs bleues) et *Thymophylla tenuiloba* (fleurs jaunes) sont également très séduisantes.

Œillet d'Inde

Les espèces de *Tagetes* buissonnantes accompagnent bien tomates, poivrons et aubergines.
Emplacement : ensoleillé et aéré.
Culture : semez en mars. Repiquez 2 ou 3 plants dans des pots de 9 cm et transplantez en mai.
Floraison : de mai à octobre.
Soins : maintenez humide, apportez régulièrement de l'engrais. Supprimez les fleurs fanées.
Variétés : 'Bolero', 'Carmen', 'Globe Citron', 'Sunkist'.
Autres plantes : les œillets *(Dianthus),* l'héliotrope *(Heliotropium arborescens)* et les calcéolaires *(Calceolaria integrifolia)* conviennent aussi.

Sauge ornementale

Avec ses panicules florales dressées, *Salvia farinacea* est idéale dans les bacs en mélange.
Emplacement : plein soleil, chaud
Culture : semez en mars. Repiquez 1 ou 2 plants par pot de 9 cm et ne transplantez que vers mi mai
Floraison : de juin à septembre.
Soins : arrosez et fertilisez modérément.
Variétés : 'Victoria' (bleu), 'Silver' (blanc).
Autres plantes : la sauge rouge *(Salvia splendens),* la sauge hormin multicolore *(Salvia horminum)* et la sauge bleue *(Salvia patens),* très haute, peuvent également tenir compagnie à des légumes.

Légumes

Nom	Conteneur	Hauteur (en cm)	Semis/Plantation Récolte	Remarques
Artichaut	Bac	100-120	Mi-mars/fin mai Août-septembre	Plante vivace aux fleurs bleues ; récolte avant les fleurs ; hiverner à l'abri du gel
Aubergine	Jardinière, pot/bac	50-100	Mi-mars/fin mai Août-septembre	Variétés à jolies fleurs et fruits violets et blancs
Bette	Jardinière, pot/bac	60-80	Fin avril/mi-mai Juillet-septembre	Variétés à tiges blanches et rouges ; craint les températures trop fraîches
Chénopode	Jardinière, suspension	20-30	Mars/avril Juin-août	Fruits rouges comestibles ; feuilles à préparer comme les épinards
Chou brocoli 'Romanesco'	Pot/Bac	40-60	Avril/mai Juillet	Semis possible jusqu'à fin juin ; peut être remplacé par le brocoli 'Favori'
Chou de Bruxelles	Pot/bac	80-100	Février/mai Septembre-octobre	Grandes plantes décoratives ; variétés à rosettes et feuilles vertes et rouges
Chou-rave	Jardinière, pot/bac	30-40	Février/avril Mai-juin	Culture échelonnée jusqu'à début août ; variétés à tubercules blancs ou violets
Concombre	Jardinière, pot/bac	50-200	Début mai/fin mai Juillet-août	Nombreuses variétés ; choisissez des cultivars non amers
Courges	Pot/bac	150-180	Début mai/mi-mai Septembre-octobre	Nombreuses formes et couleurs, ex. le pâtisson (forme d'écuelle)
Courgette	Pot/bac	50-60	Début mai/mi-mai Juillet-septembre	Variétés à fruits jaunes, verts et blancs
Épinard	Jardinière, pot/bac	10-20	Mars/avril Mai-octobre	Le semis d'été est risqué
Épinard de Nouvelle-Zélande	Jardinière, pot/bac, suspension	20-30	Avril/mai Juillet-septembre	Très sensible aux gelées ; récoltez les jeunes pousses
Gombo	Pot/bac	70-80	Avril/juin Août	Très exigeant en chaleur ; consommez les fruits cuits
Graines germées	Jardinière, pot	5-10	Avril-octobre	Raifort, radis, moutarde, cresson, soja, tournesol
Haricot d'Espagne	Pot/bac	150-200	Début mai/mi-mai Août-septembre	Plante à vrilles ; variétés à fleurs rouges et blanches
Haricots nains	Jardinière, pot/bac	40-60	Début mai/mi-mai Juillet-septembre	Variétés à cosses vertes, jaunes, bleues et rouge strié de blanc
Haricots à rames	Pot/bac	150-200	Début mai/mi-mai Juillet-septembre	Variétés à cosses vertes jaunes, bleues et vert-violet
Mâche	Jardinière, pot/bac	5-10	Février/mars Avril-octobre	Plantation échelonnée ; évitez les endroits trop chauds en été
Maïs doux	Jardinière, pot/bac	100-180	Fin avril/mi-mai Août-septembre	« Herbe » ornementale ; feuilles blanc rosé
Melon	Jardinière, pot/bac, suspension	50-200	Début avril/fin mai Août-fin septembre	Variétés à fruits blancs, verts et jaunes
Physalis	Bac	100-150	Mars/mi-mai Août-octobre	Plante exotique aux fruits jaune orangé ; divisez les touffes
Poire-melon	Jardinière, pot/bac, suspension	50-100	Mars/mi-mai Août-octobre	Plante retombante très séduisante ; bouturez en mars
Pois	Jardinière, bac, suspension	80-100	Fin mars/fin avril Juin-juillet	Variétés à cosses vertes et bleues, pois mangetout ou à écosser

Nom	Conteneur	Hauteur (en cm)	Semis/Plantation Récolte	Remarques
Pois mangetout	Jardinière, pot/bac, suspension	60-80	Fin mars/fin avril Juin-juillet	Fleurs blanches à lilas, feuillage léger et vrilles
Poivron, piment	Jardinière, Pot/bac	40-100	Début mars/mi-mai-Juillet-septembre	Variétés piquantes et douces ; diverses formes et couleurs de fruits
Radis	Jardinière, pot/bac	10-20	Mars/avril Mai-juin	Plantation échelonnée ; variétés rouges et blanc et rouge ; croquant
Salade verte	Jardinière, pot/bac	20-30	Février/avril À partir de mai	Plantation échelonnée d'avril à août ; variétés vertes et rouges
Tomate	Jardinière, pot/bac, suspension	25-150	Mi-mars/mi-mai Fin juillet-octobre	Plantes naines et à tuteurer ; nombreuses formes et couleurs de fruits
Plantes aromatiques				
Aneth	Jardinière, pot/bac	40-60	Mi-avril/mi-mai Juin-septembre	Feuillage finement découpé et inflorescence jaune
Basilic	Jardinière, pot/bac, suspension	15-30	Début mai/mi-mai Juin-août	Variétés à petites et grandes feuilles vertes et rouges, plates et frisées
Bourrache	Jardinière, pot/bac	40-80	Avril/mai Juin-septembre	Fleurs bleues lumineuses ; plante mellifère
Ciboulette	Jardinière, pot/bac	30-40	Mars/avril Mai-octobre	Vivace ; supporte l'ombre ; petites têtes florales rondes la deuxième année
Citronnelle	Jardinière, pot/bac	40-50	Avril/mai Juin-octobre	Vivace ; peu sensible au froid ; agréable parfum citronné
Cresson	Jardinière, pot	5-10	Avril-octobre	En été, sur le balcon, en hiver, sur un appui de fenêtre
Persil	Jardinière, pot/bac	20-30	Avril/mai Juin-septembre	Fleurit la deuxième année (petites ombelles blanches)
Romarin	Jardinière, pot/bac	20-50	Janvier/mai Juin-octobre	Arbuste ligneux vivace sensible au gel ; bouturez en mars
Sarriette	Jardinière, pot/bac	40-80	Fin avril/fin mai Juin-septembre	Germination à la lumière ; sensible au gel ; condiment très parfumé
Fleurs d'été annuelles				
Alysse odorant *Lobularia maritima*	Jardinière, pot/bac, suspension	10-15	Mars/mai Juin-septembre	Retombante ; variétés à fleurs violettes, rosées et blanches
Brachycome iberidifolia	Jardinière, pot/bac, suspension	15-20	Mars/mai Juillet-septembre	Retombante ; variétés à fleurs bleues, violettes, rosées et blanches
Lobélie annuelle *Lobelia erinus*	Jardinière, pot/bac, suspension	10-20	Février/mai Juin-septembre	Retombante ; variétés à fleurs bleues, rosées et blanches
Œillet *Dianthus* hybrides	Jardinière, pot/bac	20-30	Mars/mai Juin-septembre	Port droit ; variétés à fleurs roses, rouges, violettes et blanches
Œillet d'Inde *Tagetes*	Jardinière, pot/bac	20-30	Mars/mai Juin-septembre	Port droit ; variétés à fleurs jaunes, orangées et brunes
Sanvitalia procumbens	Jardinière, pot/bac, suspension	15-20	Mars/mi-mai Juin-septembre	Retombante ; variétés à fleurs jaunes et orangées
Sauge ornementale *Salvia farinacea*	Jardinière, pot/bac	40-50	Mars/mi-mai Juin-septembre	Port droit, variétés à inflorescences bleues et blanches
Sauge rouge *Salvia splendens*	Jardinière, pot/bac	20-25	Mars/mai Mai/septembre	Port droit ; puissantes inflorescences rouges

Compositions de légumes

Pour qui cultive des légumes sur un balcon ou une terrasse, il faut innover dans la composition du « jardin », car tout ici joue un rôle important, les fleurs, mais aussi le port des plantes et les couleurs des feuilles et des fruits. Vous trouverez dans les pages suivantes des exemples de plantation qui prouvent que l'on peut joindre l'utile au beau.

Ci-dessus : coréopsis orange (Coreopsis grandiflora 'Early Sunrise').
À gauche : avec ses fleurs, ses légumes et ses herbes aromatiques, ce petit jardin « culinaire » invite à faire une pause.

Réinventer le jardin

La composition d'un jardin de légumes sur un balcon ou une terrasse demande de la créativité et le goût de l'expérimentation, car à la différence de la culture des fleurs, pour laquelle vous pouvez vous inspirer de l'exemple du balcon voisin, il faut ici s'écarter des sentiers battus.

Fort heureusement, les dispensateurs de vitamines que sont les légumes présentent aussi de véritables qualités ornementales par les couleurs et les formes de leurs fleurs, de leurs fruits et de leurs feuilles.

Des choix judicieux pour le balcon

Durant la saison du jardinage au balcon, les jardineries et les horticulteurs offrent une palette étendue de légumes, plantes aromatiques et fleurs d'été.

Les conseils d'achat qui suivent vous en faciliteront le choix :

- N'achetez que des légumes et des herbes que vous avez effectivement envie de consommer.
- De nombreux légumes se marient à certaines plantes condimentaires. Si vous cultivez des tomates, il vous faut aussi du basilic ; vous associerez de la même manière les concombres et l'aneth, les haricots et la sarriette.
- Choisissez de préférence des légumes à croissance rapide et maturité précoce. Si vous plantez des choux pommés, il vous faudra beaucoup de patience avant de pouvoir passer à table. En revanche, les radis et les salades à couper se récoltent au bout de 3 ou 4 semaines, le cresson et les autres graines germées ne demandent que quelques jours *(voir p. 105)*.
- Le nombre d'espèces et de variétés adaptées à la culture en pot augmente sans cesse. Renseignez-vous sur celles qui conviennent aux conditions que vous pouvez leur offrir.

Quand vous aurez ainsi rassemblé un assortiment de base, imaginez visuellement leur disposition et complétez votre choix avec des plantes attractives :

- Les artichauts, les haricots d'Espagne, les courgettes, les courges d'ornement et les poires-melons ont de très jolies fleurs.
- Les salades à couper, le maïs doux, l'aneth et le romarin présentent des feuilles aux formes intéressantes. Celles des bettes, du basilic et de la sauge sont d'une couleur originale.
- Les fruits des tomates et des courges adoptent des formes et des couleurs extrêmement variées.
- Les plantes aromatiques les plus parfumées sont le basilic, le thym, la menthe et la sauge.
- Les jeunes plants d'espèces exotiques comme le physalis, la poire-melon, le gombo ou le chénopode sont difficiles à trouver. Vous devrez généralement procéder par semis, par bouturage ou encore par division de touffe.

Conseil : complétez votre assortiment par quelques vigoureuses taches de couleur de fleurs d'été sans complication *(voir p. 87)*.

Des plantations à plusieurs niveaux

Quand on abandonne la culture des fleurs pour celle des légumes, il faut accepter le trouble visuel que cette dernière induit sur le balcon. En effet, la récolte des légumes crée des trous qu'il faut combler avec de nouveaux plants, et ce, durant toute la saison.

Pour faire rapidement de votre balcon une oasis luxuriante, il faut occuper tout l'espace, y compris les murs, en installant suspensions et treillages.

Les plantes grimpantes très exigeantes en chaleur comme les haricots, les concombres et les courges,

Les lobélies forment un tapis coloré au pied des légumes et des plantes aromatiques.

produiront un tableau multicolore et un bon rendement pourvu qu'elles soient palissées sur un mur abrité. Cela vaut également pour les pots et les jardinières.

Disposez les plantes sur plusieurs niveaux, en fonction des caractéristiques de leur développement :

- Les espèces poussant en hauteur (tomates, poivrons, concombres grimpants, poires-melons ou maïs doux) à l'arrière-plan, comme plantes d'appui.
- Les espèces de taille moyenne, voire naines ou retombantes (salades à couper, bettes, pois mangetout, herbes aromatiques et fleurs d'été), devant.

Si vous choisissez ce schéma, utilisez au mieux l'espace disponible, sans que les plantes se gênent. Elles se chargeront du reste, donnant ainsi une certaine souplesse à votre composition. Plus vos bacs seront serrés, plus vite votre espace sera clos, mais des plantations trop denses accroissent aussi le risque de maladies. Prévoyez 10 cm par plante dans les jardinières ; cet intervalle sera modifié en fonction du développement des espèces, faible pour la mâche ou très fort pour les poires-melons ou les choux ornementaux.

Jouez la carte des saveurs et des parfums avec cette composition associant Solanacées et fleurs d'été. À mesure qu'ils mûriront, les fruits ajouteront de la couleur et du volume.

Des Solanacées en bonne compagnie

Les fruits des Solanacées n'offrent pas uniquement leur diversité colorée, ils laissent également au palais un contraste de saveurs.

Pour une jardinière de 80 cm : 1 physalis, 1 aubergine 'Baluroy' aux fruits violets et au port buissonnant, 1 poivron 'Golden Bell' aux fruits jaunes et au port buissonnant compact, 1 sauge *(Salvia officinalis),* 1 thym citronnelle *(Thymus* x *citriodorus),* 2 *Thymophylla tenuiloba* à fleurs jaunes.

Supports : 3 ou 4 petits tuteurs en bambou de 80 à 120 cm de longueur, des anneaux ou du fil de fer pour renforcer les tiges.

Plantation et soins : placez à l'arrière le physalis et les poivrons, au centre et retombant en avant les plantes aromatiques et les fleurs d'été. Ne placez à l'extérieur qu'au milieu du mois de mai, dans un endroit ensoleillé.

Une brassée de verdure

Avec les salades à couper, les saladiers sont toujours pleins d'agréables surprises.

Pour une jardinière de 60 cm : 1 salade à couper 'Brunia', 1 batavia 'Rosia', 1 'Feuille de chêne blonde', 1 salade à couper 'Salad Bowl', 1 frisée 'Lollo rossa'.

Plantation et soins : vous pouvez acheter des plants tout l'été ou les cultiver vous-même de façon échelonnée.

Plantez sur 2 rangs en mélangeant les variétés.

Conseil : pour l'automne, vous pouvez associer des chicorées à feuilles plates et frisées ou des 'Rouge de Vérone'. Mais n'oubliez pas que ces salades ont une croissance sensiblement plus lente.

Salades en mélange multicolore.

La mâche est une plante peu exigeante. En échelonnant les semis, on peut la récolter de septembre jusqu'au printemps suivant.

Mâche et terre cuite

Un gourmet ne saurait se passer de son goût de noisette et de ses rosettes de feuilles croquantes. Résistante au froid, elle peut se récolter également en hiver.

Pour des jardinières de 40 cm : semer environ 0,2 g de graines en les répartissant régulièrement. Éclaircissez au besoin pour laisser un plant tous les 5 à 8 cm.

Plantation et soins : vous pouvez aussi échelonner les semis dans des pots de 4 cm de diamètre. Au bout de 3 à 4 semaines, repiquez en jardinière les jeunes plants avec leur motte en les espaçant de 8 cm, sur 2 rangs. Placez la jardinière dans un endroit éclairé mais pas trop chaud.

Conseil : on cultive de la même façon l'épinard ou le pourpier d'hiver. Les radis, plus colorés, doivent être semés et éclaircis à 6 cm d'intervalle.

Escapade champêtre

Les mélanges de légumes et de plantes aromatiques rivalisent de séduction d'un pot à l'autre. Le maïs doux cultivé en pot pousse moins haut qu'en pleine terre, mais reste cependant d'une taille imposante.

Pour une jardinière de 60 cm : 2 ou 3 plants de maïs doux 'Bunkerhill', 1 batavia 'Sierra', 1 brocoli bleu 'Le Précieux', 1 aneth 'Officinale', 1 basilic à feuilles rouges 'Pourpre', 1 sauge ornementale (*Salvia farinacea* 'Victoria').

Supports : 2 ou 3 tuteurs de bambous de 80 à 120 cm de longueur, suivant les besoins, pour l'aneth et le maïs ; des anneaux pour les renforcer.

Plantation et soins : plantez le maïs, l'aneth et la sauge à l'arrière-plan, la batavia, le basilic et le brocoli au premier plan.

Conseil : vous pouvez remplacer le maïs doux par une variété ornementale, 'Arlequin', au feuillage diversement panaché et aux épis multicolores qui, une fois séchés, feront de jolis bouquets secs. Le brocoli 'Le Précieux' peut aussi être remplacé par un 'Romanesco' ou par le chou-fleur 'Violet de Sicile', à pomme violette.

Une composition vigoureuse et équilibrée.

Le « pistou » peut dépasser 30 cm de haut mais reste compact.

Basilic frisé et céramique

On trouve de nombreuses variétés de basilic de formes et de couleurs différentes, au parfum d'anis, de citron ou de cannelle. 'Fin Vert' à un port compact et des feuilles fines. Il en existe aussi de couleur pourpre.

Pour un pot de 3 litres : 4 à 5 plants de basilic.

Supports : 3 ou 4 tuteurs de bambou de 40 à 50 cm de long pour les variétés hautes.

Plantation et soins : on peut acheter du basilic tout l'été, mais il faut en général cultiver soi-même les variétés rares. Mettez le pot à un endroit ensoleillé et abrité.

Conseil : les aromatiques à feuilles rouges comme la menthe du Japon *(Perilla frutescens),* l'arroche rouge *(Atriplex atropurpurea)* ou la sauge bigarrée de vert, de jaune et de rose (*Salvia officinalis* 'Tricolor'), et les bettes à carde rouge sont également décoratives.

Concombre en espalier

À côté des concombres à salade grimpants, d'intéressants légumes rares font l'objet de cette plantation en espalier. L'amarante était déjà utilisée comme plante alimentaire par les Aztèques. *Mertensia maritima,* avec ses feuilles bleu-vert et ses bouquets de fleurs bleu clair, est peu connu.

Pour une auge de 80 cm : 1 concombre grimpant 'Breso', 1 poivron 'Golden Bell' à port buissonnant, 1 poire-melon 'Pepino Gold' retombante, 2 ou 3 pois mangetout grimpants 'Normand', 1 *Mertensia maritima,* 1 amarante rouge *(Amaranthus paniculatus),* 1 lobélie *(Lobelia erinus).*

Supports : un grillage (40 cm x 180 cm), des anneaux ou du fil de fer pour soutenir les tiges.

Plantation et soins : plantez le concombre au milieu et en arrière du bac, et conduisez-le sur l'espalier.

Le concombre grimpant forme l'arrière-plan de cette composition imposante et pleine de vie. L'amarante apporte l'indispensable touche de couleur tandis que le mertensia retombe gracieusement sur l'avant du bac.

Un bouquet de senteur

Les feuilles finement découpées et les inflorescences jaunes de l'aneth dominent cette plantation. À partir du mois d'août, les fleurs bleu-violet de l'artichaut prendront l'avantage. Si vous désirez manger les artichauts, vous devrez pourtant renoncer à leur floraison car, pour la consommation, on récolte les têtes vertes, avant qu'elles ne fleurissent et que les fonds ne deviennent trop durs. Le feuillage sculptural de ce cousin du chardon gardera toutefois tout son intérêt.

Pour un récipient de 30 cm de diamètre : 4 jeunes plants d'aneth 'Officinale', 1 artichaut 'Gros vert de Laon', 1 poivron nain 'Golden Bell' à fruits jaunes, 1 marjolaine *(Origanum majorana)*, 1 lobélie *(Lobelia erinus)*.

Supports : 1 ou 2 tuteurs de bambou de 60 à 80 cm de long, des anneaux de soutien, une feuille de plastique pour tapisser l'intérieur du récipient.

Plantation et soins : si vous cultivez vous-mêmes vos artichauts, semez-les en mars ou en avril. Plus le semis est effectué tôt, plus la croissance est forte et la floraison précoce. Une température de l'ordre de 20 °C accélère la germination. Repiquez ensuite les jeunes plants dans des pots de 10 cm de diamètre et mettez-les en place dans leur bac définitif après le 15 mai. Placez l'aneth à l'arrière-plan et, devant, l'artichaut et le poivron. Plantez la marjolaine et la lobélie de sorte qu'elles retombent par-dessus le bord.

À noter : l'artichaut est une plante vivace qui peut, comme le romarin, hiverner dans un endroit clair et frais mais à condition d'être l'abri du gel, entre 5 et 10 °C. Arrosez-le très parcimonieusement dans ses quartiers d'hiver, suivant la luminosité. Supprimez les tiges florales avant de l'hiverner.

Conseil : vous pouvez remplacer l'aneth par du fenouil vert ou bronze.

Si les fleurs de l'artichaut deviennent particulièrement grosses, n'en laissez que 5 environ et supprimez tôt tous les bourgeons suivants des tiges latérales.

Pensez à traiter le bois pour qu'il ne pourrisse pas.

La partie comestible de l'artichaut est son inflorescence.

Bette en corbeille d'osier

Plantée en compagnie, la bette sait se faire « sobre ». *Thymophylla* et pois mangetout forment ici un joli tableau, allégé par le feuillage du fenouil.

Pour une corbeille de 40 cm de diamètre : 1 bette 'Blonde à carde blanche', 1 'Bette à côtes rouges', 1 fenouil bronze, 5 ou 6 pois mangetout 'Carouby de Maussane', 2 *Thymophylla tenuiloba*, 1 sauge ornementale bleue *(Salvia farinacea).*

Supports : 1 ou 2 tuteurs de bambou de 60 à 80 cm de long, des anneaux pour soutenir les plantes.

Plantation et soins : plantez les bettes avec les autres espèces dans la corbeille d'osier à la fin du mois de mai *(voir p. 73).*

Conseil : vous pouvez aussi utiliser des artichauts, des aubergines ou du romarin vivace dont la croissance est tout de même ralentie par leur culture en pot.

La masse imposante de la bette à carde blanche domine cette composition. Prélevez les feuilles extérieures ; elles se préparent comme des épinards, tandis que les « côtes » se mangent rôties ou braisées.

Tomates-cerises et herbes aromatiques font une magnifique suspension. Fixez-la solidement avec une cheville adaptée et préférez une chaîne ou un matériau synthétique aux cordes en fibres naturelles.

Un jardin suspendu

Cette composition est aussi belle qu'utile : elle offre les aromates nécessaires pour une cuisine résolument méditerranéenne.

Pour une suspension de 25 cm de diamètre : 1 tomate 'Cerise rouge', 1 basilic 'Grand Vert', 1 romarin à fleurs blanches *(Rosmarinus officinalis).*

Plantation et soins : achetez vos plants chez un horticulteur à la mi-mai. Vérifiez l'équilibre de la suspension et prévoyez dc solides fixations.

Conseil : les tomates-cerises peuvent être cultivées en plantes retombantes. Si vous ne pincez pas les départs à l'aisselle des feuilles, vous aurez une plante plus fournie mais aussi des fruits plus petits. Cueillez-les dès qu'il sont mûrs pour diminuer le poids des grappes. Les fraises des quatre saisons *(Fragaria vesca)* conviennent aussi aux suspensions.

Chénopode en cascade

Le chénopode *(Anserine)* est un ancien légume à feuilles et à fruits, sur les tiges duquel se forment, après la floraison, des fruits comestibles rouge luisant formant comme un cordon de perles. Ils font penser aux fraises des bois, mais ne possèdent pas de goût particulier. Jadis, cette plante était surtout cultivée pour ses feuilles que l'on récoltait juste avant la floraison et que l'on préparait comme des épinards. Plus tard, ces derniers ont pris sa place en raison de leur meilleur rendement.

Une décoration murale originale : du chénopode dans une corbeille.

Pour une corbeille murale de 20 cm de diamètre : 6 à 8 jeunes plants de chénopode.

Plantation et soins : échelonnez le semis à partir du mois de mars. Mettez les graines directement dans des pots d'environ 10 cm de diamètre ou semez-les à la volée dans une terrine et repiquez-les ensuite ; vous les mettrez définitivement en place environ 6 semaines plus tard. Placez dans un endroit ensoleillé ou à mi-ombre. Les fruits commencent à rougir à partir de la mi-juillet.

Conseil : les suspensions sont également très décoratives avec des poires-melons.

La beauté du spectacle offert par les fruits compense la récolte tardive.

Important : assurez-vous toujours de la stabilité de vos suspensions car, avec le substrat, les plantes, les fruits et l'eau d'arrosage, elles atteignent un poids non négligeable *(voir p. 108)*.

Les fruits rouges du chénopode ressemblent à de petites fraises.

Culture et soins

Les légumes cultivés sur un balcon ont besoin d'une aide au démarrage et de soins attentifs, afin que les plantes se développent correctement et donnent une récolte abondante. Les pages suivantes vous indiqueront comment cultiver et soigner vos plantes, à partir du semis ou de l'achat de plants, et comment lutter contre les maladies et les parasites.

Ci-dessus : jeunes fruits de courgette.
À gauche : outils et matériel appropriés sont une aide précieuse pour le jardinier.

Le bon substrat

La culture des plantes en pots exige des mélanges terreux particuliers composés de tourbe, de sable, d'argile et d'engrais.

- *Terreau de semis :* pour les semis, on utilise un substrat portant cette appellation et composé d'un terreau finement tamisé que l'on peut mélanger à du sable.
- *Terreau de plantation :* pour la transplantation, on utilise des substrats désignés sous le nom de « terreau de plantation ». Leur composition varie selon les fabricants, les moins bons ne contenant que de la tourbe, les meilleurs étant réalisés à partir de terreau de feuilles. Le chêne et le hêtre fournissent les terreaux les plus appropriés aux plantations.
- *Terreaux spéciaux pour légumes :* les légumes en pots ont besoin d'une terre particulièrement riche en éléments nutritifs. Elle doit à la fois retenir l'eau et la laisser s'écouler, rester souple et aérée et avoir assez de corps pour assurer la stabilité des plantes. Si le terreau que vous trouvez dans votre jardinerie ne correspond pas à ces critères, n'hésitez pas à lui ajouter un peu de terre de jardin, à condition qu'elle ne soit ni trop calcaire, ni trop argileuse.
- *Les engrais retard :* les terreaux du commerce sont pratiquement dépourvus d'engrais et vous devrez donc apporter ces éléments nutritifs au fur et à mesure des besoins. Il existe un type de fertilisant appelé « engrais retard » qui ne libère que lentement ses substances nutritives et permet de n'apporter ensuite que peu d'engrais, mais il faut l'utiliser avec beaucoup de précaution. En effet, la libération des éléments nutritifs ne s'effectue pas régulièrement, mais en fonction de la température et de l'humidité du substrat.

Conseil : utilisez de préférence des terreaux de qualité. Regardez la composition indiquée sur les emballages. Sachez aussi que si les terreaux les plus chers ne sont pas forcément les meilleurs, ceux qui sont vendus à bas prix ne le sont certainement pas !

Les mélanges « maison »

Il est bien sûr possible de préparer soi-même la terre dont on a besoin dans son mini-potager. La meilleure solution est de mélanger 3 parts de tourbe pour 2 parts de bonne terre de jardin et de compost et 1 part de sable ; vous pouvez remplacer la tourbe par des copeaux ou des fibres de bois, mais ces derniers ne retiennent pas l'eau aussi bien que la tourbe. Ajoutez au substrat (10 litres) 30 g d'engrais organique complet (ou 20 g d'engrais minéral complet) et 20 à 40 g de chaux carbonée pour obtenir le bon degré de pH. Mélangez bien le tout.

Le choix des graines

La qualité des semences est un élément déterminant pour la réussite de vos semis et la bonne croissance des plantes. La qualité de la récolte en dépend. Pour faire votre choix, lisez attentivement les indications données sur les sachets de graines :

- *Caractéristiques botaniques :* tenez compte de la durée de la culture, de la couleur, de la forme, de la taille, etc. De nombreuses variétés conviennent particulièrement à la culture sur un balcon, du fait de leur développement compact buissonnant. Reportez-vous à ce sujet aux indications données dans les fiches descriptives des pages 76 à 87.
- *Faculté de germination :* les graines conservent leur faculté de germination en moyenne 2 à 4 ans, quelques-unes seulement 1 an. Vérifiez donc la date de conditionnement ou la date limite d'utilisation imprimée sur le sachet. Pour conserver

un degré de germination élevé, les graines sont souvent ensachées dans des paquets spécialement protégés qui les abritent de la lumière et de l'humidité. N'ouvrez les sachets qu'au moment de semer.
Important : ne laissez pas trop « vieillir » les graines de légumes après avoir ouvert les sachets car elles s'altèrent au contact de l'air.
• *Résistance aux maladies :* certaines variétés résistent mieux aux maladies comme l'oïdium, le botrytis et d'autres maladies cryptogamiques. Tenez-en compte au moment de l'achat.

Guide d'achat des plantes

Vous pouvez semer vous-même les plantes *(voir pp. 100-107)* ou acheter des plants dans des jardineries ou chez des horticulteurs. Lorsque vous choisissez des jeunes plants, assurez-vous qu'ils sont robustes, sains et pas trop grands. Ils doivent également avoir une bonne motte de racines. Renseignez-vous sur les qualités propres aux diverses variétés et optez là encore pour des plantes résistantes et particulièrement adaptées à la culture en pots.
Conseil : rappelez-vous que les petits plants reprennent mieux que les grands.

La culture des germes de légumes

La production de germes de légumes se fait très facilement depuis le début du printemps jusqu'aux premières gelées. On les consomme lorsqu'ils présentent des feuilles embryonnaires entièrement formées. Outre le cresson, on peut faire germer ainsi des graines de radis noir, de radis, de soja, de moutarde, et de tournesol. C'est une culture intéressante, car elle demande peu de place et dure très peu de temps. Un semis régulièrement échelonné permet des récoltes continues. Des semences spéciales pour la culture de germes sont disponibles chez les grainetiers et dans les magasins de produits diététiques.

Comment procéder ?
Remplissez une terrine de semis ou une jardinière de balcon avec du substrat et semez serré pour que les pousses s'élèvent bien (3 à 6 g de graines pour un pot de 10 cm de diamètre). Puis recouvrez les graines d'une mince couche de substrat. Placez les semis dans un endroit chaud et abrité, à mi-ombre, et tenez-les constamment humides. La récolte se fait quand les feuilles embryonnaires se sont formées. Coupez les germes et lavez-les.

Le semis des légumes

On distingue deux types de semis :

- Le semis en place concerne par exemple les radis, la salade à couper et les épinards, qu'on sème directement dans le pot où ils seront ensuite récoltés.
- Le semis en terrine concerne les tomates, les concombres, les poivrons, mais aussi la salade et le chou-rave, qui sont d'abord semés dans des terrines ou des godets, puis repiqués et enfin transplantés à leur place définitive.

Bien semer

Le semis en place

- Remplissez d'abord les conteneurs avec du substrat. Tassez bien la terre dans les coins et retirez la terre en excédent.
- Tracez les lignes de semis et semez les graines à l'intervalle requis, soit en les versant directement du sachet, soit en les prenant dans la main, comme pour les radis.
- Enfoncez légèrement les graines dans le substrat, arrosez avec précaution, au besoin avec un vaporisateur, et recouvrez d'une mince couche de terre. Un tamis est utile à l'opération. Réservez un rebord de 1 cm pour permettre l'arrosage et empêcher ultérieurement la terre de s'échapper.

Les semis à repiquer

- Remplissez un pot de 9 à 11 cm de diamètre ou une terrine avec du terreau de semis *(voir p. 104)*. Aplanissez la terre et répartissez régulièrement les graines en les espaçant.
- Enfoncez légèrement les graines, humidifiez la terre et recouvrez le semis avec une mince couche de substrat.
- Si vous entamez plusieurs semis, placez une étiquette d'identification, pour indiquer de quelle plante il s'agit.
- Placez le récipient dans un endroit chaud - au printemps sur un appui de fenêtre, en été à l'ombre d'un pot plus grand sur le balcon - et maintenez le substrat humide.
- La levée des graines est très variable selon les espèces. Quand vous pouvez bien manipuler les jeunes plants, repiquez-les dans des petits pots, arrosez et remettez-les à leur ancienne place.
- Au bout de 3 à 4 semaines pour les salades, 6 à 8 semaines pour les tomates et les poivrons, vous pourrez les planter dans leur pot définitif. (Certaines espèces à forte croissance, comme les tomates et les aubergines, sont repiquées encore une fois dans des pots de 10 cm, avant de rejoindre leur pot définitif.)

La mise en place des jeunes plants

Si vous achetez des jeunes plants, vous pouvez les transplanter directement, en procédant de la façon suivante :

- Remplissez le récipient de substrat. Tassez légèrement la terre, en laissant un rebord de 1 ou 2 cm de hauteur pour l'arrosage.
- Pratiquez un trou avec un transplantoir, ôtez le godet du jeune plant et placez la motte dans le trou. Tassez ensuite légèrement la terre autour et arrosez avec précaution.

Pour que les jeunes plants se développent bien, il faut leur offrir de bonnes conditions de départ :

- *Profondeur de plantation :* ne plantez pas trop profondément les salades (risque de pourriture) et les tomates (risque de maladies au niveau du collet).
- *Date de plantation :* de nombreux légumes ne supportent absolument pas le gel et ne peuvent être placés à l'extérieur qu'à partir du milieu du mois de mai. Pour les espèces particulièrement sensibles au froid, comme les concombres, les melons et les aubergines, prévoyez en outre une protection pendant les nuits froides. Vous trouverez plus de détails sur les dates de plantation dans

Les salades plantées dans un pot « fraisier » exigent peu de soins.

les fiches descriptives des pages 76 à 87 et dans le tableau de culture des pages 88-89.

• *Distances de plantation :* elles dépendent de la taille définitive des plantes. Si vous voulez installer des radis, des herbes aromatiques ou des fleurs entre les plants de légumes, il faut également prévoir assez de place pour leur développement futur.

Quelques exemples

• Installez 6 à 8 plants de salade, selon l'espèce, dans un bac de 80 cm de long.
• Semez ou repiquez les radis plutôt au bord, espacés de 6 cm.
• Ne placez pas plus de 4 pieds de tomates naines ou de poivrons dans un bac de 80 cm de long.
• Si possible, plantez les tomates à tuteurer, les concombres et les aubergines dans des pots individuels.
• Les plantes aromatiques ne connaissent généralement pas un développement aussi important puisqu'on les récolte régulièrement.

Échelonner les récoltes

On peut échelonner au printemps les semis ou la plantation des plantes à croissance rapide comme la salade, le chou-rave et le radis, et en automne également les épinards. Après chaque récolte, renouvelez au moins en partie le substrat des bacs.

Autres mesures d'entretien

De nombreux légumes-fruits comme la tomate, le concombre et le poivron doivent être régulièrement « pincés » chaque semaine, ou au moins tous les 15 jours. Il s'agit de supprimer les tiges latérales qui apparaissent à l'aisselle des feuilles, le plus tôt possible, afin de concentrer la vigueur de la croissance dans le développement des fruits. Si les feuilles jaunissent à la base des tiges, il faut aussi les éliminer, car elles favorisent souvent l'installation de maladies cryptogamiques. Supprimez également au plus tôt les feuilles et les tiges malades.

Les jardinières et bacs garnis représentent fréquemment un poids respectable. Il est donc important de bien les installer. Leur fixation par des crochets solides est particulièrement importante dans le cas des suspensions.

Fixer les jardinières

(illustration 1a et b)
Si vous accrochez des jardinières à un balcon, vérifiez d'abord la stabilité de l'appui. Utilisez des chevilles adaptées et de solides crochets, car elles deviennent très lourdes une fois remplies. N'oubliez pas aussi que le centre de gravité se déplace avec la croissance des plantes.

Sur la balustrade

On trouve dans les magasins spécialisés des modes de fixation qui permettent d'installer les jardinières en appui à l'intérieur ou à l'extérieur du balcon *(illustration 1a)*. La plupart sont adaptables à l'épaisseur de l'appui et à la largeur des jardinières. Toutefois, pour des raisons évidentes de sécurité, il est en général interdit dans les immeubles de suspendre des bacs à fleurs à l'extérieur des balcons.

En appui sur la rambarde

Le système de fixation doit être parfaitement sûr. Les fixations spéciales en équerre *(illustration 1b)* assurent une bonne stabilité. Ces systèmes sont également adaptables à différentes tailles de bacs et d'appuis. Vous pouvez maintenir les pots isolés avec une tringle placée à l'extérieur. Les grands conteneurs doivent toujours être posés sur le sol. Veillez dans tous les cas - et tout particulièrement quand vous placez des plantes en hauteur - à la stabilité de vos récipients.

2 Fixation des suspensions. Chevillez dans le mur ou le plafond de solides supports.

1 Deux systèmes de fixation des jardinières :
a Support réglable pour balustrades.
b Fixations en équerre pour appuis.

Fixer les suspensions

(illustration 2)
Les légumes au port retombant comme les poires-melons, le chénopode ou certaines tomates, sont particulièrement mis en valeur en suspension. Lors de la fixation, il faut tenir compte du poids supplémentaire que représenteront les fruits et cheviller solidement le système d'attache au mur ou au plafond. Les fixations murales en appui de type équerre

sont plus efficaces. Veillez également à ménager une distance suffisante entre le mur et la suspension pour que celle-ci ne cogne pas contre le mur en cas de vent.

Conduire les plantes

(illustrations 3a, b, c)
Les légumes qui croissent en hauteur ont besoin d'appuis sur lesquels s'accrocher et de tuteurs.

Tuteurs et fils de soutien

Le poivron, l'aubergine et surtout la tomate doivent être conduits sur des supports. Le mieux est de les attacher solidement à des tuteurs en bambou. La tige principale est fixée au piquet, sous une feuille, avec un nœud en forme de huit *(illustration 3a)*. Vous pouvez également conduire ces plantes le long de simples fils *(illustration 3c)*. Fixez à la hauteur désirée, à un mur ou au plafond, des crochets auxquels vous attacherez des fils. Enroulez ces fils le long des tiges des plantes et nouez-les à la base des tiges ou à un crochet métallique planté dans le substrat.
Pour mieux soutenir les plantes dont les fruits sont lourds, vous pouvez nouer deux fils ensemble que vous enroulerez le long de la tige. Au niveau des jeunes fruits en formation, installez des bouts de ficelle d'environ 10 cm de long. Dès que les fruits commencent à s'alourdir, ces bouts de fil servent à attacher les tiges portant les fruits.

3 Attacher les plantes. a Liez souplement les tiges au tuteur.

b Fixez les tiges au grillage au moyen de liens en plastique.

c Enroulez le fil autour des tiges avec souplesse, sans serrer.

Support en grillage

Les plantes grimpantes sont conduites sur des grillages simplement plantés en terre et fixés par ailleurs à un mur ou à une balustrade. L'abondant feuillage que produisent ces plantes au cours de l'été offre, en effet, une bonne prise au vent. Les tiges peuvent être maintenues par des liens ou des anneaux en plastique *(illustration 3b)*.

Quelques conseils

- Guidez régulièrement les tiges de vos plantes, si possible une fois par semaine, surtout s'il s'agit de tomates ou de concombres.
La direction initiale ne doit jamais être modifiée.
- Menez les haricots à rames dans le sens inverse des aiguilles d'une montre, car ils s'enroulent de préférence vers la gauche.
- Effectuez ces opérations si possible par temps sec, car les tiges se brisent alors moins facilement.

Le chou d'ornement exige beaucoup d'eau.

Les haricots ont besoin d'arrosages réguliers durant leur croissance ; ne les arrosez plus que très parcimonieusement lorsqu'ils sont sur le point de mûrir.

L'arrosage

Les légumes ne doivent pas subir de trop grands écarts d'humidité de leur substrat. L'expérience montre que ce sont surtout les petites plantes qui sont trop arrosées, tandis que les espèces de légumes hautes et très feuillues souffrent d'un manque d'eau.
Il est impossible d'édicter une règle générale qui fixerait la quantité et la fréquence de l'arrosage, car on doit toujours prendre en considération le temps, la saison, le besoin individuel en eau et l'endroit où se trouve une plante. C'est ainsi que les plantes ne transpirent pas, ou peu, par temps de pluie. Par temps très chaud et en plein soleil, elles ont besoin de beaucoup d'eau et donc d'un arrosage généreux. Lorsque vous arrosez, ne mouillez pas le feuillage. La plupart des maladies cryptogamiques *(voir p. 116)* sont en effet favorisées par l'humidité des feuilles. En outre, les gouttes d'eau créent un effet de loupe sous le soleil, ce qui peut causer des brûlures aux plantes.

Éviter dessèchement et humidité stagnante

Quand les plantes se flétrissent, c'est un signe certain qu'elles manquent d'eau ou qu'une maladie des racines

les empêche d'absorber l'eau qui leur est fournie. Les grandes plantes laissent retomber leurs « têtes » quand elles commencent à manquer d'eau, les feuilles inférieures deviennent flasques et finissent par se faner.
Mais il ne faut pas non plus arroser à l'excès et laisser l'eau stagner dans les soucoupes. Aucun légume n'apprécie l'humidité stagnante, car cette dernière finit par faire pourrir les racines.
De plus, en s'écoulant hors du pot, l'eau emporte des éléments nutritifs.
Pour garder une juste mesure, observez ce qui se passe après les arrosages : si la plante n'absorbe pas dans l'heure qui suit l'eau en excédent présente dans la soucoupe, videz-la.
Conseil : durant les longues périodes de pluie, vérifiez que les plantes ne restent pas les « pieds » dans l'eau trop longtemps.

Quand arroser ?

Le meilleur moment pour arroser en été est très tôt le matin, avant que l'évaporation soit trop forte, ou le soir, pour que l'eau ait le temps d'être absorbée par les plantes durant la nuit. Mais, dans ce cas, veillez à ne pas mouiller les feuilles pour que les végétaux ne se refroidissent pas trop.
Au printemps et en automne, arrosez plutôt en milieu de journée.

Mesurer l'humidité du substrat

Il existe des appareils de mesure de l'humidité du sol. Certains font plutôt figure de gadget comme ces grenouilles qui clignotent des yeux lorsque la terre devient trop sèche, tandis que d'autres sont de véritables appareils de mesure à destination des professionnels, difficilement accessibles à l'amateur. Dans certains commerces spécialisés, il est cependant possible de trouver des appareils sondeurs *(voir illustration p. 112)* équipés d'un cadran sur lequel on peut lire le degré d'humidité du sol. Ces outils sont souvent couplés à un système de mesure du pH, le degré d'acidité ou d'alcalinité de la terre. Mais la meilleure indication reste tout de même l'observation et le toucher. Une terre qui s'assèche devient plus claire et à tendance à se craqueler. Évitez d'en arriver là car il peut être trop tard pour la plante. De même, des feuilles qui commencent à baisser et à se rapprocher de la tige principale sont un signe de manque d'eau. Enfin, n'hésitez pas à toucher la terre avec les doigts. Si elle se délite rapidement, c'est qu'elle est trop sèche. Une bonne humidité la fait coller légèrement si on la tient entre le pouce et l'index.

L'eau d'arrosage

Les légumes ne sont pas exigeants sur la qualité de l'eau. On peut utiliser sans crainte l'eau du robinet, après l'avoir laissée reposer un moment pour qu'elle se réchauffe un peu. Avant de raccorder le collecteur d'eau de pluie, attendez que le toit soit lavé de ses saletés.

Arrosoir ou tuyau d'arrosage ?

Un arrosoir de 8 à 10 litres suffit pour un balcon de taille normale. Plus grand, il sera trop lourd une fois rempli ; plus petit, il faudra le remplir souvent.
Une pomme d'arrosoir fine est utile pour arroser les semis, mais on peut également utiliser un vaporisateur.
Après la plantation, il faut surtout ne pas donner trop d'eau trop rapidement, afin de ne pas tasser le substrat autour de la motte.
Pour arroser des cultures de légumes plus étendues, sur des terrasses plus vastes ou des jardins de toit, il vaut mieux se servir d'un tuyau d'arrosage raccordé à une prise d'eau extérieure.

Les plantes en pots disposant de peu de terre, elles doivent être arrosées souvent. Il existe divers systèmes d'arrosage automatique qui vous faciliteront cette tâche. Correctement posé, ce type d'installation permet également d'assurer un arrosage optimal pendant les congés.

1 Jardinière à réserve d'eau. Des mèches pompent l'eau du réservoir dans le substrat.

Les bacs à réserve d'eau
(illustration 1)
Les bacs équipés d'un réservoir d'eau séparé du substrat représentent une facilité certaine. L'eau est pompée par des mèches dans le substrat, et le réservoir rempli par un tube de remplissage.
La plupart de ces bacs sont pourvus d'un trop-plein ; cet aménagement permet aussi à l'eau de pluie en excédent de s'écouler hors du réservoir.
Ces bacs sont utiles car on peut espacer les arrosages, même durant les jours très chauds, sans nuire aux plantes. Cependant, ils sont souvent plus hauts et plus larges que les conteneurs habituels et leur fixation doit être d'autant plus solide. Vous pouvez aussi relier plusieurs jardinières entre elles par un petit tuyau, sur lequel sont installées des mèches, lui-même raccordé à un réservoir plus haut que les jardinières. Par gravité l'eau descend dans le tuyau et arrose les jardinières. Mais ce système exige une installation parfaitement horizontale pour que la quantité d'eau distribuée soit la même partout.

Le goutte-à-goutte
(illustrations a, b, c)
Pour vous faciliter encore un peu plus l'arrosage, vous pouvez équiper vos conteneurs d'un système d'arrosage au goutte-à-goutte *(illustration 3a)*. Les bacs sont alimentés en eau par de minces tuyaux en plastique.

Goutte-à-goutte avec cône en terre cuite
(illustration 3b)
Ce système présente un cône creux en terre cuite qu'on remplit d'eau. Quand le substrat se dessèche, une dépression se produit à l'intérieur du cône ; elle provoque l'ouverture d'une soupape qui amène l'eau du tuyau. Ce goutte-à-goutte qui sert également d'hygromètre est simplement planté dans le substrat. Il fournit l'eau selon les besoins et régule l'alimentation des plantes de façon individuelle. Il est possible également de connecter plusieurs goutte-à-goutte à une sonde qui en pilote le fonctionnement.

Réglage du goutte-à-goutte
(illustration 3c)
La plupart des système de goutte-à-goutte disposent d'un réglage qui permet de doser la quantité d'eau apportée à la plante. Au-dessus du petit piquet qui maintient le tuyau d'arrivée d'eau et le goutteur

2 Des appareils permettent de mesurer avec précision l'humidité du substrat.

3 Arrosage par goutte-à-goutte automatique.
a Plusieurs bacs sont arrosés au moyen d'un mince tuyau de plastique et de goutte-à-goutte.
b Goutte-à-goutte à cône en terre.
c Le goutte-à-goutte peut être réglé par une molette.

se trouve placée une petite molette. En la tournant dans un sens ou dans l'autre, il est possible de serrer ou de desserrer le goutteur pour laisser passer plus ou moins d'eau.
L'alimentation du goutte-à-goutte se fait soit par un réservoir placé en hauteur, soit par un robinet. Comme ils ne fonctionnent qu'avec une faible pression, il est parfois préférable d'équiper le robinet d'un réducteur de pression. Pour 1 m de jardinières, prévoyez quatre ou cinq goutte-à-goutte.

Les programmateurs

Pour distribuer l'eau d'arrosage à heures fixes, même en votre absence, vous pouvez relier votre circuit d'arrosage à un programmateur. Celui-ci est à placer entre le robinet d'arrivée d'eau et le tuyau de départ du réseau d'arrosage. Selon la sophistication du programmateur, il est possible de régler la durée d'arrosage et le volume d'eau à distribuer sur plusieurs jours, voire plusieurs semaines. Il est même possible d'avoir plusieurs départs de façon à diversifier les heures et les réseaux d'arrosage. C'est aussi un bon moyen pour réaliser des économies d'eau.

L'arrosage lors des congés

Avant de vous en remettre à une installation d'arrosage automatique, il faut bien la régler. Les systèmes d'arrosage branchés au robinet devraient idéalement être munis d'un système d'arrêt pour le cas où le tuyau se perce ou se détache en votre absence. Si vous ne disposez pas de ce type de sécurité, quelqu'un devra passer contrôler l'installation pour vous éviter de désagréables surprises.
Il existe également des systèmes à réservoir contenant une petite pompe électrique qui, reliée à un mini-programmateur, permet de distribuer de l'eau à plusieurs pots ou jardinières, celles-ci étant reliées à ce réservoir par de minuscules tuyaux terminés par un gicleur. Mais si vous voulez que vos plantes soient alimentées pendant plusieurs semaines par ce réservoir, il vous faudra demander à des voisins ou des amis de le remplir de temps en temps, car un réservoir de 40 litres n'alimente 1 m de jardinières que durant une période d'environ 10 jours.

La fertilisation

Au cours de la période de végétation, les plantes tirent en permanence du substrat les éléments nutritifs dont elles ont besoin.

Dans la culture en pots, l'exiguïté de l'espace dont disposent les racines rend nécessaire un apport régulier d'engrais.

Voici une présentation des principaux engrais et substances nutritives.

Les principaux éléments nutritifs

• *L'azote* (N) est l'élément essentiel de la croissance des plantes. Il doit toujours être disponible en quantité suffisante, sinon le feuillage pâlit et les plantes poussent mal. Trop d'azote les rend molles et sensibles aux maladies et aux parasites.

• *Le phosphore* (P) favorise surtout la floraison, la mise à fruit et la formation de racines. Les engrais phosphatés doivent être très fins pour être facilement assimilés par les plantes.

• *Le potassium* (K) renforce les liaisons cellulaires. Il est important pour la stabilité des plantes, qu'il rend moins sensibles au froid et plus résistantes aux maladies et aux parasites.

• *Le calcium* (Ca) neutralise l'acidité en excédent dans les substrats. Trop de calcaire peut toutefois empêcher l'assimilation des oligo-éléments.

• *Les oligo-éléments* comme le magnésium, le bore, le molybdène ou le fer sont nécessaires en très petite quantité ; ils sont cependant indispensables au bon développement des plantes.

Les différents types d'engrais

Les engrais simples comprennent une seule substance nutritive (azote, phosphore ou potassium). Pour le jardinage en pots, on utilise plutôt les engrais composés, souvent nommés engrais complets. Ils contiennent en général toutes les substances nutritives utiles aux plantes, mais dans des proportions extrêmement différentes. Les légumes cultivés en pots ont principalement besoin d'azote et de potassium.

Les engrais minéraux

Ils existent sous forme d'engrais simple ou composé.

• Les engrais minéraux à action rapide contiennent des sels facilement solubles qui sont rapidement absorbés par les plantes. Ils existent sous forme liquide, en poudre ou en granulés. Ces engrais agissent plus rapidement quand ils sont ajoutés à l'eau d'arrosage que répandus sous leur forme solide.

• Les engrais « retard » libèrent les éléments nutritifs peu à peu au cours des arrosages et en fonction de la température. Leur utilisation limite les apports d'engrais complémentaires.

Les engrais organiques

Ils se composent essentiellement de matières animales. Les plantes n'absorbent les substances nutritives que lorsqu'elles ont été transformées par les organismes du sol. Ces engrais doivent donc être apportés tôt, car ils agissent lentement, mais aussi plus longtemps. La poudre d'os, la poudre de corne et le sang séché font partie de ces engrais. On les trouve seuls ou en mélange et souvent associés à des sels de potassium et du phosphate :

• la poudre de corne contient surtout de l'azote ;

• la poudre d'os est particulièrement riche en phosphore et calcium ;

• le sang séché est très riche en azote et d'une action relativement rapide.

L'engrais organique est répandu sur le substrat autour des plantes et légèrement enfoui. Pour qu'il soit efficace, le substrat doit contenir suffisamment de micro-organismes.

Ces plantes magnifiques sont la récompense de soins attentifs.

Des besoins différents

Toutes les plantes n'ont pas les mêmes besoins nutritifs.

• Les gros consommateurs comme les tomates, les concombres, les courges et le maïs doivent recevoir durant la période de fructification environ 2 g d'engrais complet par plante et par semaine, ce qui correspond à 1 cuillère à café rase d'engrais solide.

• Les consommateurs moyens comme les salades à couper et les épinards ont besoin, tous les 15 jours, d'environ 2 à 4 g d'engrais complet pour une jardinière de 80 cm de long.

• Les petits consommateurs comme les radis et de nombreuses herbes aromatiques se suffisent de 1 à 2 g d'engrais complet tous les 15 jours par jardinière de 90 cm de long.

Important : ces valeurs ne sont qu'indicatives et doivent être adaptées aux conditions particulières du substrat, des plantes et des conditions météorologiques.

Quelques conseils

• Il est préférable d'apporter régulièrement une faible dose d'engrais minéral plutôt qu'une forte dose de temps en temps, car un excès d'engrais peut brûler les racines.

• N'apportez l'engrais sur le substrat qu'après avoir bien arrosé, afin de ne pas brûler les radicelles.

• Pour faciliter l'opération de fertilisation, vous pouvez arroser vos plantes une ou deux fois par semaine avec une solution d'engrais faiblement concentrée (1 g d'engrais par litre pour consommateurs moyens et 2 g pour forts consommateurs).
Si vous utilisez un engrais liquide, conformez-vous aux indications figurant sur l'emballage.

• Les engrais conditionnés sous forme de bâtonnets ou de billes demandent quelques précautions. Introduits dans le substrat, ils libèrent les éléments nutritifs sur une durée plus longue. Il est important de lire attentivement la notice d'emploi et de suivre les indications.

Maladies et parasites

La prévention est le moyen de protection le plus efficace contre les parasites et les maladies. C'est pourquoi il faut placer vos légumes aux endroits judicieux, adapter l'alimentation en eau et en engrais à leurs besoins, les surveiller afin de détecter rapidement la présence d'insectes ou de champignons et supprimer les feuilles jaunies, car elles favorisent souvent l'apparition de maladies.

Les maladies cryptogamiques

Elles sont le fait de champignons microscopiques qui attaquent les tissus de la plante. La prévention est essentielle car il est difficile de les combattre lorsqu'elles sont installées. L'arrosage joue un rôle important car dans de nombreux cas, l'humidité est un facteur aggravant. C'est pourquoi il vaut mieux, lorsqu'on arrose le soir, éviter de mouiller le feuillage. Cela vaut surtout pour les salades, mais aussi pour les tomates, les courges et les concombres.

• *Le botrytis* attaque principalement, dans des situations humides, les salades et les légumes-fruits.

• *Le mildiou* est favorisé, sur les tomates, par l'humidité des feuilles. Des taches brunes apparaissent sur les feuilles, puis sur les tiges et enfin sur les fruits.
On rencontre également cette maladie due à un champignon sur les salades, les concombres mais aussi les melons. Dans ce cas, elle se traduit par l'apparition de taches brun clair sur le dessus des feuilles, qui peuvent aller jusqu'au dessèchement, avec un feutrage grisâtre d'aspect poudreux sur le dessous.
Conseil : choisissez de préférence des variétés très résistantes au mildiou.

• *L'oïdium* apparaît par temps très chaud et très sec. Il se présente comme un feutrage blanc sur les feuilles et les tiges. Pulvérisez les courgettes, les concombres et les pois à la mi-journée les jours très chauds. Supprimez et détruisez les parties de la plante malades.

Insectes et acariens

Il existe beaucoup de moyens de lutte contre les insectes nuisibles. Avant de vous tourner vers les traitements chimiques, vous pouvez intervenir manuellement pour supprimer les parasites. Les professionnels font également appel à des auxiliaires naturels, qui sont malheureusement encore difficilement accessibles aux particuliers en France. Voici néanmoins, à titre de curiosité, les principaux insectes « utiles » aujourd'hui utilisés.

• *Les pucerons* peuvent être contrôlés par les coccinelles. Ces dernières sont introduites au stade larvaire ou en cocon, mais également au stade adulte. Les premiers résultats ne se font généralement sentir qu'au bout de 2 semaines.

• *La mouche blanche* vient surtout sur les tomates, les poivrons, les aubergines et les concombres. Les larves excrètent un miellat sur lequel se développe la rouille qui donne aux fruits une vilaine apparence. On s'en débarrasse avec des guêpes-coucous *(Encarsia),* commercialisées sous la forme de cocons. Les premiers résultats surviennent au bout de 10 à 14 jours.

• *L'araignée rouge* peut se trouver sur les concombres, les poivrons et les haricots à rames grimpants, aux endroits chauds. Elle est combattue par des acariens prédateurs du genre *Phytoseiulus,* là aussi très difficiles à trouver au niveau de la culture amateur.

• *Le thrips* vient aussi sur les légumes. On utilise contre lui une punaise *(Orius).*

• *La mineuse* parasite les salades, les tomates et les concombres. Ce sont les larves qui causent des dé-

gâts en creusant des canaux à l'intérieur des feuilles, ce qui peut conduire, en cas d'attaque sérieuse, à la mort de la plante.
On la combat avec des ichneumons des genres *Dacnusa* et *Diglyphus*.

Autres mesures de protection

Si la lutte écologique est à prescrire en priorité, car elle donne souvent d'excellents résultats, il ne faut pas nier l'utilité des produits chimiques qui, face aux nouvelles réglementations, font appel à de nouvelles matières actives dont la toxicité est de moins en moins importante.
Ces produits chimiques, souvent spécialistes d'un type de culture, sont néanmoins à utiliser en prenant certaines précautions. Commencez par bien lire la notice formulée par le fabricant. Respectez les doses d'emploi et les conditions d'application. Tenez éloignés enfants et animaux lors de la pulvérisation. Rincez bien le matériel d'application et ne rejetez pas n'importe où l'eau de nettoyage. Rangez les produits dans un lieu sûr et fermé à clef. Et, quel que soit le produit utilisé, ne le vaporisez pas en plein soleil, par forte chaleur ou grand vent, ni lorsqu'il pleut.

Les cinq parasites les plus fréquents

Pucerons
Petits insectes verts ou noirs, sur les feuilles, les tiges, l'extrémité des pousses. *Plantes touchées :* presque tous les légumes. *Traitement :* pulvérisez un insecticide au moins tous les 15 jours.

Mouche blanche
Insectes blancs volants, larves vertes sur la face inférieure des feuilles, sécrétant du miellat. *Plantes touchées :* tomates, poivrons, aubergines, concombres. *Traitement :* insecticides spécifiques.

Araignée rouge
Minuscule animal jaune vert à rouge dans des toiles. *Plantes touchées :* concombres, haricots et poivrons aux endroits chauds. *Traitement :* augmentez l'hygrométrie, utilisez un produit spécifique.

Thrips
Insecte ailé jaunâtre à brun. Ses larves parasitent les feuilles (taches argentées). *Plantes touchées :* tomates et concombres. *Traitement :* augmentez l'hygrométrie, pulvérisez un insecticide.

Mineuse
Insecte jaune et noir de 2 mm. Ses larves dévorent l'intérieur des feuilles. *Plantes touchées :* salades, tomates et concombres. *Traitement :* pulvérisez un insecticide.

La récolte au « potager »

Elle a lieu du mois d'avril jusqu'aux premiers froids. Les premières récoltes que vous pourrez effectuer sont celles du cresson, des germes de légumes et de la ciboulette. Un peu plus tard, ce sera le tour des radis, des salades à couper et des épinards.
À partir du mois de juin, la palette des légumes s'étend considérablement et la mâche résistante au froid apporte une dernière touche de fraîcheur à la cuisine.
Les rendements des cultures en pots étant relativement modestes, il est particulièrement important de récolter au bon moment, car cela vous garantit des légumes d'excellente qualité, riches en vitamines et savoureux.

Légumes-fruits et légumes-feuilles

Les légumes-fruits

Tomate, poivron, aubergine et poire-melon affichent leur degré de maturité à leur couleur. En règle générale, ils doivent être cueillis à pleine maturité, car ils font alors le plein d'arômes et de vitamines.

- De nombreux légumes se récoltent en plusieurs fois. Afin de prolonger la saison autant que possible, cueillez les jeunes fruits des haricots, des pois, des concombres et des courgettes. Cela stimulera la formation de nouveaux fruits, car les plantes s'épuisent moins, et le rendement final de la récolte est meilleur. Les jeunes fruits sont aussi plus tendres et plus parfumés.
- Certains légumes-fruits comme les melons et le maïs doux demandent une observation plus attentive. Vous trouverez de plus amples indications sur leur récolte aux pages 76 à 85.

Salades et légumes-feuilles

La plantation des salades peut être échelonnée tout au long de la saison pour étaler la récolte ; ne les laissez pas trop grossir, cela vous donnera de la place pour de nouvelles plantations.

- La récolte des bettes est permanente. Si le cœur est intact, de nouvelles feuilles continuent à pousser. Coupez les feuilles de l'extérieur lorsqu'elles sont encore jeunes.
- La récolte des salades à couper et des épinards se fait à l'aide d'un couteau. Plusieurs récoltes sont également possibles.

Conseil : en effectuant régulièrement un semis (tous les 8 à 10 jours), vous aurez des radis tout l'été. Veillez toutefois à les récolter jeunes, afin qu'ils ne deviennent pas fibreux.

Entreposer les légumes

Si vous avez trop de légumes, il vous sera utile de savoir quelles mesures prendre pour les stocker.

- La plupart des légumes peuvent être conservés quelques jours dans le bas du réfrigérateur.
Les espèces sensibles et plus tendres, comme les salades et les épinards, restent plus longtemps fraîches dans un sachet en plastique.
- Tomates, concombres et poivrons crus ne doivent pas être conservés au réfrigérateur, mais à une température de 12 à 15 °C.
- Épinards, pois, haricots, tomates et autres légumes peuvent être placés sans crainte au réfrigérateur après avoir été blanchis à l'eau bouillante salée.
- De nombreuses plantes aromatiques, comme le romarin, la citronnelle, la sauge, le thym, la marjolaine et l'origan, agrémentent, une fois séchés, les plats cuisinés en hiver.
Il suffit pour cela de les lier en bouquets et de les laisser sécher dans un endroit chaud et aéré.
Conservez-les ensuite dans des récipients opaques au frais et au sec.
- D'autres aromates comme le persil, l'aneth et la ciboulette conservent mieux leur parfum congelés.

Les tomates ne doivent pas séjourner au réfrigérateur. Mais elles peuvent être congelées une fois réduites en coulis ; vous pouvez aussi en faire des conserves, ou préparer les dernières tomates vertes en confiture.

Des tomates-cerises aux belles striées, en passant par les grosses tomates rondes brillantes, vous pouvez chaque année essayer de nouvelles variétés.

Les fruits

Tout ce qu'il faut savoir

Un verger au balcon

Un pommier nain en fleur dans un pot, des fraises rouges et fondantes dans une jatte, des grappes de raisin noir sur un fond de verdure, un petit citronnier aux fleurs qui embaument, voilà l'exemple d'une installation réussie de cultures fruitières sur un balcon ou une terrasse. L'utilisation de grandes poteries en terre cuite accentuera l'effet décoratif.

Depuis des temps immémoriaux, les fruits font partie des aliments les plus importants. On a consommé d'abord des fruits sauvages, auxquels se sont ajoutées avec le temps des variétés cultivées. Aujourd'hui, la diversité qui nous est offerte est presque inimaginable. Parmi les arbres et les arbustes, on trouve des espèces formant des fruits à pépins ou à noyau, comme le pommier ou le cerisier. Au chapitre des plantes herbacées vivaces, figurent notamment le fraisier ou la rhubarbe. Enfin, comme plante annuelle, on cultive le pépino ou poire-melon, parfois classé parmi les légumes.

Les origines

Le pays d'origine des cultures fruitières apparaît souvent dans leurs noms botaniques. Ainsi, *sinensis*, comme dans *Citrus sinensis*, indique que la plante provient de Chine. *Prunus armeniaca* (abricotier) ou *Prunus persica* (pêcher) révèlent pareillement leurs contrées d'origine.
Chez d'autres espèces, tel le pommier commun *(Malus sylvestris)*, c'est l'habitat qui est précisé : *sylvestris* signifie « qui pousse en forêt ». Cet arbre est en effet une plante typique des lisières des bois. En l'implantant dans les jardins, on a aussi modifié son nom. C'est ainsi que du « pommier sylvestre » on est passé à un « pommier domestique » *(Malus domestica)*.
Il est bien sûr important de connaître l'origine d'une culture fruitière si l'on veut la faire pousser dans un jardin ou en pot : on peut ainsi savoir, ou tout au moins pressentir, si dans une région donnée, elle résistera à l'hiver ou si elle aura besoin d'une protection contre le gel.

Les noms botaniques

Chaque plante, qu'elle soit sauvage ou cultivée, porte un nom latin composé de deux mots : le premier désigne le genre botanique auquel elle appartient, le second son espèce. Chaque genre peut en effet rassembler plusieurs espèces et être lui-même regroupé, avec d'autres genres proches, dans une famille. Ainsi, dans la famille des Rutacées, le genre *Citrus* compte plusieurs espèces parmi lesquelles le citron *(Citrus limon)*, l'orange *(C. sinensis)* ou la mandarine *(C. reticulata)*. Ces noms latins ont un usage officiel dans le monde entier. Un arboriculteur en Italie sait donc exactement ce que veut son correspondant américain lorsqu'il lui commande une plante appelée *Ficus carica* (figuier). Grâce à cette « langue mondiale », on évite les confusions, car les noms communs (on dit aussi vernaculaires) peuvent varier d'un pays à l'autre et même d'une région à l'autre. Par exemple, l'arbuste d'ornement appelé amandier de Chine est en fait un cerisier : *Prunus triloba* signifie « cerisier à feuilles trilobées ». Le nom du véritable amandier *(Prunus dulcis)* fait référence à la douceur du goût de l'amande comestible.

À chacun son espace

Pour que les plantes poussent bien et qu'elles fleurissent et fructifient en temps voulu, il faut leur donner suffisamment d'espace pour croître. Parmi les plantes pérennes, il faut distinguer les plantes ligneuses, comme le pommier, le poirier ou le cerisier – qui forment des arbres ou des arbustes –, des plantes herbacées comme le fraisier ou la rhubarbe, qui se contentent de produire des touffes de feuillage. Les plantes ligneuses ont besoin d'un endroit spacieux et de récipients de grande contenance, alors que les plantes herbacées peuvent pousser dans un pot plus modeste. Les plantes grimpantes fructifères, comme l'actinidia de Chine (ou kiwi)

La vigne a besoin de chaleur pour bien fructifier.

ou la vigne, peuvent quant à elles croître en hauteur, en s'agrippant à un support ; elles prennent de ce fait moins de place au sol et sont précieuses dans les petits espaces.

Le rythme végétatif

Certaines espèces, comme les agrumes, croissent sans interruption tout au long de l'année. Elles ont évidemment besoin de beaucoup de lumière. D'autres végétaux entrent, durant la saison froide, dans un état appelé dormance durant lequel ils vivent en quelque sorte au ralenti. Ce repos hivernal leur est indispensable pour que le développement printanier soit normal. C'est la raison pour laquelle on ne peut cultiver sous les tropiques pommiers, vignes et autres plantes ligneuses des régions tempérées.

Les espèces fruitières sont plus ou moins tolérantes au froid. Dans certaines régions, on peut maintenir toute l'année des figuiers à l'extérieur. Au nord de la Loire, on les placera dans un endroit clair et frais durant la mauvaise saison. En plein air, les bacs doivent être bien protégés, car ce sont surtout les racines qui risquent de geler.

Vigne et pommier nain demandent de spacieux contenants pour bien se développer.

L'environnement

Avant de vous procurer des arbres ou des arbustes fruitiers en pots dans la pépinière la plus proche et d'en commencer l'installation sur votre balcon ou votre terrasse, examinez d'abord les caractéristiques de l'espace choisi. Renseignez-vous auprès de l'architecte, du propriétaire ou du syndic de copropriété pour vous assurer que vous avez l'autorisation d'installer des plantations sur votre balcon ou sur votre terrasse. La construction doit par ailleurs être suffisamment solide pour recevoir cette surcharge (poids du contenant, du substrat de culture et du petit arbre). À l'inverse des plantes fleuries ou des plantes potagères, les plantes ligneuses vivent longtemps. Leur culture nécessite donc de prévoir à long terme des conditions compatibles avec leur croissance.

Le choix des plantes

En principe, toutes les plantes fruitières peuvent être cultivées dans des récipients. Dans les pépinières, on fait pousser des plants ou des greffes dans des pots en plastique, et les plantes restent dans ces contenants (ou conteneurs) jusqu'à leur achat. On peut ainsi presque toute l'année acheter et planter toutes les espèces d'arbres ou d'arbustes fruitiers. Ces plantes en conteneurs sont parfaitement adaptées pour être ensuite cultivées dans des récipients. Cependant, ces pots ne leur suffisent que durant un temps limité. Plus la croissance des racines est forte, plus celles-ci ont besoin d'espace. Un simple balcon réduit donc le choix des cultures fruitières et les possibilités d'installation.

La surface nécessaire

« Le coin au soleil » peut ne pas être assez spacieux. Plus il y a de surface portante disponible, plus les récipients que l'on se procure peuvent être grands. L'humidité du sol dans un grand bac se maintient plus longtemps que dans un petit pot. Le grand volume d'un récipient facilite aussi l'entretien, surtout s'il permet de mettre beaucoup d'eau en réserve ; cela compensera dans une certaine mesure d'éventuelles erreurs ou des conditions d'emplacement moins favorables. Un grand volume de terre peut non seulement stocker une bonne quantité d'eau, mais aussi assurer une bien meilleure fertilisation. En outre, une grosse touffe de racines dans un grand récipient ne gèle pas aussi facilement qu'une petite dans une jardinière.

L'exposition et l'époque de plantation

Une fois déterminé un emplacement bien exposé et de grandeur convenable, l'installation des cultures fruitières sur le balcon ou la terrasse peut commencer. La meilleure époque pour réaliser ce projet va du printemps à l'automne.
En automne, une plantation est peu productive, d'autant que la plupart des plantes ligneuses ont perdu leurs feuilles ou le feront en hiver. Seules les plantes à feuillage persistant, comme le néflier du Japon ou le citronnier, conservent leur attrait en hiver. Elles ont cependant besoin d'un endroit clair et à l'abri du gel. Du reste, ces deux espèces montrent qu'il est tout à fait possible de cultiver en pots des arbres fruitiers : il existe de très vieux spécimens qui fleurissent et fructifient abondamment et régulièrement.
Tenez compte à ce sujet des descriptions et des présentations des différentes espèces (pages 132 à 149), qui diffèrent beaucoup les unes des autres par leurs exigences et l'entretien qu'elles nécessitent. Ainsi, on ne garde pas des pommiers nains dans un jardin d'hiver ou sur un balcon aménagé en véranda. Ils ont besoin toute l'année d'un endroit en plein air, ou en hiver d'un abri, par exemple une petite serre non chauffée. Cela vaut aussi pour les poiriers nains, les fruitiers à noyau ou les plantes à baies. En revanche, en ce qui concerne l'exposition, ils sont faciles à satisfaire et peuvent être placés à l'est, au sud ou à l'ouest ; seul le côté nord est moins favorable, car le soleil est nécessaire à la fructification. Il faut aussi tenir compte des circonstances particulières qui sont propres à chaque emplacement. Un balcon abrité de la pluie par le toit en saillie d'une maison convient tout autant à la plantation qu'un balcon plus exposé. Mais les arbustes fruitiers en pots seront ici entièrement dépendants d'un approvisionnement en eau régulier, puisqu'ils ne bénéficieront pas des précipitations naturelles.
N'oubliez pas non plus que la position du soleil varie tout au long de l'année : un balcon orienté à l'est ou à l'ouest et situé à l'ombre au printemps ou en automne peut tout à fait offrir assez de soleil en été.

Le climat

Le climat a toute l'année des conséquences sur les cultures fruitières en pots, et le temps qu'il fait varie d'une année à l'autre. Quand les hivers sont doux, une vigne en bac, par exemple, peut rester saine et vigoureuse durant plusieurs années et fructifier abondamment. Au contraire, un gel sévère et continu peut être fatal pour de nombreuses plantes. Vous devrez donc redoubler de vigilance pour ne pas les laisser sans protection suffisante. Toutefois, le meilleur moyen d'éviter des pertes inutiles est encore de choisir des plantes bien adaptées aux conditions de culture. Si dans la région méditerranéenne, les agrumes, le néflier du Japon ou le figuier peuvent être cultivés en pots toute l'année en plein air, ailleurs, on devra s'efforcer de recréer des conditions climatiques proches – ou choisir d'autres plantes comme le pommier, par exemple.

Les microclimats peuvent aussi jouer un rôle important. Une cour intérieure située dans une grande ville offre un environnement beaucoup plus favorable qu'un balcon exposé aux courants d'air à la campagne, et les écarts de température y sont souvent plus faibles.

La protection hivernale

Les plantes à fleurs annuelles ou les espèces potagères sont destinées à mourir en automne ; vous ne pourrez donc pas espérer les conserver jusqu'au printemps suivant. En revanche, les arbres et les arbustes, et les plantes ligneuses en général, pourront survivre à l'hiver, même en pots, pourvu que vous leur assuriez une protection suffisante (voile d'hivernage, paillage des contenants).

Pour les espèces fruitières sensibles, tels les agrumes, le figuier ou le néflier du Japon, vous devrez disposer dans la maison d'une pièce appropriée pour leur hivernage, tandis que les plus robustes, comme les pommiers nains et les vignes, seront placées en plein air dans un endroit abrité et frais propre à leur assurer le temps de repos dont elles ont besoin.

N'oubliez pas par ailleurs que si leur rythme végétatif est ralenti, leurs besoins en eau demeurent. Arrosez parcimonieusement, et cela d'autant plus que la température baisse, mais ne laissez pas la motte se dessécher entièrement. Utilisez de l'eau tiède et n'arrosez pas durant les périodes de gel.

Les conditions d'éclairage

Pendant la saison de végétation, qui pour les espèces à feuilles caduques dure du bourgeonnement en avril jusqu'à la défeuillaison en octobre, les cultures fruitières en pots ont besoin du maximum de lumière possible. Un endroit très ensoleillé, comme un balcon exposé plein sud, n'est toutefois pas nécessaire ni même approprié pour bien des plantes, car il se transforme vite en fournaise dès les beaux jours. Un emplacement clair, à l'est ou à l'ouest, est généralement suffisant pour la plupart des espèces.

L'ombre de grands arbres ou un balcon au nord offriront bien sûr un environnement moins favorable, car toutes les espèces fruitières ont besoin d'un minimum de chaleur et d'ensoleillement pour fructifier correctement, mais même si des plantes gênantes font par endroits de l'ombre, les conditions d'éclairage peuvent tout à fait convenir. N'oubliez pas que la hauteur du soleil change considérablement au cours de l'année. Ainsi, un balcon peut être très ensoleillé au printemps, alors que le soleil est encore bas. En été, lorsque le soleil monte haut, il se trouvera peut-

La vigne se laisse facilement former et guider.

être à l'ombre d'un autre balcon situé au-dessus. C'est une des raisons pour lesquelles il est recommandé de commencer tout d'abord avec quelques plantes seulement, choisies parmi les plus robustes et de préférence bien acclimatées à la région, puis, après un certain temps d'observation et d'expérience, d'en augmenter le nombre avec des espèces appropriées.

L'arrosage

Pour que les opérations d'arrosage, de fertilisation ou de taille ne se transforment pas en exercices acrobatiques ou en insupportables corvées, les plantes doivent avant tout être facilement accessibles en permanence. Il faut aussi penser aux périodes de vacances durant lesquelles un voisin ou un ami viendra s'occuper des plantes.

Les systèmes d'arrosage spécialement conçus pour les plantes de balcon et les plantes en pots et qui fonctionnent parfaitement bien, après une période d'essai, rendent de bons services. En cas d'absence plus longue, des contrôles seront toutefois indispensables : l'alimentation en eau peut tomber en panne ou un orage entraîner des dégâts ; il faut aussi garantir l'accès au balcon ou à la terrasse.

Les grands récipients facilitent beaucoup l'alimentation des plantes et leur entretien. Alors que les jardinières, en particulier lors de la période de croissance en été, doivent être arrosées quotidiennement, les cultures fruitières placées dans des bacs plus spacieux résistent plus longtemps à la sécheresse. Un grand volume de terre peut bien sûr stocker plus d'eau qu'une petite potiche. S'il pleut suffisamment, un jardin en terrasse peut même se passer d'une alimentation en eau. Sur un balcon, des jardinières encastrées pourront rester plusieurs jours sans surveillance.

Les plantes grimpantes et les arbres en espalier, qui ont poussé vers le haut depuis le sol du jardin, peuvent quant à eux très bien se passer d'arrosage.

L'achat

Grâce à la culture en conteneurs, il est possible désormais d'acheter des arbustes fruitiers presque toute l'année. Mais les meilleures périodes restent le printemps et l'automne. Il est alors plus facile de les acclimater et on dispose d'un plus grand choix. Limitez-vous aux espèces qui peuvent être cultivées durablement dans des récipients. Ainsi, les noyers proposés en bacs ne conviennent à long terme que pour de grandes terrasses, car leurs racines ont besoin de beaucoup d'espace. Dans un récipient étroit, ces magnifiques arbres se rabougrissent tôt ou tard. Vous pouvez bien sûr encore transplanter un tel arbre dès que son récipient devient trop petit. Il s'enracinera vite dans un jardin et retrouvera sa vigueur. Mais ce n'est pas l'objectif recherché. Les arbres et les arbustes fruitiers choisis doivent donc en quelques années seulement pousser, fleurir et fructifier sur le balcon ou la terrasse. Il serait en effet dommage de les voir dépérir dès l'apparition des premiers fruits, parce qu'ils sont devenus trop grands. C'est pourquoi il n'est ici question que de plantes ligneuses vraiment de petite taille. N'hésitez pas à demander conseil à un pépiniériste pour le choix et l'achat, et faites avant tout attention aux étiquettes des plantes. Une bonne marchandise est clairement décrite. À côté de la variété (par exemple, pommier 'Croquella'), devrait aussi figurer le porte-greffe (par exemple, type M 9), ce qui est très important. Quand on achète par correspondance, on est parfois déçu : bien souvent, les plants livrés n'ont pas l'aspect magnifique des articles présentés dans les catalogues. Néanmoins, ces plants sont tout à fait utilisables. Une fois déballés et mis en pots, ils reprennent vite vigueur et donnent, après un temps d'enracinement, de robustes spécimens. Les arbres fruitiers nains à double variété (poirier-duo, prunier-duo, etc.), les plantes rares (pépino) et les nouveaux cultivars (guignier nain) ne sont souvent vendus que par correspondance.

Les variétés à faible croissance

Le porte-greffe sert de souche aux variétés souhaitées. Ce peut être un cultivar à faible croissance ou un « franc » (plant issu de semis) à forte croissance, sur lesquels les pépiniéristes ont greffé ou écussonné des pousses ou des bourgeons de certaines variétés. On repère à un bourrelet l'endroit où le greffage a été réalisé. Le porte-greffe a aussi des conséquences importantes sur la croissance de l'arbre. Une greffe sur un franc servant de porte-greffe pousse plus vigoureusement qu'une greffe sur un porte-greffe cultivé. Pour la culture en pots, on n'utilise que des greffes à faible croissance et qui sont clairement indiquées : pour les pommiers, on choisira les fuseaux, pour les poiriers les variétés greffées sur cognassier. Il existe aussi depuis quelque temps des cultivars de guigniers à faible croissance qui forment de très petits arbres. Par nature, les variétés naines du cerisier Sainte-Lucie, du pêcher, du cognassier et du néflier, ainsi que les arbrisseaux à baies, restent très petits. Le figuier, les agrumes et le néflier du Japon conviennent parfaitement pour la culture en bacs. On ne peut de toute façon, en dehors des régions méridionales, les cultiver que dans des pots, car ils doivent être mis à l'abri du froid durant l'hiver.

Les pêchers nains ne fructifient qu'au bout de quelques années. Ce sont des arbres rustiques dans les régions où les températures hivernales ne sont pas inférieures à – 10 °C, mais il faut protéger leurs fleurs contre les gelées tardives.

Les fleurs des pêchers étant autofertiles, il suffit par conséquent d'un seul spécimen pour obtenir des fruits. Néanmoins, la fructification est plus sûre et le rapport meilleur quand on dispose de plusieurs arbres nains de différentes variétés ; les nectariniers donnent aussi de bons résultats.

Les cultures fruitières

L'assortiment des plantes fruitières pour la culture en pots est bien sûr limité, car les végétaux ne poussent pas tous bien dans des récipients, en tout cas pas à long terme. Elles sont toutefois en nombre suffisant pour qu'il soit possible d'aménager un mini-verger sur un balcon ou une terrasse. Dans les pages qui suivent, vous trouverez pour chaque espèce sélectionnée des indications sur son origine, ses caractéristiques botaniques, l'emplacement, la culture et les soins recommandés. À côté des plantes rustiques, qui peuvent rester à l'extérieur toute l'année, sont aussi décrites des espèces méridionales, comme le figuier, les agrumes ou l'amandier. Cet inventaire est bien sûr incomplet et bien d'autres espèces peuvent convenir. Toutes ces plantes donnent évidemment moins de fruits lorsqu'elles sont cultivées en pots. Ne vous attendez donc pas à une abondante récolte, mais réjouissez-vous de quelques fruits tout à fait bons et décoratifs.

Les fruits sont un plaisir gustatif autant qu'un régal pour la vue.

Pommier

Malus domestica

Origine : Europe.
Botanique : arbre fruitier rustique à fruits à pépins (pommes), de petit à grand développement, demandant un sol profond. Seuls les cultivars nains sont adaptés à la culture en pots. Les fruits doivent rester le plus longtemps possible sur l'arbre. L'époque de leur maturité diffère suivant les variétés.
Variétés : beaucoup de variétés renommées sont des fuseaux. Les pommiers nains étant autostériles, il est recommandé de leur associer des variétés pollinisatrices telles que 'Royal Gala', 'Idared' ou, pourquoi pas, 'Everest', un pommier à fleurs de petite taille.
Emplacement : ensoleillé à semi-ombragé, dans des récipients les plus grands possible ; en plein air, avec une protection en hiver.

Un pommier nain en buisson a de larges ramifications.

Culture : la culture des semis se fait normalement en pépinières. Pour la culture en pots, il faut savoir quelles variétés ont été greffées, mais aussi lesquelles l'ont été sur des porte-greffe à faible croissance. Sur les marchés horticoles, on trouve pour les jardins diverses variétés qui sont déjà en pots et qui peuvent à tout moment être installées sur le balcon ou la terrasse. Même si les arbres nains peuvent se contenter de bacs de 10 litres, lorsqu'ils sont bien fertilisés, leur culture dans

'Royal Gala' est une variété pollinisatrice.

des récipients plus grands est toutefois plus sûre et plus durable. Le bourrelet de greffe doit être situé au-dessus du sol.

Conseil : lors de l'achat d'un pommier nain en conteneur, il ne faut pas faire seulement attention à la variété (comme 'Golden Delicious' 'Jonathan', etc.), mais aussi au porte-greffe. En règle générale, les jeunes plantes sont étiquetées. À partir des indications mentionnées, vous pouvez connaître, outre la variété et les données qui s'y rapportent (époque de maturité, goût, etc.), le porte-greffe et par conséquent la vigueur de la plante.

Les variétés sur un porte-greffe à faible croissance fleurissent et fructifient du reste beaucoup plus tôt que les arbres à forte croissance.

Entretien : outre l'alimentation en eau et en engrais, les pommiers nains en pots ont besoin d'une taille périodique et, de temps en temps, d'un rempotage (quand la motte est pleine de racines).

La taille se limite tout d'abord à la formation après la plantation, puis, chaque fois que cela est nécessaire, à l'éclaircissage des rameaux gênants et des branches principales âgées.

En outre, il faut tuteurer ou, selon les cas, étayer les rameaux fructifères.

Soins : les pommiers nains étant des plantes ligneuses indigènes, ils sont très robustes et résistants aux maladies. Quand l'alimentation est correcte, ils peuvent vivre pendant de très nombreuses années dans un pot.

S'ils sont attaqués par l'oïdium (feutrage blanc sur les rameaux, les jeunes pousses ou les feuilles) ou bien pour lutter contre une invasion de pucerons, les pulvérisations avec des produits phytosanitaires sont efficaces. Au besoin, il suffit simplement d'élaguer les parties malades de la plante, ce qui stimule alors le développement des rameaux sains.

Une protection contre le gel n'est nécessaire que par grands froids. En hiver, la motte ne doit pas se dessécher complètement.

Variété 'Delbarestivale'.

Les fleurs sont sensibles au gel.

Poirier
Pyrus communis

Origine : zones tempérées.
Botanique : arbre fruitier très robuste et comptant de très nombreuses variétés ; pour la plantation en pots, seules celles de faible croissance greffées sur cognassier conviennent. Suivant les variétés, récolte des poires à partir d'août.
Variétés : 'Williams Bon Chrétien', 'Louise Bonne d'Avranches', 'Conférence', etc.
Emplacement : ensoleillé à semi-ombragé ; en plein air, avec une protection en hiver.
Culture : multiplication par greffage ; on plante de préférence des arbres nains en conteneurs, déjà adaptés à la culture en pots, dans des bacs les plus grands possible.
Important : il est recommandé de disposer de deux ou trois variétés pour avoir une pollinisation croisée.
Entretien : au cours de la première année, après la plantation, un palissage de la couronne permet de lui donner la forme souhaitée. On procède ensuite à l'éclaircissage des rameaux ou à l'élagage du bois mort et des gourmands.

Variété 'Williams Bon Chrétien'.

Les poires se développent sur les pousses de l'année précédente.

Durant la période de croissance, il faut alimenter la plante régulièrement en eau et en engrais. En hiver, les arbres nains ont besoin d'un endroit abrité ou d'une légère protection contre le gel ; sur un balcon abrité de la pluie, maintenez aussi la terre humide, mais pas détrempée.
Soins : à l'achat, veillez à ce que les plants soient sains (avec des branches solides et lisses). Dès l'apparition de la rouille grillagée du poirier (taches rouille), enlevez et détruisez les feuilles atteintes.

Variété 'Clapps's Favourite'.

Les cognassiers résistent au gel.

Les noisettes mûrissent en septembre.

Cognassier

Cydonia oblonga

Origine : Caucase.
Botanique : petit arbre robuste, facile à entretenir, autofertile (un spécimen suffit). Fruits à pépins (coings), durs ; récoltés en automne, lorsque la peau devient lisse et brillante, ils ne craignent pas le gel et ne sont comestibles que cuits.
Variétés : suivant l'offre, diverses variétés tels 'Monstrueux de Vranja', (à très gros fruits) 'Du Portugal' etc.
Emplacement : ensoleillé à semi-ombragé ; en plein air, avec une protection en hiver.
Culture : multiplication par bouturage possible. Les plants greffés cultivés en pots (d'au moins 50 litres) donnent plus vite des spécimens vigoureux.
Entretien : ne nécessite aucune taille particulière ; se palisse parfaitement en espalier.

Noisetier

Corylus avellana

Origine : Europe.
Botanique : arbuste robuste, autofertile (mais plusieurs variétés favorisent la fécondation). Récolte à partir de septembre.
Variétés : les cultivars restent plus compacts que les noisetiers sauvages et viennent mieux en pots. Outre les variétés vertes, il en existe à feuillage coloré, tel 'Noisetier à feuilles pourpres'.
Emplacement : ensoleillé à semi-ombragé ; également au nord ; ne craint pas le gel.
Culture : multiplication par bouturage ou marcottage ; les plants en pots (d'au moins 50 litres) ont une croissance plus rapide.
Entretien : hormis un arrosage et une fertilisation réguliers, ne nécessite pas de soins particuliers. Se taille aussi en demi-tige (un seul petit tronc).

Pêcher

Prunus persica

Origine : Chine, puis Perse.
Botanique : petit arbre à fruits à noyau (pêches) ; floraison précoce ; à cultiver dans un endroit abrité, car peu résistant au gel. Variétés pour la plupart autofertiles. Récolte dès que les fruits sont souples au toucher.
Variétés : 'Bonanza' est un pêcher nain, tout comme 'Nectarella', un nectarinier.
Emplacement : ensoleillé, à l'abri du vent. En hiver, dans un local où il ne gèle pas, mais frais.
Culture : la plantation dans un grand bac avec un substrat standard donne des fruits plus précoces.
Entretien : la taille favorise une ramification vigoureuse. Surtout, ne négligez pas la protection hivernale.
Soins : plante ligneuse très sensible à la cloque. Élaguez sans attendre les rameaux atteints. Une taille annuelle forte stimule le développement de nouvelles pousses.

Abricotier

Prunus armeniaca

Origine : nord de la Chine, Arménie.
Botanique : petit arbre à la ramure touffue, robuste, à fruits à noyau ; il est résistant au gel, mais à floraison précoce. Variétés pour la plupart autofertiles. Récolte en été, lorsque les abricots sont orangés et souples au toucher.
Variétés : 'Pêche de Nancy', 'Polonais', etc.
Emplacement : ensoleillé, à l'abri du vent. En hiver, paillez ou placez dans un local frais.
Culture : choisissez un récipient le plus grand possible et un substrat poreux.
Entretien : taille des formes palissées, alimentation régulière en eau et en engrais, protection hivernale jusqu'après la floraison.

Les récoltes ne sont abondantes que si le temps s'y prête.

Soins : pour lutter contre la moniliose (dessèchement des fleurs et des rameaux, avec écoulements de gomme), il faut élaguer tous les rameaux malades. Traitez les blessures avec un produit cicatrisant pour prévenir les attaques de champignons.

Les abricots mûrs sont rouge orangé.

Quetsches.

Griottes.

Prunier

Prunus domestica

Origine : Caucase.
Botanique : l'arbre, à fruits à noyau, a fait ses preuves comme plante résistante et robuste. On le cultive également en pots. Récolte à partir d'août. Nombreuses variétés (quetsches, mirabelles, reines-claudes, prune d'ente).
Variétés : quelques bonnes variétés, de préférence autofertiles et robustes, telle 'Quetsche d'Alsace'.
Emplacement : ensoleillé à semi-ombragé.
Culture : semis ou drageons produisent de très bons fruits ; certaines variétés sont greffées. Choisissez un grand récipient et un substrat poreux.
Entretien : après la formation, les pruniers nains ne demandent qu'un éclaircissage occasionnel ; il faut arroser et fertiliser copieusement.

Cerisier

Prunus cerasus

Origine : Géorgie et Arménie.
Botanique : petit arbre à fruits à noyau (cerises) autofertile ou autostérile. Résistant au gel, mais sensible aux maladies cryptogamiques (champignons). Récolte quand les fruits sont bien colorés.
Variétés : 'Griotella' est une variété naine.
Emplacement : ensoleillé à semi-ombragé ; protégez en hiver.
Culture : utilisez des variétés greffées sur des porte-greffe à faible croissance (cerisier Sainte-Lucie). Évitez celles qui sont greffées sur merisier, elles sont trop vigoureuses. Choisissez un grand récipient et un substrat restant poreux.
Entretien : taillez les rameaux morts. Élaguez légèrement, toujours en été.

Groseillier à maquereau jaune.

Groseillier rouge (groseillier à grappes).

Groseillier à maquereau

Ribes uva-crispa

Origine : Europe.
Botanique : arbrisseau à fleurs autofertiles et rameaux épineux. Nombreuses variétés en touffe ou en tige. Récolte à partir de juillet.
Variétés : 'May Duke' (fruits rouges), 'Resistenta' (fruits jaune verdâtre).
Emplacement : ensoleillé à semi-ombragé ; en plein air ; protégez en hiver.
Culture : multiplication facile par bouturage. Les formes en tige sont greffées. Les spécimens élevés en conteneurs fructifient plus tôt.
Entretien : un éclaircissage régulier favorise le développement de jeunes rameaux sains et maintient la ramure aérée.
Soins : ne choisissez que des variétés résistantes à l'oïdium.

Groseillier à grappes

Ribes rubrum

Origine : Europe.
Botanique : arbrisseau robuste à fleurs autofertiles. Les formes en tige sont greffées sur le groseillier doré *(Ribes aureum)*. Plante idéale en pot. Récolte à partir de juillet.
Variétés : 'Groseille Raisin Industria' (fruits rouge vif), 'Versaillaise Blanche' (fruits blancs), 'Gloire de Sablon' (fruits roses).
Emplacement : ensoleillé à semi-ombragé.
Culture : multiplication très facile à partir de boutures d'été ou d'hiver. Les formes en tige sont obtenues par greffage. Les plants élevés en conteneurs produisent plus vite.
Entretien : en hiver, un éclaircissage favorise le rajeunissement. Sur les formes en tige, supprimez les pousses sauvages.

Variété de framboisier à gros fruits.

Les mûres se développent sur les jeunes pousses.

Framboisier

Rubus idaeus

Origine : Europe.
Botanique : sous-arbrisseau montagneux. Les pousses meurent après la fructification, mais de nouvelles naissent de la souche. Récolte en juillet.
Variétés : préférez les variétés remontantes qui fructifient de nouveau en automne.
Emplacement : ensoleillé à semi-ombragé ; en plein air en hiver.
Culture : multiplication facile par drageons ; plantez dans un mélange poreux, dans de grands récipients.
Entretien : palissage en espalier ou tuteurage ; taille annuelle des vieux rameaux, éclaircissage de rajeunissement. Un paillis à base d'écorces maintient la terre humide.
Soins : l'élagage des rameaux morts évite la propagation des maladies cryptogamiques.

Mûrier

Rubus fruticosus

Origine : Europe.
Botanique : sous-arbrisseau résistant issu du mûrier sauvage, à feuilles caduques ou persistantes. Rameaux sarmenteux et épineux fleurissant en été. Récolte à partir d'août.
Variétés : préférez les variétés sans épines comme 'Thornfree' ou 'Géante des Jardins'.
Culture : multiplication facile par marcottage. Plantez dans de grands récipients, en utilisant un substrat poreux et humifère.
Entretien : des éclaircissages réguliers favorisent le rajeunissement ; taille après la récolte. En hiver, paillez avec un matériau léger et apportez de l'eau aux variétés persistantes. Ne négligez pas la protection contre le gel.
Soins : élagage constant des rameaux morts.

Vigne
Vitis vinifera

Origine : Europe.
Botanique : plante grimpante à vrilles cultivée depuis l'Antiquité, autofertile, fructifiant à la fin de l'été.
Variétés : nombreux cultivars à raisin noir ou blanc.
Emplacement : ensoleillé à semi-ombragé ; en plein air ; protégez en hiver.
Culture : bouturage en hiver ; fleurit et fructifie dès l'année de la plantation. Culture sur plusieurs années possible dans de grands bacs avec un substrat poreux. Plantée dans le jardin, la vigne peut être conduite jusqu'au balcon.
Entretien : taille de formation, puis taille annuelle des rameaux. Éclaircissage des grappes en été. Tuteurez le cep et étayez les sarments.
Soins : choisissez des variétés résistantes à l'oïdium.

Raisin noir.

Kiwi
Actinidia chinensis

Origine : Chine.
Botanique : plante grimpante ligneuse à pousses volubiles, dioïque (pieds mâle et femelle).
Variétés : 'Hayward' (pied femelle) produit de gros fruits cylindriques pouvant peser 100 g.

Les kiwis sont très riches en vitamine C.

Emplacement : ensoleillé à semi-ombragé ; demande une bonne protection contre le gel.
Culture : associez plants mâle et femelle pour obtenir des fruits. Planté dans le jardin, le kiwi peut monter jusqu'au balcon.
Entretien : taille de formation et palissage.

Sorbier des oiseleurs
Sorbus aucuparia

Origine : Europe.
Botanique : petit arbre très robuste, autofertile, à baies rouges, jaunes ou blanches (sorbes). Forme en haute-tige pour les grands bacs. Plantez au pied des fraisiers ou d'autres végétaux bas. Les fruits restent très longtemps sur l'arbre. Récolte à partir de juillet.
Attention : les sorbes ne sont comestibles que cuites, crues elles sont très âcres.
Variétés : 'Joseph Rock', 'White Wax'.
Emplacement : ensoleillé à semi-ombragé ; en plein air ; protégez en hiver.
Culture : plantez de préférence des variétés greffées ; achetez des arbres nains déjà cultivés en conteneur et rempotez-les dans de grands récipients en utilisant un substrat profond.
Entretien : arrosez abondamment ; un paillage garde l'humidité du sol.
Soins : élaguez les rameaux morts pour empêcher la propagation du feu bactérien.

Prunellier
Prunus spinosa

Origine : Europe.
Botanique : arbuste envahissant à fruits à noyau et rameaux épineux. Abondantes fleurs blanches au printemps ; fruits (prunelles) bleu foncé en automne. Peut constituer une haie entre deux terrasses. Forme en pot des buissons de 1 m de haut. Les fruits ne sont comestibles qu'après un gel, une fois les substances amères décomposées ; on en fait de l'eau-de-vie.
Variétés : préférez les cultivars à gros fruits.
Emplacement : ensoleillé à semi-ombragé ; en plein air en hiver.

Sorbes sauvages.

Culture : achetez des plantes en conteneurs et rempotez-les dans un substrat poreux.
Entretien : forme en tige possible ; sinon, arbrisseau.
Soins : protégez le système racinaire contre les fortes gelées. Taillez les rameaux abîmés ou malades.

Les prunelles mûrissent en automne.

Sureau noir
Sambucus nigra

Origine : Europe.
Botanique : arbuste rustique à fleurs odorantes en ombelles au printemps et baies noires à la fin de l'été.
Attention : ne mangez pas les fruits crus !
Variétés : 'Variegata' est à feuillage panaché.
Emplacement : ensoleillé à semi-ombragé ; en plein air ; protégez en hiver.
Culture : plantez en grand bac, dans un substrat poreux.
Entretien : taille de rajeunissement ; formation en arbre nain possible.
Soins : élaguez les rameaux attaqués par les pucerons.

Églantier
Rosa canina

Origine : Europe, Asie.
Botanique : arbrisseau rustique et envahissant à rameaux épineux ; fleurs délicates au printemps et fruits (cynorrhodons) persistant en automne.
Emplacement : ensoleillé ; protégez en hiver.
Culture : rempotez dans un bac avec un substrat perméable.
Entretien : supporte une forte taille annuelle de rajeunissement.
Soins : supprimez toutes les pousses malades.

Églantier.

Sureau noir.

Myrtille
Vaccinium corymbosum

Origine : Amérique du Nord.
Botanique : petit arbuste robuste, autofertile, à fleurs en clochettes au printemps et grosses baies en été. Plante de tourbière réclamant un sol acide.

Les myrtilles sont riches en vitamines.

Emplacement : ensoleillé à semi-ombragé ; en plein air ; protégez en hiver.
Culture : plantez en bac dans un mélange de tourbe, d'aiguilles de pin, de sable et de terreau de feuilles.
Entretien : arrosez bien et fertilisez.

Fraisier
Fragaria vesca

Origine : Europe, Asie et Amérique du Nord.
Botanique : plante herbacée vivace, stolonifère, à fleurs blanches, fructifiant en été. Convient comme plante de balcon, associée à des légumes ou des annuelles.
Variétés : nombreux fraisiers des quatre saisons à fruits gros ou petits.
Emplacement : ensoleillé à semi-ombragé ; en hiver, protégez contre les fortes gelées.
Culture : multiplication facile par séparation des stolons. Peut se planter dans des récipients spéciaux ou au pied de plantes ligneuses.
Entretien : apportez humus et engrais. Au printemps, éliminez les feuilles fanées.
Soins : supprimez les parties malades et plantez sur paille pour éviter la pourriture grise.

Les fraisiers fructifient abondamment dès la première année.

Rhubarbe
Rheum rhaponticum

Origine : Chine.
Botanique : plante herbacée vivace cultivée pour les pétioles de ses grandes feuilles ; le limbe ne doit pas être consommé.
Variétés : variétés à pétioles rouges ou verts.

Les pétioles de rhubarbe se consomment cuits.

Emplacement : ensoleillé à semi-ombragé.
Culture : multiplication par division du rhizome ; plantez dans de grands bacs.
Entretien : enlevez les feuilles fanées ; ne coupez pas trop de pétioles pour qu'il reste des réserves.

Agrumes
Citrus ssp.

Origine : Extrême-Orient.
Botanique : espèces et cultivars portent des feuilles persistantes coriaces, des fleurs parfumées ainsi que des fruits jaunes ou orange. Le citronnier *(C. limon)*, le mandarinier *(C. reticulata)* et le calamondin (hybride de mandarine et de kumquat) sont les plus adaptés.
Emplacement : ensoleillé à semi-ombragé ; à hiverner dans une pièce fraîche, claire.
Culture : les plantes issues de semis fructifient mal. Greffage en écusson ou en fente. À planter en bacs dans une terre argileuse et riche.
Soins : nécessite un engrais riche en fer pour éviter le jaunissement des feuilles. Rempotez dans une terre non calcaire et arrosez avec de l'eau de pluie.

Le kumquat porte de petits fruits.

Kumquat
Fortunella japonica

Origine : Extrême-Orient.
Botanique : espèce de faible croissance initialement classée dans le genre *Citrus*, à petits fruits orange comestibles avec leur peau. Supporte parfaitement bien de passer l'hiver dans un local d'habitation.
Variétés : outre le type, il existe aussi des hybrides avec d'autres agrumes (tel le limequat).
Emplacement : clair à très ensoleillé ; en hiver, placez à l'abri du gel, à la lumière.

Le citron est un antiseptique naturel.

Culture : multiplication par bouturage ; on obtient alors beaucoup de plants fructifères. Plantez dans une terre standard non calcaire et légèrement acide.
Entretien : maintenez le substrat humide toute l'année, mais non détrempé. Dans une pièce chauffée en hiver, aspergez avec de l'eau non calcaire (eau de pluie, par exemple).
Soins : contre la chlorose (feuilles jaunes), utilisez un engrais riche en fer. Aérez fréquemment pour prévenir les attaques d'araignées rouges.

Figuier commun

Ficus carica

Origine : région méditerranéenne.
Botanique : arbre ou arbuste à feuillage persistant de grande vitalité. Peu résistant au gel. Les figuiers sauvages ont besoin d'un hyménoptère particulier pour être fécondés. Les cultivars sont autofertiles. Les figuiers peuvent vivre longtemps en pots. Les variétés à figues noires sont particulièrement décoratives.
Variétés : à figues blanches ou noires ; les figuiers sauvages ne fructifient que dans la région méditerranéenne.
Emplacement : ensoleillé à semi-ombragé ; en plein air, avec une bonne protection en hiver.
Culture : plantez en grand bac dans un substrat poreux et un peu de terre glaise.
Entretien : taille de formation et de rajeunissement. Pour former une haute-tige, choisissez un plant avec une pousse centrale bien droite et élaguez les autres pousses. Tuteurez jusqu'à ce qu'elle se lignifie et tienne toute seule. Les nouvelles pousses latérales et les rejets sortis du sol doivent être éliminés.

Les figues se forment à l'aisselle des feuilles.

Dès que le tronc a atteint la hauteur voulue, écimez-le. Les bourgeons situés au-dessous du point d'écimage donneront des rameaux qui se développeront en branches latérales. Badigeonnez les plaies de taille avec du mastic cicatrisant.

Les fruits mûrissent à l'automne.

Amandes sur la branche.

Néflier du Japon.

Amandier

Prunus dulcis,
P. amygdalus

Origine : Asie, région méditerranéenne.
Botanique : petit arbre portant à la fin de l'hiver des fleurs délicates et, en automne, des fruits durs à peau veloutée restant souvent sur l'arbre durant l'hiver.
Variétés : 'Lauranne', 'Ferragnes', etc.
Emplacement : ensoleillé, protégé du vent ; à rentrer l'hiver dans un local clair et frais.
Culture : les plants greffés se rempotent en bac dans un substrat poreux ; pour la fécondation, utilisez plusieurs variétés, mais aussi des pêchers.
Entretien : hormis la taille de formation, pas d'intervention particulière.
Soins : protégez l'arbre du gel en cas de floraison précoce. Surveillez les attaques de pucerons en inspectant le revers des feuilles.

Néflier du Japon ou bibacier

Eriobotrya japonica

Origine : Extrême-Orient.
Botanique : petit arbre à grandes feuilles persistantes cotonneuses. Espèce fruitière bien adaptée à la culture en pots. Fleurit en automne et fructifie en hiver.
Variétés : formes sauvages pour la plupart.
Emplacement : ensoleillé à semi-ombragé ; à rentrer l'hiver dans un lieu frais, mais clair.
Culture : rempotez en bac ; développement luxuriant et fructification uniquement dans des récipients volumineux.
Entretien : hormis la protection contre le gel, pas d'intervention particulière.
Soins : plante ligneuse robuste ne nécessitant aucun traitement particulier.

Passiflore

Passiflora edulis, P. quadrangularis

Origine : Amérique du Sud.
Botanique : grimpante persistante à fleurs autofertiles et fruits sphériques ou ovoïdes. Les grandes fleurs s'épanouissent en toutes circonstances et tiennent longtemps, mais la plante ne fructifie que quand les conditions sont optimales. Elle convient parfaitement bien pour masquer la vue entre deux balcons voisins et peut se cultiver en appartement.
Variétés : *P. quadrangularis* présente des fruits très gros.
Emplacement : en été, très ensoleillé ; en hiver, placez en lieu chaud et clair.
Culture : multiplication possible par semis de graines ou par bouturage ; plantez en bac dans un substrat poreux.
Entretien : formation sur un espalier et taille des rameaux longs. Au printemps, une taille annuelle est possible sur la souche en laissant quelques bourgeons, ce qui stimule de nouveaux rejets.
Soins : arrosez abondamment au printemps et en été.

Figuier de Barbarie

Opuntia ficus-indica

Origine : Mexique ; répandu dans toutes les régions chaudes et sèches du globe.
Botanique : Cactacée en raquettes à belles fleurs en été et fruits juteux en automne. Les figues de Barbarie renferment une chair jaune orangé que l'on consomme nature, en compote ou en sorbet.
Attention : prenez et frottez les fruits avec un torchon car ils portent de fins aiguillons.
Emplacement : en été, très ensoleillé ; à rentrer l'hiver dans une pièce fraîche et claire.
Culture : multiplication à partir de graines possible. Plantez en bacs dans un substrat perméable et sableux.
Entretien : a besoin d'un temps de repos au frais en hiver, sinon la floraison n'est pas abondante. À cette époque, maintenez-le le plus possible au sec.
Soins : abritez-le des pluies persistantes.

Fleurs de passiflore.

Fruits du figuier de Barbarie.

Créer un mini-verger

Les cultures fruitières ne sont pas seulement des plantes « utiles ». Grâce à leurs fleurs et fruits, elles permettent aussi d'enrichir la décoration d'un balcon ou d'une terrasse. Dans les pages suivantes, vous trouverez des conseils pour choisir des récipients adaptés à ces végétaux, ainsi que des suggestions d'aménagement pour les combiner au mieux avec d'autres plantes en bacs ou des annuelles.

Ci-dessus : les cornouilles mûrissent en été.
À gauche : on peut faire de son balcon un espace luxuriant en jouant sur les couleurs et les volumes.

Les formes de croissance

Les formes fruitières, obtenues par la taille, cherchent à établir le meilleur équilibre entre croissance végétative et fructification. Elles varient selon les espèces et selon l'utilisation que l'on veut faire de l'arbre. Ainsi, les guigniers en haute-tige se développent avec une large couronne, tandis que la ramure des pommiers en buisson touche le sol. Les poiriers produisent de même un tronc densément ramifié. Les pruniers (quetsches, mirabelles et reines-claudes) présentent une couronne compacte soutenue par un petit tronc bas. Les pêchers nains ont tendance à être touffus, leur branchage n'est pas solide. Au contraire, les abricotiers en buisson se caractérisent par leur croissance réduite et leurs fortes branches. Les espèces à baies restent par nature basses et buissonnantes. On peut néanmoins les former en tige. La vigne et le kiwi se distinguent des autres plantes fruitières par leurs rameaux dotés de vrilles ou de crampons.

Arbres à couronne ou en espalier

Il n'y a en principe pas de place sur un balcon pour les arbres à couronne en haute-tige. De plus, les cultivars à faible croissance que l'on utilise de préférence pour les cultures fruitières en pots ne forment de toute façon que des arbres nains. Il ne sera donc question ici que d'arbres en buisson ou en basse-tige. La formation commence dès le choix du plant. Les petits pommiers, poiriers, cognassiers, cerisiers ou pruniers doivent déjà avoir des branches bien disposées et par conséquent la forme de couronne souhaitée.
Si l'on désire obtenir une petite couronne arrondie, ce qui se rapproche le plus de la nature de l'arbre, le plant doit avoir une tige centrale verticale et trois ou quatre branches latérales, orientées dans différentes directions.
La hauteur de la couronne sera déterminée par le choix du plant. Par exemple, quand les branches latérales seront portées par un tronc haut de 40 à 60 cm, la future couronne se développera à la même hauteur. Entre 80 cm et 1 m de haut, la couronne sera proportionnellement plus haute.

Les arbrisseaux

Les arbrisseaux utilisés sont pour la plupart des espèces à baies, comme les groseilliers, ou des plantes ligneuses buissonnantes tel le cognassier du Japon, qui par nature se développe par rejets à partir d'une souche. On les trouve presque toute l'année sous forme de plants en conteneurs. Ils sont déjà adaptés à la culture dans des récipients et peuvent être installés sur le balcon ou la terrasse à tout moment, y compris en pleine floraison ou fructification.
Ces plantes en conteneurs n'ont d'ailleurs pas besoin d'être taillées, pour autant que la touffe de racines ne soit pas endommagée lors du rempotage dans un récipient plus grand. La souche pourra sans problème continuer à approvisionner les pousses.
Les plantes en bacs, tels les figuiers, citronniers ou néfliers du Japon, sont généralement arbustives ou ne développent que de petits troncs.
Les plantes en conteneurs coûtent un peu plus cher que celles qui sont vendues en mottes ou à racines nues. Ces dernières doivent cependant subir une forte taille avant d'être mises en terre, sinon elles ne s'établissent pas correctement. En outre, l'époque durant laquelle on peut les mettre en place est plus limitée : la plantation doit avoir lieu en dehors de la période de végétation, en général vers la fin de l'automne ou de l'hiver.

Pommier en espalier.

Les plantes grimpantes

Pour couvrir de verdure la balustrade d'un balcon, une cloison masquant la vue ou des espaliers, les plantes grimpantes sont idéales.
Il peut s'agir d'une vigne, d'un kiwi, d'un mûrier ou d'une plantation associant différentes espèces. Ces végétaux se différencient par leur mode de croissance. Le mûrier issu de la ronce fait partie des plantes sarmenteuses. Ses rameaux épineux peuvent s'appuyer sur des supports de palissage à claire-voie. La vigne s'agrippera avec ses vrilles sur un treillis. Le kiwi enlacera le treillage. Vous pourrez par exemple le conduire sur la balustrade du balcon ou sur des cordes tendues.
N'oubliez pas que dans tous les cas, les supports devront soutenir un poids important. Il vous faudra donc prévoir des armatures avec une capacité de charge suffisante. Lorsque les plantes grimpantes partent du sol et sont palissées jusqu'au balcon, elles ont besoin d'un support solide et durable.

Les plantes herbacées

La rhubarbe et le fraisier sont deux plantes herbacées qui donnent de bons résultats lorsqu'on les cultive en pots. Les feuilles de la rhubarbe disparaissent en automne, mais le rhizome survit ; au printemps, il produit de nouvelles feuilles. En revanche, les fraisiers restent verts très longtemps et conservent même en hiver un bel aspect. Les fraisiers grimpants sont particulièrement recommandés sur un balcon. Ces cultivars ne développent pas de pousses traçantes, mais produisent de nombreux stolons qui s'étendent autour de la plante mère. Ils deviennent très luxuriants lorsqu'on les installe dans des pots spéciaux pourvus de petits trous sur les côtés.
On peut aussi planter les fraisiers dans des paniers suspendus. Ils fleurissent et fructifient abondamment dès la première année et produisent de nouveaux stolons au printemps, après avoir été mis à l'abri en hiver.

Les récipients

Pour que vos plantes puissent produire des fruits, les récipients dans lesquels vous les installerez doivent avoir une taille convenable. Outre le volume, faites attention à la matière (résistance au gel, imputrescibilité, stabilité, poids). Il en existe en terre cuite, plâtre, béton, pierre naturelle, bois ou plastique.

Les modèles en terre cuite

Ils ont fait leurs preuves et sont très beaux. Ils sont composés d'argile cuite à très haute température et résistent bien au gel, mais ont l'inconvénient d'être lourds et fragiles. Pour limiter les déperditions en eau, préférez les pots vernissés intérieurement. Les récipients en plâtre ont des qualités similaires. Ils conviennent bien pour les jardinières.

Les bacs en béton pur ou mélangé

Tout comme ceux qui sont en pierre naturelle, ils sont très solides et résistants aux intempéries, mais ils sont lourds et ne trouvent leur place que sur une terrasse.

Les caisses et les bacs en bois

Ils ont, comme la poterie, un intérêt décoratif, surtout s'ils sont fabriqués avec un bois précieux. Grâce à des armatures appropriées, ils sont tout à fait transportables. Sachez toutefois que même le bois imprégné n'est pas complètement imputrescible. Au bout de quelques années, ces récipients devront donc être remplacés.

Conseil : vous pouvez aussi fabriquer vous-même des bacs en bois à partir de grosses planches coupées à la bonne dimension et vissées les unes aux autres.

Les récipients en plastique

Ce sont les plus vendus, parce qu'ils sont imputrescibles, légers, solides et ne craignent pas le gel, mais ils manquent parfois de stabilité. En plus des bacs et des caisses ordinaires du commerce, il existe aussi des articles très décoratifs, qui imitent très bien les récipients en terre cuite ou en bois.

Les substrats

Du fait que le volume de terre est réduit, le substrat que vous offrirez à vos plantes devra être aussi adapté que possible à leurs besoins. Dans une terre de jardin ordinaire, les plantes en pots ont en effet peu de chance de prospérer. Au jardin, le sol est continuellement brassé et aéré par des micro-organismes, mais dans un pot il se tasse vite et durcit. Le constituant principal du substrat pour plantes vendu dans le commerce est la tourbe. Il peut s'agir de tourbe blonde ou brune, la seconde étant plus riche en matières organiques que la première. Contrairement à la terre de jardin, la tourbe reste poreuse, ce qui améliore bien sûr l'aération, les capacités de stockage, l'écoulement de l'eau et par conséquent la croissance des racines. Mais, revers de la médaille, c'est aussi un matériau pauvre en éléments nutritifs qui ne convient pas à toutes les plantes.

Substrat standard sans tourbe

Vous pouvez préparer vous-même un substrat standard sans tourbe qui satisfera les besoins de la plupart des plantes. Dans le commerce, on vend à cet effet les matières d'appoint nécessaires, constituées de minéraux, comme l'argile expansée, qui gonfle à haute température et est ensuite concassée. Ils sont stables et améliorent durablement l'aération et la porosité du substrat.

Conseil : les gros sacs du commerce des matériaux de construction sont beaucoup moins chers que les petits paquets des mêmes produits vendus en jardineries.

Les pots en terre cuite sont de très beaux objets.

Pour un substrat standard, qui réussit bien à la plupart des cultures fruitières, vous mélangerez un tiers de matières d'appoint avec un tiers de terreau et un tiers de terre de jardin argileuse. Le terreau et la terre de jardin argileuse serviront de fertilisants. Les matières d'appoint minérales augmenteront les capacités de stockage et l'aération.

Suivant l'espèce végétale, ce substrat peut être modifié. Ainsi, pour les agrumes et les figuiers nains, vous ajouterez un peu plus de terre argileuse, tandis que les pommiers recevront une plus grande proportion de terreau.

Substrat tourbeux

Certaines plantes de tourbières (telles les myrtilles) demandent un substrat sans calcaire ou acide, constitué essentiellement de tourbe (ce produit naturel fibreux a en effet un pH bas). Vous pouvez utiliser à cet effet les mélanges du commerce, ou remplacer la tourbe par des matières substitutives sans calcaire. Pour cela, vous mélangerez à parts égales un terreau de feuilles, du sable, des aiguilles de pins bien décomposées et un terreau d'écorces.

Les associations de plantes

L'arrangement des cultures fruitières et l'aménagement de votre balcon ou de votre terrasse sont bien sûr laissés à votre libre appréciation, mais vous devrez prendre en compte quelques principes horticoles. Ainsi, s'il est tout à fait envisageable de planter des fraisiers au pied d'un pommier nain, lorsque les deux espèces ont assez d'espace pour développer leurs racines, il faut savoir qu'à long terme, le pommier nain exigera un grand bac ou une caisse, dans lesquels il n'y aura alors plus de place pour d'autres cultures.

Conseil : si n'êtes pas sûr des possibilités offertes quant à la surface disponible, faites un petit croquis incluant toutes les données.

Les compositions en bacs

Les récipients spacieux, dans lesquels on place davantage de végétaux, font plus d'effet et sont plus faciles à entretenir. De tels bacs doivent cependant contenir plus de 100 litres de substrat pour offrir assez de place aux racines. Cette formule est avantageuse lorsqu'une plante ligneuse est combinée avec une herbacée. Ainsi, la capucine s'accorde bien avec les pommiers nains, le pêcher et les fraisiers font bon ménage, et l'on peut planter de la sauge à côté d'une vigne. Ces grands récipients conviennent parfaitement pour les cultures particulières comme les plantes de tourbières, qui ont besoin d'un substrat acide. On peut par exemple planter ensemble myrtilles, airelle rouge et gaulthérias. Il suffit dans ce cas de remplir les bacs avec un substrat tourbeux.

Les baquets

Pour regrouper davantage d'espèces différentes, on peut aussi utiliser de grands baquets remplis d'une matière appropriée. Cela peut être de l'argile expansée ou un autre remblai minéral. Les plantes en bacs sélectionnées sont disposées, dans leur propre contenant, à intervalles convenables. De cette façon, elles sont bien fixées et peuvent résister au vent, et leurs racines n'entrent pas en concurrence. En outre, le remblai réduit l'évaporation et maintient l'humidité du sol. Les baquets de ce type sont bien adaptés pour les plantes méridionales, comme les agrumes ou le figuier. On les y installe au printemps et on les retire facilement en automne pour les mettre à l'abri en hiver. Ces dispositifs nécessitent bien sûr beaucoup de place. Ils sont parfois déjà intégrés dans l'architecture des grands balcons. Si la surface le permet, on peut les fabriquer soi-même en briques ou en agglomérés de béton.

Les anneaux de béton

Ces vastes jardinières rondes, dont il existe de nombreux modèles dans le commerce des matériaux de construction, ont fait leurs preuves, car elles sont très résistantes aux intempéries et très solides. Toutefois, elles chargent un balcon d'un énorme poids et conviennent mieux pour une assise au niveau du sol, une terrasse par exemple. Plusieurs plantes peuvent y trouver leur place. Un poirier nain peut ainsi être installé au centre et entouré d'arbrisseaux à baies. Le très grand espace disponible pour les racines offre à toutes les plantes des conditions de croissance favorables.

Conseil : si le béton gris vous déplaît, une couche de peinture pour façade, de la même couleur que la maison d'habitation, fera merveille.

Les fleurs du pêcher s'épanouissent au printemps.

Association de plantes méditerranéennes avec un figuier, des kumquats et des orangers nains.

Le croquis de plantation

Un simple croquis peut dès l'achat être très utile et vous permettre de faire des économies. Quand vous dessinez les plantes souhaitées, tenez compte de leur taille définitive. Lisez les descriptions des plantes et consultez les catalogues ; ils permettent de comparer les prix. L'oranger nain que vous désirez acheter, mais qui est cher, peut ainsi être remplacé par un petit figuier équivalent mais meilleur marché. Dans votre croquis, prenez aussi en considération des éléments d'aménagement comme un fauteuil.

Si vous avez préparé votre visite chez le pépiniériste en établissant une liste de plantes adaptées à la configuration de votre balcon et aux conditions que vous pouvez leur offrir, le choix des espèces ainsi que la consultation du personnel qualifié sur place s'en trouveront facilités.

Le vendeur vous proposera peut-être quelques plantes particulières auxquelles vous n'aviez pas pensé, mais prenez le temps de la réflexion et n'oubliez pas que les prix augmentent vite en fonction de la taille des plantes.

Associer les plantes

Le mieux est de commencer à imaginer l'aménagement de votre balcon ou de votre terrasse dans une jardinerie, où vous pourrez rassembler les plantes que vous avez choisies pour juger de l'effet produit par l'ensemble. Les plantes élevées en conteneurs facilitent cette opération. Quelques spécimens suffisent généralement, surtout s'il s'agit de plantes ligneuses : un pommier, un poirier ou un cognassier peuvent déjà occuper un coin de balcon. En regroupant les plantes, ayez toujours à l'esprit la surface disponible.
Votre association végétale reposera sur une plante « phare » qui déterminera le reste de l'arrangement. Lorsque vous avez choisi un beau spécimen de l'espèce fruitière désirée, sortez-le de la jauge pour travailler plus librement. Vous allez pouvoir à présent sélectionner d'autres plantes et les ajouter. Un pommier nain ou un citronnier nain, par exemple, se combinent bien avec des plantes herbacées. Choisissez-en de beaux spécimens et regroupez-les autour de l'arbre nain. Complétez éventuellement l'arrangement avec des fleurs. Ceci fait, vous pourrez alors passer au choix des récipients appropriés avec leurs formes, couleurs et matières.
On peut ainsi créer une ambiance méditerranéenne sur un balcon ou sur une terrasse avec un citronnier nain associé à un figuier, une bougainvillée, un héliotrope et un laurier-rose.
Les plantes annuelles, de préférence à fleurs blanches ou bleues, apporteront une note de fraîcheur bienvenue.

Quelques combinaisons possibles

Les différents cultivars et variétés de chaque espèce peuvent être autant de sources d'inspiration. Un noisetier à feuilles pourpres ou un petit figuier à grandes feuilles rendent tout à fait bien à côté d'un agrume au feuillage vert clair. Vous pouvez bien sûr y associer des plantes à fleurs. Pensez aussi aux voisinages « utiles » : une capucine mettra un pommier à l'abri des pucerons, les cultures fruitières seront protégées par des œillets d'Inde, des soucis ou des légumes en pots. Une jardinière de pélargoniums contribuera quant à elle à égayer un ensemble vert de cultures fruitières. Suivant vos idées et vos goûts, vous pouvez créer les groupes de plantes les plus divers : associer un pommier avec des plantes herbacées à un poirier avec des annuelles à fleurs blanches, ou encore une vigne à de la sauge, une myrtille ou une airelle rouge à une bruyère.

Faire grimper des plantes

Vous pouvez également aménager votre mini-verger avec des grimpantes fructifères. Si votre balcon surplombe un jardin qui vous appartient, il vous suffira de planter en pleine terre une vigne ou un kiwi et de les faire grimper le long du balcon. Cela vous permettra de faire l'économie de récipients et limitera les soins à apporter, les plantes enracinées dans le sol pouvant par elles-mêmes aller chercher les substances nutritives et l'eau qui leur sont nécessaires.

Le petit jardin de rapport

Grâce aux cultures fruitières et aux plantes potagères en pots, on peut installer sur un balcon un véritable « mini-jardin ». Aux arbres fruitiers peuvent ainsi s'ajouter tomates, courges, poivrons, salades et herbes aromatiques.
Choisissez de belles jardinières en terre cuite, ou des bacs rustiques, qui apporteront une note colorée et champêtre à votre décor.

Culture et soins

Contrairement à la plupart des plantes potagères, qui ne fructifient qu'une seule année et meurent à la fin de la saison, les cultures fruitières peuvent vivre très longtemps en pots, grâce à des soins appropriés. Pour que votre verger à petite échelle soit couronné de succès, vous trouverez dans les pages suivantes des conseils pratiques pour entretenir, tailler, multiplier et soigner vos plantes.

Ci-dessus : les fraisiers fleurissent au printemps. À gauche : cassissier, fraisier, groseilliers rouge et à maquereau ou framboisier composent ici un charmant jardin des délices.

L'entretien tout au long de l'année

Printemps : les espèces méridionales sensibles au gel, comme les figuiers, les agrumes ou les amandiers, n'ont droit au grand air que lorsqu'il n'y a plus de risques de gelées. Elles ont besoin jusqu'à ce moment d'un maximum d'air frais et de lumière. Dès les premiers beaux jours, placez-les à l'extérieur pendant la journée, à l'ombre, car elles ne supportent pas encore le soleil direct. Les espèces rustiques, qui ont passé l'hiver protégées sur le balcon, le pot enterré dans le jardin ou dans une serre fraîche, retrouvent leur place habituelle en plein air. Elles supporteront de petites gelées tardives. Le début du printemps est l'époque favorable pour une taille qui stimule les rejets ; utilisez un sécateur. Avec l'allongement des jours, les plantes reprennent aussi leur croissance ou se fortifient. Apportez aux cultures fruitières des engrais qui favoriseront le bourgeonnement et arrosez régulièrement. L'époque qui précède le bourgeonnement est aussi opportune pour le rempotage.

Été : pendant la période de végétation et la fructification, toutes les cultures fruitières en pots ont besoin d'eau et d'éléments nutritifs. Taillez leurs rameaux. Éliminez ceux qui sont gênants dès leur formation, ou attachez-les à un support pour leur faire prendre la direction souhaitée. Tuteurez les rameaux terminaux lorsqu'ils sont encore souples, pour les mettre à l'abri des coups de vent. Traitez régulièrement contre les parasites et les maladies.

Automne : le temps de la récolte est fonction de l'espèce. Il commence dès l'été pour les fraises et se poursuit tard dans l'automne pour les coings, les nèfles et les kiwis. Jusqu'à cette époque, l'alimentation en eau ne doit pas être négligée. Étayez les plantes qui fructifient beaucoup. En automne, les cultures fruitières en pots ne reçoivent plus d'engrais. Toutes les espèces rustiques peuvent alors être rempotées. Pour les autres, le printemps est plus propice.

Hiver : il correspond pour toutes les plantes à la période de repos. Dès que des gelées sont annoncées, mettez à l'abri les espèces sensibles et n'arrosez que parcimonieusement. Les plantes robustes resteront le plus longtemps possible en plein air. Suivant les espèces, vous leur fournirez une protection adaptée contre le gel et, pendant le repos hivernal, suffisamment d'eau.

L'entretien suivant les besoins

L'entretien passe par un arrosage régulier et par une fertilisation suffisante (voir pages 164 et 169). Il faut aussi pouvoir déterminer le bon ou le mauvais état des plantes (page 174) et savoir quelle est la protection requise contre le gel suivant l'espèce (page 172). D'autre part, la taille ainsi que le tuteurage participent de manière importante à la formation (page 166). On peut ainsi donner à un pommier nain une forme buissonnante asymétrique aussi bien qu'une forme strictement en espalier. Le modelage aura des conséquences notables sur la productivité de l'arbre, une taille sévère incitant la plante à produire des fruits plus gros mais moins nombreux. Le jardinier proche de la nature pourra laisser pousser librement ses cultures fruitières en pots. Celui qui préfère les formes rigoureuses taillera les branches en conséquence. Cependant, une formation sévère exige aussi plus de temps, tout au moins durant les premières années.

Après la défloraison des tulipes et des violettes, on pourra planter au pied de ce pêcher des fleurs estivales, par exemple des pélargoniums à feuilles de lierre et des alysses odorantes, qui répandent un parfum intense pendant tout l'été.

Dans ce type de composition, des herbes aromatiques comme le thym ou la ciboulette peuvent aussi être associées à la capucine.

Cette vigne et ce pommier sont tous les deux très productifs.

La fertilisation

Les plantes en bacs ne disposent que d'un faible volume de terre et d'une quantité limitée de substances nutritives. Bien qu'elles puissent survivre pendant un certain temps sans engrais grâce à la photosynthèse (synthèse de matière organique à partir du gaz carbonique de l'air, de l'eau et des minéraux à l'aide de l'énergie solaire), une fertilisation adaptée produit un effet avantageux sur leur développement. Cependant, il ne faut pas plus d'engrais que ce qui sera consommé. On doit en outre tenir compte de la saison et de l'état des plantes. Pendant la période de repos végétatif, la fertilisation devient inutile et peut même se révéler néfaste, alors qu'au moment du bourgeonnement, des apports d'engrais seront les bienvenus. Après un rempotage dans un substrat neuf et riche en éléments nutritifs, la fertilisation n'est pas nécessaire. En revanche, des plantes placées depuis quelques années dans le même bac ont besoin d'engrais.

Les engrais

L'époque de la fertilisation dépend aussi du type d'engrais.

- *Les engrais minéraux* très solubles et qui agissent aussitôt après avoir été apportés ne devront être employés que durant la période de végétation (du printemps à la fin de l'été). Au-delà, ils stimuleraient la formation de rejets et de rameaux tendres incapables de résister à l'hiver. Pendant l'hiver, les engrais à action rapide sont de toute façon plus nocifs qu'utiles puisque, nous l'avons vu, de nombreuses plantes ont besoin d'une période de repos pour fructifier correctement.
- *Les engrais organiques* (compost, corne torréfiée, etc.) agissent d'une autre façon. Pour devenir disponibles pour les plantes, ils ont besoin d'être transformés par les organismes du sol. Ces engrais agissent lentement et en permanence, car les micro-organismes présents dans la terre du pot sont moins actifs que dans le sol d'un jardin. Vers de terre et petits insectes utiles

qui participent à cette transformation sont en effet rares dans les bacs à plantes. Si vous en trouvez dans les vôtres, ne les éliminez pas car ils n'endommagent pas les racines des plantes, ne consommant que des parties mortes.

Les engrais mixtes

Pour les cultures fruitières en particulier, on recommande d'utiliser des engrais mixtes : les éléments très solubles profitent tout de suite à leur floraison ou au développement de leurs fruits, tandis que ceux qui agissent lentement sont absorbés progressivement, assurant la croissance des rameaux et la formation des bourgeons pour l'année suivante. On peut par exemple associer un compost bien décomposé, auquel on aura ajouté de la corne torréfiée, de la chaux et de la poudre de roches, à un engrais complet minéral. Il existe également des produits prêts à l'emploi spécialement préparés pour les cultures fruitières en pots ou les plantes en bacs.

Quelle quantité apporter ?

Pour déterminer la quantité à distribuer, reportez-vous aux indications inscrites sur le paquet (par exemple, 100 g pour 10 litres de substrat). Si vous préparez vous-même votre mélange, le dosage se fera un peu au jugé : le substrat des pots a une certaine capacité de stockage (« pouvoir tampon »), de sorte qu'une fertilisation excessive occasionnelle ne provoque normalement pas de dommages, mais dans le doute, il vaut mieux commencer par des doses faibles, observer les réactions de la plante et adapter les apports suivants en conséquence.

Important : arrosez toujours les plantes avant de fertiliser, pour éviter de brûler les racines.

Quand rempoter ?

Lorsque les racines des plantes ont complètement envahi le substrat, on ne peut pratiquement plus donner les éléments nutritifs nécessaires avec un arrosoir ou un distributeur d'engrais, car la terre est indispensable pour le stockage.
Une motte entièrement formée de racines a besoin d'un nouveau pot avec un substrat neuf, sinon la plante fruitière commencera tôt ou tard à s'étioler. Le plus souvent, un bourgeonnement pauvre ou une faible fructification vous indiqueront que la plante manque d'éléments nutritifs ou d'espace pour ses racines. Le plus simple est de dépoter la motte pour juger de son état. Si, après avoir retiré avec précaution la plante de son récipient, vous constatez que des racines enserrent toute la motte dans un réseau serré, il est urgent de renouveler le substrat.

Comment procéder ?

Vous pouvez décider de rempoter une plante aussitôt après l'achat pour la transplanter dans un pot en terre cuite ou un bac, et profiter de cette occasion pour choisir un récipient plus grand. Retirez alors la plante de son pot, au besoin en le découpant pour éviter d'abîmer les racines. Assurez-vous que la marge soit suffisante entre la motte de racines et la paroi du nouveau contenant. Recouvrez l'orifice de drainage du nouveau bac avec un morceau de poterie ou un lit de fins graviers et déposez ensuite avec une couche de terreau. Placez la plante dans le pot et complétez avec le substrat. La profondeur de la plante se règle suivant la situation antérieure : le collet (naissance de la tige) doit se trouver au même niveau que précédemment. Tassez la terre de remplissage, puis arrosez abondamment.

Les plantes ligneuses forment, suivant l'espèce, la variété et l'emplacement, des arbres ou des arbustes de dimensions très variables. La taille que l'on pratiquera devra en tenir compte. Il est absurde de chercher à maintenir petit en le taillant un arbre qui par nature a une forte croissance : il tentera toujours de renouveler la matière perdue, et la poussée racinaire restera la même.
La silhouette de la plante doit aussi rester harmonieuse.

Taille de formation
(Illustration 1)
Dès l'achat, les plantes doivent être adaptées à la forme que vous souhaitez leur donner. Si par exemple vous aimeriez avoir un pommier en buisson, celui-ci doit déjà avoir une tige solide et une couronne bien ramifiée. Il ne sera alors pas difficile de lui donner une forme buissonnante. En revanche, il est possible, mais peu rationnel, de tailler un groseillier en tige, car le raccourcissement des rameaux stimule plutôt la ramification et une croissance buissonnante.
Sur un balcon, il ne peut être question que de plantes à port arbustif ou à couronne basse. Les hautes-tiges doivent être réservées aux grandes terrasses.

1. En le taillant à plusieurs reprises, on peut donner à un arbuste la forme d'un arbre nain.

2. Une taille d'hiver favorise le bourgeonnement au printemps. Rabattez (taillez) sévèrement les branches faibles, plus légèrement les autres.

Taille d'entretien
(Illustration 2)
Il faut savoir que plus la taille annuelle est forte, plus le bourgeonnement est vigoureux. Ce principe est mis à profit pour la formation des arbres fruitiers, sans qu'il s'agisse de couper de façon arbitraire n'importe quelles branches.
Dans certains cas, un pincement est préférable. Un jeune arbre, dont on a enlevé les branches gênantes proches du sol, met sa vigueur dans le développement des branches subsistantes.
La taille périodique sert donc à éliminer les branches gênantes ou trop nombreuses au profit de celles qui sont à conserver.

Comment procéder ?
(Illustrations 3 et 4)
Sachant que la taille au-dessus d'un bourgeon provoque son développement en une nouvelle pousse, on peut donner aux branches certaines directions. Quand on veut qu'une branche verticale se développe horizontalement, il faut simplement l'élaguer en biseau, juste au-dessus d'un bourgeon qui pointe à l'extérieur *(illustration 3)*.
Ce dernier produira ensuite un rameau plus ou moins horizontal *(illustration 4)*.
De cette façon, on peut aussi bien donner à la couronne une forme aérée assez libre (gobelet, fuseau) qu'une forme stricte dans laquelle les branches seront disposées en symétrie (espalier, cordon, palmette). Ce travail de formation peut être renforcé par le tuteurage ou bien par l'abaissement de jeunes rameaux encore souples.

3. Taillez en biseau juste au-dessus d'un bourgeon.

Époque de la taille
La période propice pour tailler est la fin de l'hiver ou le début du printemps, lorsque les branches sont défeuillées et bien visibles. Mais on peut pratiquer de petites interventions toute l'année, y compris en été. Le palissage doit avoir lieu quant à lui pendant la période de végétation, donc à partir du printemps, lorsque les plantes ligneuses sont en croissance.

4. Après la taille annuelle, les bourgeons donnent des rameaux vigoureux.

Adapter la taille à l'espèce
• Après leur formation, les arbres nains n'ont besoin que de quelques interventions. Lorsque la couronne ou l'arbuste a pris forme, contentez-vous d'éclaircir les rameaux gênants, en conduisant ceux que vous voulez conserver et en stimulant le développement de nouvelles pousses.
• Dans le cas des plantes à baies, il faut éliminer chaque année quelques vieux rameaux au niveau du sol, pour que de jeunes rameaux puissent se former (voir pages 140-141).
• Pour les arbres à fruits à noyau ou à pépins, une taille annuelle modérée des vieilles branches favorise le rajeunissement. Il doit cependant toujours rester suffisamment de vieilles branches fruitières.
• Pour ce qui est de la vigne et du kiwi, qui développent des branches fruitières à partir de jeunes rameaux, il ne faut pas couper dans le vieux bois. Pour ces deux espèces, vous devrez chaque année, à la fin de l'hiver, raccourcir les jeunes sarments souvent très longs sur les branches principales, en ne gardant que quelques bourgeons.
• Les cultures fruitières en pots peuvent par ailleurs subir les tailles utilisées en arboriculture fruitière (palmettes, espalier, gobelet, etc.) que nous évoquions plus haut. Ces techniques étant assez complexes, nous vous conseillons de consulter des ouvrages spécialisés.

Ce citronnier nain contraste joliment avec le fraisier planté à son pied.

L'approvisionnement en eau

Sur un balcon, où en général peu d'eau de pluie atteint la terre des pots, les plantes dépendent exclusivement de l'arrosage « artificiel ».
Les conditions paraissent plus favorables sur une terrasse, où les cultures peuvent recevoir beaucoup d'eau de pluie. Un pluviomètre bien placé vous indiquera avec précision les précipitations par mètre carré.
Dans le commerce, on trouve des appareils qui peuvent se révéler très utiles. L'hygromètre, grâce à un piquet bimétallique (avec une aiguille et un cadran gradué) que l'on enfonce dans le sol, indique la teneur en eau du substrat. S'il est combiné avec un pH-mètre, cet appareil permet aussi de mesurer le taux d'acidité ou d'alcalinité de la terre (le pH). Mais le besoin en eau des plantes peut être déterminé par des méthodes simples. En soupesant le pot, on peut savoir si la motte est humide ou sèche. L'aspect du substrat est également révélateur. En cas de sécheresse, il se rétracte et se décolle de la paroi du pot – ce que vous confirmeront des feuilles lâches et pendantes.
Certaines plantes peuvent vous rendre service : la ciboulette, plantée au pied des plantes ligneuses fruitières, se flétrira très vite en cas de sécheresse.

Aménager une réserve d'eau

L'eau d'arrosage idéale est l'eau de pluie. Elle est neutre, douce et à la température de l'air. Vous pouvez peut-être envisager de la stocker au moyen d'un collecteur d'eaux pluviales dans un réservoir situé près de la terrasse ou dans un tonneau sur le balcon. Vous disposerez ainsi d'une réserve que vous pourrez utiliser immédiatement en cas de besoin.
Si cet aménagement n'est pas réalisable, pensez à remplir vos arrosoirs quelques heures à l'avance afin que l'eau du robinet ait le temps de se réchauffer.

L'arrosage automatique

Au moment des vacances, si vous ne pouvez pas demander à un voisin ou des amis d'arroser vos plantes, vous devrez vous procurer un système d'arrosage.
Les dispositifs classiques comportent des tuyaux en plastique qui conduisent l'eau d'arrosage du réservoir ou du robinet jusqu'aux pots et la délivrent goutte à goutte. Des valves ouvrent ou ferment l'arrivée suivant les besoins.
De tels systèmes, vendus par différents fabricants, sont faciles à installer et sans entretien.
Avant l'achat, faites-vous bien expliquer leur fonctionnement et demandez si possible une démonstration. Pensez aussi à contrôler régulièrement tout le dispositif pour éviter qu'une buse bouchée ou des tuyaux poreux ne causent de funestes défaillances.

Le drainage

L'évacuation d'un trop-plein d'eau est tout aussi importante que l'arrosage.
Il faut dans tous les cas empêcher une rétention d'eau, qui peut provoquer toutes sortes de maladies.
C'est pourquoi les orifices d'écoulement au fond des récipients sont absolument indispensables. Ils peuvent également, par exemple dans le cas des jardinières, être percés à l'arrière, voire sur un côté. Les orifices doivent être assez grands, afin de ne pas s'obstruer. L'eau excédentaire qui s'écoule ne doit pas détériorer le revêtement du balcon ou de la terrasse. Pensez à glisser des soucoupes sous les récipients et à les vider régulièrement pour éviter la stagnation de l'eau.

Des pépins ou des noyaux semés germent plus ou moins vite suivant l'espèce :

- ceux des agrumes le font sans difficulté ;
- ceux des coings produisent presque à coup sûr des plantules *(illustration 1)* ;
- les noyaux de cerises mettent plusieurs mois à germer.

Les plants qui sont issus de graines ne reproduisent cependant que très rarement les caractères de l'arbre dont provient le fruit : les pommiers issus de semis donnent des fruits petits et durs, tout comme les poiriers, les cerisiers et d'autres arbres fruitiers. Ces plants (on les appelle des « francs ») ne servent en fait que de porte-greffe pour les variétés qui méritent d'être conservées. Trop vigoureux, ils ne conviennent que pour les agrumes, les cognassiers et d'autres plantes ligneuses fruitières qui par nature restent petites.

Greffer

(Illustration 1)

Le greffage demande une certaine pratique et est normalement réservé aux jardiniers professionnels. Il faut d'abord élever de jeunes porte-greffe

1. *À partir d'une pomme ou d'un coing mûrs, on obtient par semis des plants prêts à être greffés.*

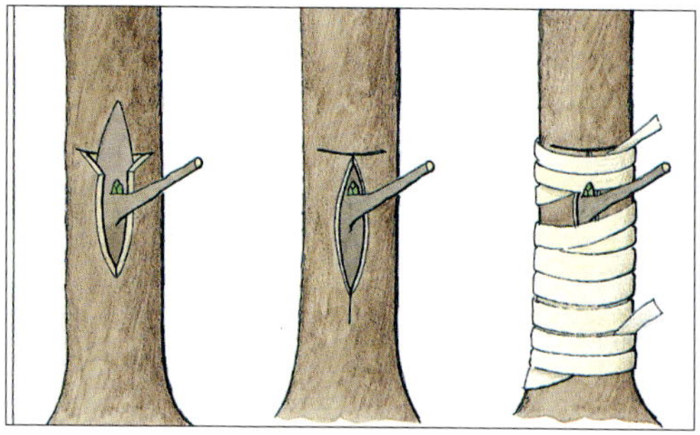

2. *On écussonne en insérant un fragment d'écorce portant un bourgeon (œil).*

issus de plants de cultures fruitières, à partir de pépins d'agrumes, de coings ou des fruits d'autres espèces à faible croissance.

Suivant le type de greffage, on greffe sur les porte-greffe soit un jeune rameau d'une bonne variété au printemps, soit un bourgeon en été. Dès que les porte-greffe issus de semis sont devenus aussi solides qu'un crayon, ils sont prêts à être greffées.

Écussonner

(Illustrations 2 et 3)

Pour écussonner en été, prélevez un jeune rameau sur une plante saine. Effeuillez-le avec un sécateur, en faisant attention à ne pas endommager les bourgeons qui se trouvent à l'aisselle des feuilles. Conservez de courts pétioles. Sur le porte-greffe, avec un couteau, pratiquez une incision en T dans l'écorce. Écartez doucement les deux morceaux d'écorce en les relevant avec le dos du couteau. Sur le rameau, prélevez un fragment plat d'écorce portant un bourgeon et insérez-le dans l'incision. Ligaturez ensuite avec du raphia

3. Dès qu'une pousse de la variété greffée s'est développée, on élague le porte-greffe.

ou bien en plastique *(illustration 4)*.
Dans le cas de la vigne, du figuier ou du sureau, l'enracinement réussit mieux avec de jeunes rameaux ligneux, coupés en hiver et enfoncés profondément dans un substrat sableux *(illustration 5)*.

Pour cela, on déterre en automne ou au printemps une souche vigoureuse et on la divise en parties bien pourvues en racines.

Époque
La multiplication par semis se réalise aussitôt après la fructification.

le greffon et le porte-greffe *(illustration 2)*. Le bourgeonnement aura lieu au printemps suivant. Si la greffe a réussi, traitez la jeune plante comme indiqué sur l'illustration 3.

Bouturer
(Illustrations 4 et 5)
Les groseilliers, les agrumes ainsi que les figuiers se multiplient bien par bouturage. On utilise pour cela les jeunes rameaux d'une plante mère saine. Une fois coupés et plantés dans un substrat sableux, ils développent de fines racines filamenteuses. La formation des racines est favorisée par une forte humidité de l'air, obtenue au moyen d'un couvercle transparent en verre

4. Les boutures d'été prennent racine sous un couvercle transparent.

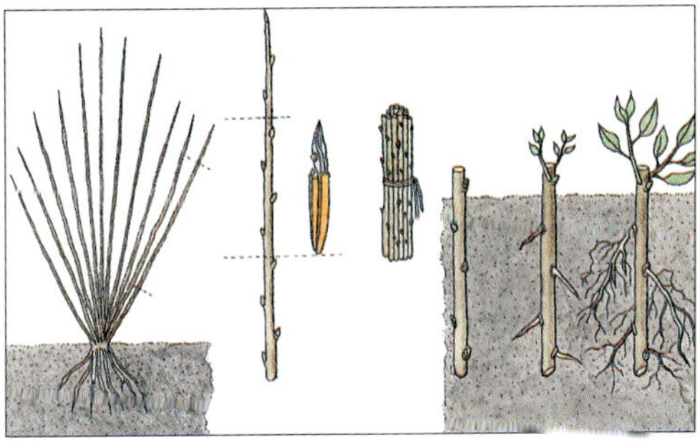

5. Les boutures en bois sec coupées en hiver s'enracinent dans la terre.

Stolons et division
Les fraisiers peuvent se propager en produisant des stolons qui se séparent de la plante mère. Ils prennent alors rapidement racine dans un substrat sableux. Pour la rhubarbe, la multiplication s'opère par division.

La meilleure période pour greffer est le printemps ou l'automne pour l'écussonnage. Les boutures prennent mieux racine en été, lorsque les jeunes pousses ne sont pas encore lignifiées. Les boutures en bois sec sont coupées à la fin de l'hiver.

Les plantes sensibles au gel

Après plusieurs hivers doux consécutifs, on a tendance à laisser plus ou moins sans protection les cultures fruitières en pots. Cela peut pourtant avoir de graves conséquences en cas de gelées imprévues. En effet, des périodes de froid sont possibles dès octobre et quelques nuits glaciales peuvent être fatales aux cultures fruitières méridionales. Les agrumes, les figuiers et les néfliers du Japon doivent donc être mis à l'abri en octobre, lorsque des gelées nocturnes sont annoncées. S'il fait doux, ils pourront bien sûr rester à l'extérieur, au moins durant la journée. Pour les espèces à feuilles persistantes, prévoyez une pièce claire et fraîche. La meilleure protection hivernale est un jardin d'hiver chauffé modérément. Une pièce non chauffée ou une cage d'escalier, pourvu qu'elles soient claires, peuvent aussi suffire. Du reste, les plantes en bacs sont souvent très attrayantes pendant le repos hivernal. Les agrumes et les néfliers du Japon peuvent même fleurir durant cette période. Mais ils reprennent surtout vigueur au printemps, après un hivernage soigneux.

Les espèces rustiques

Les pommiers nains, la vigne, les cognassiers, peuvent rester dehors, car ils ont besoin du froid pour leur repos hivernal. Ils bourgeonneraient trop tôt dans une maison et dépériraient. Cependant, ils ne doivent pas être exposés au gel en plein air. Contrairement aux plantes de plein champ, dont les racines sont bien protégées dans le sol, les cultures fruitières en pots sont en effet très vulnérables. De fortes gelées peuvent toucher et endommager leurs racines de manière irrémédiable.

Conseil : pour assurer une protection efficace, rapprochez les plantes sur le balcon ou la terrasse et couvrez les pots avec de la paille, des feuilles, du polystyrène expansé ou une autre matière isolante. Sous la couche protectrice, la terre doit rester légèrement humide, sans plus. Les grands bacs, qui ne peuvent pas être rapprochés, doivent être paillés individuellement, si le temps et l'espèce de la plante l'exigent (voir pages 134 à 149). Un matériau isolant léger, comme des plaques de polystyrène, peut être utilisé. Libre à vous de les décorer ou de les peindre pour les rendre plus esthétiques. Les parties aériennes des plantes seront enveloppées avec des voiles de protection en matériau synthétique, perméables à l'air, ou avec des paillassons (nattes de paille). Un matelas de feuilles préalablement entassées protégera du gel la base des rameaux. Les plantes ligneuses rustiques, comme l'églantier ou le prunellier, passent l'hiver sans protection aérienne particulière. Une isolation leur fait néanmoins du bien en cas de très grand froid. C'est aussi vrai pour les plantes herbacées comme le fraisier et la rhubarbe.

Rentrer les plantes

Dans les jardineries et les pépinières, les arbres fruitiers en pots sont soit plantés dans le sol, soit buttés avec de la tourbe ou des écorces. Une véranda peut aussi servir d'abri pour l'hiver. De même, vous pouvez planter vos arbres fruitiers nains dans une plate-bande libre du jardin ou, mieux encore, les placer dans une serre vide. Creusez un trou dans le sol à un endroit convenable puis, après y avoir placé les pots, comblez les bords du trou avec la terre enlevée. Des feuilles, avec lesquelles les arbres nains seront buttés, assureront une protection complémentaire.

Après la chute des feuilles, le pêcher nain sera placé dans un endroit abrité.

Acheter des plantes saines

La meilleure prophylaxie est encore de choisir des plantes saines adaptées à l'emplacement qui leur est destiné. Les espèces sensibles placées dans un endroit défavorable doivent sans cesse lutter contre maladies et parasites. En ce cas, même les meilleurs remèdes ne servent à rien.

Conseil : recherchez des cultivars ou variétés résistants aux maladies et achetez de préférence dans une pépinière. Tenez compte des indications relatives à leur culture et des conditions d'emplacement et d'entretien correspondantes. Pour les cultures fruitières méridionales en pots, il faut disposer d'un abri adéquat pour l'hivernage. Les plantes à fruits à noyau ou à pépins ont besoin d'un espace suffisant et de vastes récipients. Toutes les espèces doivent être régulièrement entretenues. Lorsqu'il y a un manque d'eau ou d'éléments nutritifs, des parasites et des maladies par carence font leur apparition.

La protection naturelle

Des cultures fruitières en pots saines et vigoureuses sont rarement sujettes aux parasites et aux maladies. Si pourtant cela arrive, avant d'avoir recours aux traitements chimiques, essayez d'intervenir de façon plus « écologique », par exemple en pulvérisant régulièrement de l'eau pour lutter contre les araignées rouges ou bien encore en coupant le rameau infesté de pucerons.
Certains auxiliaires naturels, comme les coccinelles et les perce-oreilles, éliminent également bon nombre d'insectes parasites, lorsqu'ils ont assez de temps pour s'établir.

Les plantes protectrices

Certaines plantes ont des propriétés répulsives ou des vertus curatives. Ainsi, l'odeur de l'ail éloigne les champignons. Les tomates font fuir les fourmis. Les œillets d'Inde tiennent à distance les anguillules des racines. Au besoin, on peut utiliser des infusions, préparées à partir de ces plantes médicinales : une infusion d'ail empêche les maladies cryptogamiques, une infusion de prêle renforce les tissus des plantes menacées.
Dans le commerce, on trouve des produits de traitement biologiques qui peuvent être utilisés immédiatement. Ayez-y recours autant que possible, car s'ils ne sont pas efficaces, ils ne laisseront pas tout au moins derrière eux des substances toxiques.

Prévention et traitements

Certaines cultures fruitières en pots doivent cependant recevoir un traitement plus radical, en cas de maladies des feuilles ou de pullulation de parasites. Ainsi, pour lutter contre la chlorose, qui est fréquente chez les agrumes, on effectue des apports d'engrais riches en fer. Si des vignes ou des pommiers nains sont attaqués par l'oïdium, on les débarrasse du feutrage indésirable avec des fongicides. Pour choisir le produit le plus adapté, faites-vous conseiller dans un commerce spécialisé et surtout respectez les doses préconisées.
Par endroits, les feuilles qui sont fortement parasitées peuvent tout simplement être supprimées avec un sécateur.

Les erreurs à éviter

Les erreurs d'entretien sont souvent plus dommageables que les insectes suceurs (pucerons et cochenilles) ou broyeurs, qui dans le cas des cultures fruitières en pots, sont assez faciles à contrôler. Sortir trop vite de l'abri hivernal par un temps très ensoleillé des agrumes et des néfliers

Les agrumes comptent parmi les plus beaux arbres fruitiers en pots, mais aussi les plus sensibles.

du Japon peut entraîner de graves brûlures des feuilles. Ces plantes sensibles seront sorties par ciel couvert, puis protégées par des toiles spéciales, ou d'abord placées dans un endroit à l'ombre.

Les soins en hiver

Alors que durant l'été les cultures fruitières en pots sont assez rarement attaquées par les parasites et les maladies (tant qu'elles sont bien soignées), le séjour dans leur abri hivernal pose souvent problème. Faites attention, surtout dans le cas des plantes à feuilles persistantes (agrumes, néflier du Japon), à ce qu'elles reçoivent le plus de lumière possible. Durant le repos végétatif, elles ont besoin de beaucoup moins d'eau qu'en été. Néanmoins, vous ne devez pas laisser la motte se dessécher complètement. Arrosez une ou deux fois par mois avec précaution et éliminez l'eau excédentaire. Enfin, aérez le local chaque fois qu'il fait doux (attention au gel et aux courants d'air !). Le renouvellement régulier de l'oxygène est efficace contre les araignées rouges, la formation de la pourriture grise et d'autres parasites.

Les plantes aromatiques

Avant-propos

Connaissez-vous le secret des plantes aromatiques – ces herbes parfumées dont l'arôme relevé donne la dernière touche de saveur à vos plats, les rend plus digestes, et dont le vert si frais et la floraison somptueuse sont un régal pour les yeux ?
Ceux qui aiment les plantes savent que les herbes aromatiques apportent santé et joie de vivre dans la maison.
Et quel plaisir de présenter à table des herbes fraîchement récoltées que l'on a cultivées soi-même ! Vous n'avez même pas besoin de posséder un jardin car de nombreuses espèces poussent très bien sur un balcon ou le rebord d'une fenêtre.
Ce petit guide vous indique tout ce que vous devez savoir pour réussir votre jardin d'herbes aromatiques. Les indications de l'auteur, spécialiste en la matière, sont claires et faciles à suivre. Même si vous ne savez pas encore jardiner, vous cueillerez bientôt vos propres herbes. Peu importe où vous choisissez de les cultiver, à la fenêtre, sur le balcon ou au jardin, les précieux conseils de Christine Recht vous accompagneront tout au long de l'année : comment les acheter, en graines ou en jeunes plants, comment les cultiver, quelles sont leurs exigences en lumière et en chaleur afin de leur offrir le meilleur emplacement, quel est le bon support de culture, quand les cueillir.
Les illustrations couleur vous montrent pas à pas comment semer, rempoter, arroser, même si vous n'avez encore aucune expérience.
Pour que votre jardin d'herbes aromatiques sorte de l'ordinaire, l'auteur vous donne une foule d'idées – à chaque fois illustrées – pour fabriquer une pyramide de plantes dans le jardin, ou encore une jardinière ou un support étagé pour le balcon ou la terrasse.
Vous trouverez aussi des conseils pour combattre efficacement les parasites et les maladies ainsi que des idées pour multiplier vos plants.
L'auteur vous explique à quel moment cueillir vos plantes condimentaires afin qu'elles vous donnent le meilleur de leur parfum et de leur goût.
Vous apprendrez aussi comment les conserver (séchage, congélation ou conserve) et quels plats elles accompagnent le mieux.
De superbes photos, réalisées spécialement pour ce guide, vont vous mettre en appétit et vous donner envie de jardiner.
Pour plus de facilité, vous trouverez pour chacune des plantes condimentaires les plus usitées une fiche nominative accompagnée de photos couleur.
Nous vous souhaitons beaucoup de plaisir à cultiver vos herbes pour réaliser des plats savoureux.

Pour cultiver vos propres plantes aromatiques, il n'est pas nécessaire de posséder un jardin, elles poussent très bien sur un balcon ou sur le rebord d'une fenêtre.

Où faire pousser vos plantes aromatiques ?

Elles mettent la dernière touche de saveur à un repas. Pour les utiliser fraîches, nul besoin de posséder un jardin. Faites-les pousser n'importe où, si vous disposez de soleil et de chaleur : sur le balcon, la terrasse, dans l'arrière cour, et même devant la fenêtre, à l'intérieur. Partout où vous pouvez trouver un petit coin qui se prête à la culture de vos herbes. En voici quelques exemples.

Sur le balcon ou la terrasse

Les plantes aromatiques n'ont pas beaucoup d'exigences, elles sont souvent plus rustiques que beaucoup de fleurs de balcon. Elles poussent facilement en bacs et en pots, mais il faut bien avouer que certaines ne deviendront jamais aussi grandes dans ces récipients qu'en pleine terre au jardin. Leur arôme s'épanouira avec la même générosité sur le balcon ou la terrasse.
De nos jours, quel appartement, en ville ou à la campagne, n'a pas un balcon, une terrasse ou un rebord de fenêtre ? Il est donc toujours possible de cultiver quelques herbes chez soi.
Vous serez étonné du nombre de plantes que l'on peut faire pousser sur un tout petit espace et de la générosité de la récolte obtenue si vous suivez nos conseils (voir page 199). Si vous possédez une terrasse de plain-pied, reportez vous à nos conseils page 183.

Le bon emplacement
L'exposition au sud : elle est la meilleure pour les plantes de plein soleil. Les plantes de mi-ombre devront être installées de telle sorte qu'elles ne soient pas toute la journée au soleil mais à l'ombre d'autres plantes ou à l'abri de la chaleur de midi. Vous trouverez pour chaque espèce toutes les indications concernant ses besoins en lumière et en chaleur dans sa fiche nominative (pages 214 à 233).
L'exposition à l'ouest ou à l'est : elle est favorable à la plupart des plantes condimentaires. Celles qui ont besoin de chaleur seront placées directement le long d'un mur qui reçoit le soleil plusieurs heures. La nuit, il leur restituera progressivement la chaleur emmagasinée le jour.
L'exposition au nord : elle est déconseillée pour les plantes condimentaires. Vous pourrez cultiver du cresson de fontaine ou de la ciboulette, mais pas les plantes qui ont besoin de soleil.
Le problème du vent : il se pose surtout pour les balcons élevés (à partir du cinquième étage) ou ceux qui sont en relief sur la façade de l'immeuble. N'accrochez jamais vos jardinières à l'extérieur de la rambarde, les herbes craignent les courants d'air violents. Le meilleur emplacement se situe à l'intérieur de la rambarde, et c'est près d'un mur que vos plantes seront le mieux protégées du vent.

Attention au poids !
Celui des bacs et jardinières, bien sûr. C'est un point important à considérer quand on veut cultiver des plantes sur le balcon ou la terrasse. Les plantes en elles-mêmes ne sont pas bien lourdes, mais ne sous-estimez pas le poids du bac et de la terre, qui augmente de moitié quand vous arrosez abondamment.
La charge autorisée : elle est d'environ 250 kg par mètre carré, dont il faut retirer le poids du revêtement de sol. Dans le doute, prenez conseil ou consultez les plans de votre immeuble.

Les meilleurs récipients pour le balcon ou la terrasse

L'offre est grande et vous trouverez sans nul doute ce qui convient le mieux à votre balcon ou votre terrasse. Vous pouvez d'ailleurs les fabriquer vous-même, comme ce guide vous y invite.

Les pots de fleurs
La plupart des plantes condimentaires y pousseront facilement.
La taille : elle doit être suffisamment grande et le pot assez profond pour les sujets qui ont des racines en motte compacte ou en pivot. Ceux dont les racines sont superficielles (thym, persil) poussent très bien en terrines. Règle fondamentale :

Un escalier ensoleillé est l'emplacement idéal pour vos herbes aromatiques. Elles apprécient les pots de terre.

plus le pot est grand, plus votre plante se développera. Si vous ne fournissez à votre plante qu'un pot de 12 cm de diamètre, ne vous attendez pas à la voir croître vigoureusement ; le pot doit avoir au moins 20 cm de diamètre.

Les pots de terre : ils conviennent en principe mieux aux plantes condimentaires que les pots en plastique. La plupart des herbes préfèrent un sol plutôt sec et les pores minuscules de la terre cuite laissent échapper beaucoup d'humidité.

Les pots en plastique : ils ne laissent évaporer l'eau que par la surface du substrat. Ils ne conviennent donc que pour les plantes qui aiment l'humidité : persil ou ciboulette.

L'emplacement : si vous voulez cultiver un certain nombre de plantes condimentaires, les pots risquent de prendre beaucoup de place.

Voici quelques solutions :

- étagez-les, en plaçant, par exemple, sur un banc, en haut les plantes qui aiment le soleil, et en bas celles qui préfèrent la mi-ombre ;
- vous pouvez aussi organiser une étagère sur la même principie (voir illustration page 185) ;
- installez sur la largeur de votre balcon un support avec trois marches, facile à fabriquer vous-même si vous disposez de quelques planches solides ;
- le rebord extérieur de la fenêtre qui donne sur le balcon est un bon emplacement pour les herbes en pots. On peut les associer à des potées fleuries.

Un bac en bois sur roulettes

Taillez le fond, les côtés et la partie supérieure (à l'aide d'une boîte à onglets), percez les trous d'écoulement dans le fond. Assemblez et vissez les côtés, puis collez-les sur le fond afin qu'ils dépassent un peu, mais sans toucher les roulettes. Assemblez le rebord supérieur par collage et vissage, puis enduisez l'intérieur de silicone.

Les jardinières
Elles vous permettent d'économiser de l'espace sur votre balcon. Dans un bac suffisamment grand, vous pouvez cultiver une grande quantité d'herbes différentes.
La taille : le bac doit être assez grand et profond pour que les racines des plantes y trouvent place. Dans un bac de 60 cm sur 40 cm, vous pouvez faire pousser au moins cinq plantes.
Le matériau : les bacs en bois sont beaux, mais on trouve aussi de très jolis contenants en plastique. A l'inverse des pots individuels, ce matériau est même préférable pour les jardinières de grande taille, puisque l'eau va s'évaporer moins vite (la surface du sol est importante). Les bacs en ciment sont trop lourds pour le balcon.
L'emplacement : on trouve des jardinières de toutes tailles et de toutes formes dans le commerce. Profitez en : un bac triangulaire occupera intelligemment un angle, des petits bacs hexagonaux mis côte à côte forment un jardin. Les jardinières rondes prennent beaucoup de place. On peut tout à fait utiliser les jardinières pour fleurs de balcon pour y faire pousser des plantes condimentaires. Accrochez-les à la rambarde ou placez-les sur des supports étagés ou sur le rebord de la fenêtre.
Fabriquez vous-même votre jardinière en bois (illustration ci-dessus).
Respectez les points suivants :
- le bois dur (chêne ou hêtre) résiste plus longtemps que le bois tendre (sapin ou pin) ;
- assemblez les diverses parties par tenons et mortaises ou avec des vis inoxydables. Les clous rouillent très vite ;
- prévoyez des trous dans le fond du bac pour l'écoulement de l'eau, et placez la jardinière sur des petits pieds ou des roulettes afin que l'air circule toujours facilement en dessous. Si le fond reste humide en permanence, il va pourrir en peu de temps ;
- badigeonnez l'intérieur de votre jardinière avec un produit qui n'est pas nocif pour les plantes ou avec du silicone. Si vous le chemisez d'un feuillet plastique, faites-le uniquement sur les côtés, le fond doit absolument rester perméable à l'eau car les plantes condimentaires craignent l'eau stagnante.

Mon conseil : placer votre bac à plantes sur des roulettes, au printemps ou à l'automne, vous pourrez le déplacer facilement pour qu'il reçoive le maximum de soleil.

Une serre murale
On trouve dans le commerce des serres murales étroites de différentes tailles. Veillez à ce que l'aération transversale soit suffisante. Derrière les vitres, la température peut devenir intenable les jours de grand soleil, même pour des plantes qui aiment la chaleur.
Dans une serre murale, vous pouvez démarrer vous-même vos herbes aromatiques au printemps, de même que toutes vos fleurs de balcon. Si la serre est contre un mur exposé au sud, prévoyez un ombrage. Il suffit d'un store de bambou ou d'un rideau de coton.

En suspension
Préférez les récipients de terre, de bois ou de plastique, mais aussi les corbeilles en fil métallique ou en osier. Il suffit de les tapisser d'un feuillet plastique où vous aurez percé suffisamment de trous pour l'écoulement de l'eau. Evitez de placer vos suspensions dans les courants d'air, qui sont très nocifs pour les plantes.
Attention : votre suspension doit être solidement accrochée, avec vis et chevilles.

Mon conseil : accrochez vos suspensions à la bonne hauteur pour ne pas avoir à prendre l'escabeau chaque fois que vous voulez prélever quelques pousses !

Un tonnelet à herbes
C'est une solution pratique et simple, et vous pouvez le placer n'importe où. Vos herbes auront de la place pour pousser, tout en

occupant peu d'espace.
On trouve dans le commerce des récipients en plastique percés de nombreux trous ou de petites poches.
Vous pouvez aussi le fabriquer vous-même :

- prenez un tonnelet de plastique de taille moyenne (illustration ci-contre) ;
- percez les flancs de plusieurs trous d'environ 15 cm de diamètre, où vous allez placer vos jeunes plants ;
- percez le fond du pot de plusieurs trous d'environ 6 mm de diamètre, pour l'écoulement de l'eau ;
- au centre du pot, placez un tuyau de carton empli de graviers : il fera office de réservoir d'eau ;
- puis vous emplissez le pot de graviers jusqu'à une hauteur de 20 cm environ ;
- utilisez un mélange de terre et de compost (voir page 190) ;
- pour que la terre et les plantes ne tombent pas par les trous, découpez dans du coton, de la toile à sac ou des bas nylon des morceaux un peu plus grands que les orifices du récipient. Au milieu de ces morceaux de tissu, faites un petit trou par lequel vous ferez passer les racines du jeune plant ;
- plantez de bas en haut : poussez le jeune plant au travers du trou, maintenez le bout de tissu le long de la paroi et emplissez enfin de terre ;
- le puits de carton doit rester vertical. Quand vous avez fini de planter, placez un pot de plastique sans fond au sommet du tuyau de carton, c'est par là que vous arroserez. Le carton va pourrir, mais il restera la colonne de gravier qui vous permettra des années durant d'arroser vos plantes.

Fabriquez un tonnelet à herbes

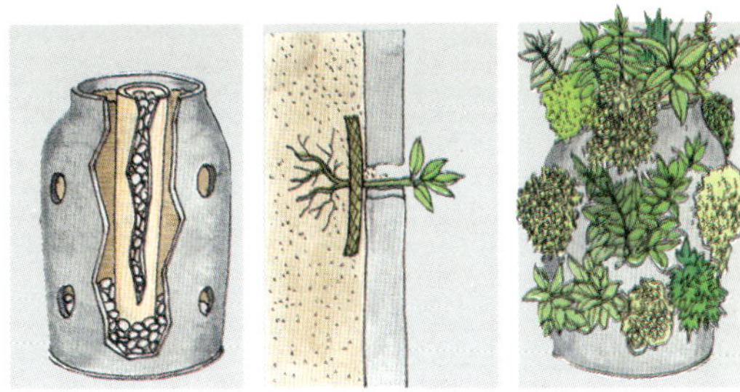

Percez des trous dans un pot de plastique, recouvrez le fond de graviers, faites un puits de carton au milieu et emplissez-le aussi de graviers. Plantez du bas en haut, en faisant passer les racines du jeune plant à travers un morceau de tissu percé, que vous placerez ensuite sur le bord intérieur du récipient avant d'emplir de terre.

Mon conseil : avec le temps, la terre se tasse et les racines la font tenir, elle ne risque plus de s'écouler par les trous. Vous n'aurez donc plus besoin de bout de tissu si vous voulez remplacer une plante.

Conseils pour les terrasses de plain-pied

De nombreux appartements en rez-de-chaussée possèdent une terrasse qui est plus ou moins de plain-pied avec la rue et n'a pas de rambarde. Mais vous pouvez y faire pousser vos plantes condimentaires de la même façon que sur un balcon ou une terrasse en étage. Vos plantes doivent recevoir suffisamment de soleil. N'oubliez pas qu'une haie fait beaucoup d'ombre. Si votre terrasse est ombragée par une pergola ou une marquise, placez vos plantes aromatiques sur le devant, à la lumière. Si votre terrasse est ensoleillée, disposez-les le long des murs.

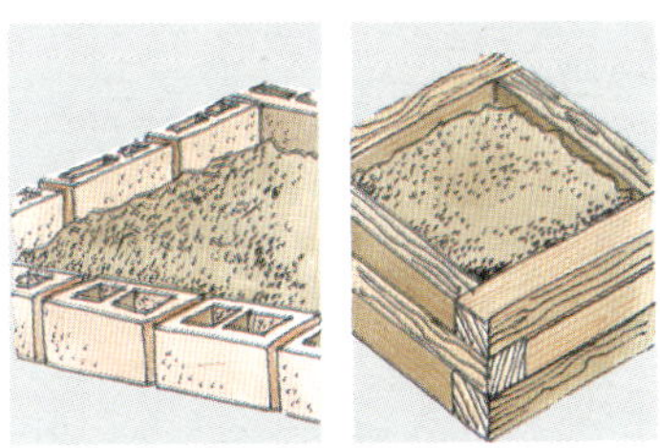

<u>*Jardinière sans fond*</u>
Posez des briques creuses côte à côte ou bien assemblez des planches avec équerres et vis.

Jardinière sans fond

C'est un bon moyen pour cultiver vos plantes condimentaires. Au printemps et en automne, couvrez-la d'un tunnel de plastique comme en plein air, pour pouvoir récolter des herbes très tôt et très tard dans l'année.
L'emplacement : il doit être définitif. Emplissez cette jardinière d'une grande quantité de terre (vous ne pourrez plus la déplacer). Préférez le bord de la terrasse, là où il n'y a pas de dalles : vous n'aurez pas de problème pour l'écoulement de l'eau. En procédant à cette installation au moment où vous faites la terrasse, cela vous fera économiser des dalles. Si vous placez votre jardinière sur les dalles, prévoyez l'écoulement de l'eau.

Construisez-la vous-même : (illustration page 183), il n'en existe pas dans le commerce ;

- le rebord ne doit pas dépasser 50 cm, sinon la pression de la terre qu'elle contient serait trop importante ;
- utilisez des planches de bois, ou des traverses de chemin de fer, empilées et assemblées avec des équerres. Des planches en arêtes vives assemblées par vis aux quatre coins.

Attention : les traverses de chemin de fer et le bois traité (renseignez-vous avant l'achat) contiennent des substances nocives pour les plantes, placez une feuille de plastique entre les parois et la terre. Si vous achetez du bois brut, traitez-le avec un produit non nocif, le bois non traité pourrit très rapidement. Autres possibilités : on peut construire la jardinière avec des briques ou des parpaings creux simplement posés côte à côte. On peut emplir les parpaings de terre pour y planter d'autres herbes.

Important : si votre jardinière est posée sur les dalles de la terrasse, faire une installation pour l'écoulement de l'eau. Si la jardinière est en bois, taillez à la scie des ouvertures juste au-dessus du sol à 20 cm les unes des autres. Si elle est en pierre, percez des trous avec une mèche adéquate.

- Quand votre jardinière est prête, disposez sur le fond 10 cm de graviers, que vous recouvrirez d'une couche de drainage avant d'emplir de mélange.

<u>*Parfum et couleur*</u>
Un buisson de lavande vous apporte parfum et couleur. Sur le balcon, on peut le planter parmi les bacs de fleurs.

Mon conseil : en général, les terrasses sont très légèrement inclinées vers l'extérieur pour faciliter l'écoulement des eaux de pluie. Vérifiez avec un niveau que cette pente (environ 2 %) existe bien. Si ce n'est pas le cas, ne faites pas de trou d'écoulement du côté de l'habitation.

Un support étagé

Sur la terrasse, il sera accessible des deux côtés, et vous pouvez le faire un peu plus haut que celui prévu pour un balcon. Des marches suffisamment élevées, disposées de chaque côté vous procurent beaucoup d'espace pour des pots et des terrines emplis d'herbes parfumées. Quelques conditions à respecter :

- la marche supérieure doit être deux fois plus large que les autres. On peut y mettre des pots de grande taille ;
- votre support doit être stable car il doit résister à une charge importante ;
- placez-le de telle sorte qu'il reçoive le soleil de tous les côtés. La meilleure disposition est est-ouest, en plaçant les plantes les plus avides de soleil à l'extrémité sud.

Des herbes tout autour de la terrasse

Vous pouvez installer vos plantes condimentaires tout autour de la terrasse parmi les bacs de fleurs. La plupart du temps les terrasses sont un peu surélevées, le matériau utilisé est poreux, le sol restera donc suffisamment sec. Si vous avez organisé un jardin de rocaille, toutes les plantes méditerranéennes s'y trouveront bien : origan, thym, marjolaine, romarin et sauge.
En outre, les pierres conservent la chaleur et la restituent la nuit. Placez les autres plantes parmi les arbustes et les fleurs d'été. Associez les plantes qui ont les mêmes exigences en nourriture et en eau.

Au jardin

C'est là qu'elles pousseront au mieux. Même sur un bout de jardin trop petit pour faire pousser des légumes, un coin d'herbes aromatiques au milieu du gazon peut être agréable à l'œil. On peut imaginer d'autres dispositions que la plate-bande traditionnelle.

Talus d'herbes aromatiques

S'il est planté serré et bordé de fleurs d'été de petite taille, il sera à la fois beau et utile.
Comment faire :

- avec une corde, un bâton et de petits bouts de bois, tracez un cercle au milieu de la pelouse et enlevez l'herbe ;
- ameublissez la terre sur la profondeur d'une bêche environ ;
- le long du tracé, montez un muret sec d'environ 50 cm de haut en cailloux ; posez les cailloux les uns sur les autres sans mortier. Vous emplirez les interstices de terre pour installer des plantes de rocaille ;

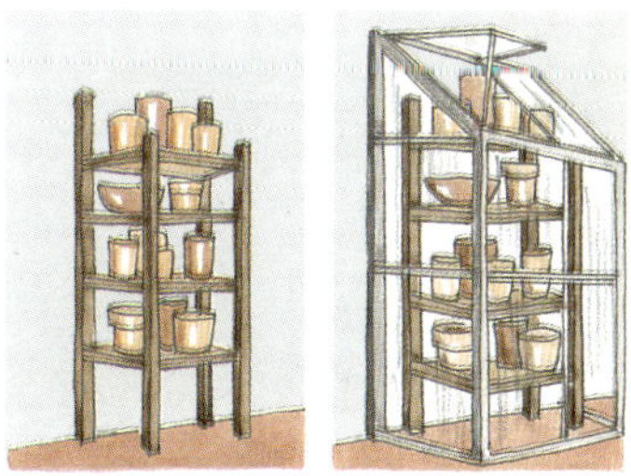

<u>*Serre de balcon*</u>
Au printemps et à l'automne, vous pouvez transformer en serre une simple étagère murale. Les serres se trouvent dans le commerce.

• à l'intérieur du cercle ainsi fabriqué, placez du gravier sur 10 cm environ, pour assurer le drainage, puis le sol – terre de jardin, sable et compost – jusqu'à fabriquer un petit monticule ;
• tout en haut du talus, vous planterez les herbes de grande taille, les autres plantes seront disposées sur les flancs en fonction de leurs besoins en soleil.

En colimaçon
C'est une autre forme de talus. Elle vous offre une plus grande diversité d'emplacements.
Comment procéder :
(illustration ci-dessous)
• montez un muret sec en morceaux de briques ou en cailloux, en forme de coquille d'escargot. La partie la plus haute ne doit pas dépasser 80 cm ;
• emplissez la coquille ainsi formée de pierraille, puis d'un mélange pas trop riche de terre, compost et sable ;
• la terre de la partie supérieure doit être particulièrement pauvre, c'est là que vous installerez toutes les plantes de plein soleil ;
• vers le bas de la spirale, là où elle s'aplatit, enrichissez le sol avec davantage de compost pour les plantes qui ont besoin d'une nourriture plus substantielle.

Mon conseil : à l'extrémité inférieure de la spirale, vous pouvez placer un étang minuscule. Une cuvette de plastique enterrée suffit, vous y ferez pousser du cresson de fontaine et de la menthe aquatique.

En massif
C'est la solution la plus simple pour faire pousser vos plantes condimentaires au milieu de la pelouse.
Comment procéder :
• tracez un cercle bien délimité au milieu de la pelouse et ôtez l'herbe ;
• ameublissez le sol et rajoutez-y un mélange de terre, compost et sable ;
• vous pouvez entourer votre massif de fleurs à basses tiges.

Jardin suspendu
Il sera installé en pleine terre, jamais sur un sol dallé ou cimenté.
Comment procéder :
• construisez un bâti carré d'au moins 1 m de haut, en planches, traverses de chemin de fer ou en briques. Il doit être bien ancré dans le sol (construisez des fondations ou fixez les planches dans le sol) pour résister à la pression d'une grande quantité de terre ;

Fabriquez un muret pour vos herbes aromatiques

Montez un muret sec en pierre ou avec des briques (ne dépassant pas 80 cm). Emplissez-le de terre, plus riche en bas qu'en haut. Placez un petit étang au pied de la spirale. Plantez les herbes de plein soleil en haut, celles qui ont de plus grands besoins nutritifs en bas.

• pour que l'eau puisse bien s'écouler, ameublissez le sol tout autour de votre jardin suspendu ;
• emplissez le bâti : au fond, sur environ 40 cm de haut, vous mettrez des branchages et autres matériaux décomposables : d'abord de grosses branches grossièrement coupées, puis des branches plus petites hachées, recouvertes de feuilles mortes, de tontes de gazon et autres matériaux du même genre ;
• ajoutez alors du terreau (une couche de 40 cm) puis 20 cm d'un mélange de terre de jardin, compost et sable ;
• le jardin suspendu va se tasser au fil des ans, à mesure que la couche inférieure se décompose en dégageant une grande quantité de chaleur, utile aux plantes. Chaque année, il vous faudra rajouter par le haut un peu de mélange de terre et de compost ;
• vous pouvez planter des espèces différentes semées très serré puisque les racines vont pouvoir s'enfoncer profondément dans le sol bien meuble. Sur le pourtour, vous planterez des fleurs à port retombant ou des légumes à tige rampante.

Jardin pyramidal
Il se fabrique de la même façon qu'un jardin suspendu.
La pyramide se compose de trois caisses sans fond dont chacune mesure environ 40 cm de haut.
Comment procéder :
• ameublissez le sol profondément à l'endroit où vous voulez installer votre jardin.
• placez la première caisse que vous emplirez de débris de bois et de terre comme pour le jardin suspendu.
• la deuxième, puis la troisième caisse – chacune un peu plus petite que la précédente – seront

Jardin pyramidal, jardin suspendu.

Construisez une caisse d'environ 1 m de haut, en planches (à gauche) ou en briques (à droite). Le grillage du fond est une protection contre les taupes. Pour le jardin pyramidal, placez une caisse un peu plus petite sur la première (milieu). Plantez vos herbes aromatiques serrées, placez des plantes à port retombant sur le pourtour (concombres, fraises, fleurs).

placées puis emplies de la même façon.

Mon conseil : la pyramide, avec ses trois niveaux, offre à vos plantes condimentaires les conditions optimales. Emplissez la caisse inférieure du mélange le plus riche pour les herbes qui ont de grands besoins nutritifs (voir les indications pages 214 à 233), la caisse la plus élevée recevra en revanche un mélange plus pauvre, plus calcaire, pour les plantes des contrées ensoleillées.

Tout autour de la pelouse

Vos plantes aromatiques pousseront très bien dans les plates-bandes autour de la pelouse si vous veillez à les placer parmi les arbustes qui ont les mêmes exigences en eau, fertilisants et lumière. Pensez que certaines herbes vont atteindre une taille importante au cours de l'été, veillez à ce qu'elles aient assez de place.

La plate-bande classique

C'est la solution la plus simple pour faire pousser les plantes condimentaires au jardin. Il vous suffit d'un mètre carré pour toutes les plantes. Veillez à ce que le sol soit suffisamment meuble et pas trop riche, au besoin, ajoutez du sable ou du gravier si le sol est argileux. Vous obtiendrez un effet très décoratif en entourant la plate-bande d'une haie très basse.

Dans l'arrière-cour

La végétation envahit de plus en plus l'arrière-cour ? Pourquoi ne pas y faire aussi pousser des herbes aromatiques ? Il faut bien sûr qu'elle soit ensoleillée. Très souvent le sol est inutilisable, il va vous falloir construire en hauteur avec des installations pour balcons et terrasses, par example le tonnelet à herbes (voir page 182). Mais les jardins suspendu (voir page 186) ou pyramidal (voir page 186) sont bien adaptés.

En jardinière sur le rebord de la fenêtre

Dans une jardinière, vous pouvez faire pousser tout un assortiment d'herbes aromatiques. L'air et la lumière leur sont profitables. Vous pouvez mettre votre jardinière à la fenêtre si :

- vous n'habitez pas plus haut que le cinquième étage (sinon, il y a trop de vent) ;
- le rebord extérieur est assez large ;
- vous pouvez installer des supports solides de telle sorte que votre jardinière soit suspendue sous le niveau de la bordure.

Attention : il ne doit y avoir aucun risque de chute.

Mon conseil : on trouve dans le commerce des couvercles de plastique transparent pour les jardinières qui protègent vos plantes du vent et de la pluie.

Devant une fenêtre

Vous pouvez aussi faire pousser des plantes condimentaires à l'intérieur, devant une fenêtre. Mais il faut savoir qu'elles ne pousseront pas comme à l'extérieur. Les plantes qui ne reçoivent pas directement le soleil ne développent pas le même arôme que celles qui poussent en plein air. Certaines herbes se prêtent cependant assez bien à la culture en intérieur. Préférez les herbes annuelles, en sachant que vous les remplacerez par d'autres quand la récolte sera terminée.

Quelles plantes choisir ? Basilic, cerfeuil, cresson, mélisse, persil, pimprenelle, thym et ciboulette.

L'exposition : préférez une fenêtre à l'est ou à l'ouest. Une exposition plein sud est trop chaude, même pour les plantes de plein soleil, surtout en été. Une fenêtre au nord ne fournira pas suffisamment de lumière.

Important : les plantes poussant devant une fenêtre doivent être arrosées plus souvent qu'en plein air car elles se dessèchent plus vite. L'air d'une pièce est toujours beaucoup plus sec que celui de l'extérieur, même en été. Vaporisez-les avec de l'eau non calcaire.

1. Basilic vert

2. Basilic rouge

3. Basilic frisé

4. Cerfeuil

5. Origan

6. Estragon

Légendes des illustrations
1 - Basilic vert : l'espèce verte est la plus parfumée.
2 - Basilic rouge : les espèces rouges sont très décoratives.
3 - Basilic frisé : l'espèce "green ruffles" est encore rare.
4 - Cerfeuil : il a, quant à lui, un développement rapide, même en pots.
5 - Origan : il lui faut beaucoup de place.
6 - Estragon : il repousse sans arrêt si on coupe régulièrement l'extrémité des tiges.

Mon conseil : Quand il fait chaud, sortez les plantes condimentaires que vous cultivez devant la fenêtre. Le soleil et l'air frais amélioreront leur arôme. Mais assurez-vous que les pots et jardinières ne risquent pas de tomber !

Quels récipients utiliser ?
Les pots de fleurs : ils sont les plus indiqués. Préférez les pots de terre à ceux de plastique, même si cela vous contraint à des arrosages plus fréquents. L'eau qui stagne et les pieds au frais sont mortels pour la plupart des plantes condimentaires. Si vous utilisez des cache-pots décoratifs, il faut absolument contrôler, une heure après l'arrosage, qu'il ne reste pas d'eau au fond du cache-pot.
Les jardinières : elles offrent une bonne alternative. Dans une jardinière de terre cuite, par exemple, placez une série de pots à herbes et emplissez les interstices d'argile expansée ou de tourbe. La tourbe et l'argile expansée captent l'humidité qui s'écoule des pots et la restituent

1- Persil plat

2 - Mélisse citronnelle

3 - Menthe poivrée

4 - Marjolaine

5 - Romarin

6 - Sauge

peu à peu à mesure des besoins des plantes. L'eau ne risque pas de stagner et les arrosages sont moins fréquents. Un autre avantage : l'humidité du matériau de remplissage s'évapore lentement et fournit l'humidité atmosphérique nécessaire aux feuilles, ce qui est excellent pour toutes vos plantes.

Vitrine

Avec une vitrine vous offrez à vos plantes les meilleures conditions d'éclairement. Mais vous ne pourrez y mettre que des pots et des sujets de petite taille.

Comment procéder :

- fixez plusieurs étagères étroites entre deux cordes de nylon ou deux fils de fer solides ;
- stabilisez le tout en fixant des boules de bois à la partie inférieure ;
- accrochez l'étagère avec vis et chevilles au cadre supérieur de la fenêtre.

Important : ce genre d'étagère ne convient que pour des fenêtres qui ne s'ouvrent ni ne basculent.

Légendes des illustrations

1- Persil : l'espèce plate est plus parfumée.

2 - Mélisse citronnelle : grand développement, même en pot.

3 - Menthe poivrée : elle répand un parfum agréable.

4 - Marjolaine : elle résiste très mal au froid.

5 - Romarin : il est à la fois aromatique et décoratif.

6 - Sauge : elle est aromatique et thérapeutique. Les espèces multicolores sont les plus décoratives.

Bien choisir le support de culture

Quand on cultive des plantes condimentaires en pots ou dans un tout petit coin de jardin, il faut bien choisir la terre pour les voir prospérer. La plupart d'entre elles sont peu exigeantes, mais elles ont tout de même besoin de certains éléments nutritifs. Dans les pots, à l'inverse du jardin, les éléments que la plante puise dans le sol ne se renouvellent pas naturellement.

La terre des pots

En pleine terre, les éléments nutritifs se renouvellent d'eux-mêmes. Des millions de micro-organismes et de vers de terre ne cessent de remuer le sol.
Les herbes aromatiques, qui n'ont pas de grandes exigences en fertilisants, poussent des années durant sans problème au jardin.
Il n'en va pas de même dans les pots. Comme vous ne pouvez pas fertiliser abondamment vos plantes condimentaires (voir page 200) la terre des pots est épuisée au bout d'une année. Dès la plantation vous devez fournir à vos herbes les éléments nutritifs qui conviennent, en quantité suffisante, pour pallier le peu de place dans le pot. Chaque année vous devrez renouveler la terre, vous pourrez la réemployer pour vos fleurs de balcon, en la mêlant à du terreau enrichi.

Les substrats du commerce

Le terreau pour fleurs : il ne convient pas, en général, pour les plantes condimentaires. A la limite, la livèche, la ciboulette, l'estragon et la bourrache peuvent pousser dans un mélange de terreau pour fleurs, sable et compost.
Ce terreau est riche en fertilisants, alors que la plupart des plantes condimentaires n'en demandent que de faibles quantités.
Beaucoup ne pousseront pas du tout dans un terrain trop riche, d'autres vont atteindre un grand développement, mais perdront leur arôme.
Les mélanges à base de tourbe : les terreaux de tourbe conviennent très bien. Ce sont des mélanges de terre argileuse et de tourbe, très légèrement enrichis. Ceux qui ne contiennent pas d'engrais conviennent pour le démarrage de vos cultures et pour les plantes de sol pauvre. Certains sont légèrement enrichis : pour les plantes condimentaires il faut y mêler un peu de sable et de compost, et éventuellement de la chaux.
Le terreau de rempotage : c'est un mélange de terre argileuse, de tourbe et de billes de matériaux expansés qui servent à ameublir le sol. C'est un très bon support pour la culture des plantes condimentaires, mais il faudra y ajouter du sable ou du compost, ou les deux, en fonction des besoins particuliers de chaque plante.
La tourbe : elle ne contient aucun élément nutritif, mais elle a la propriété de bien retenir l'eau. Rien ne pousse dans la tourbe pure. Les herbes qui préfèrent un sol très pauvre poussent bien dans un mélange à parties égales de tourbe, sable (ou gravier très fin) et compost.

Les mélanges qui ne coûtent rien

Vous pouvez utiliser de la terre de jardin ou de la terre prélevée en pleine nature pour vos plantations en pots. Ces mélanges doivent cependant être améliorés. Si vous avez déjà essayé de cultiver une plante en pot dans de la terre de jardin, vous savez que celle-ci se compacte très vite et forme un bloc dur comme de la pierre.
La terre de jardin : si vous avez besoin de petites quantités, vous en trouverez chez vos amis qui possèdent un jardin, ou chez un horticulteur complaisant, si vous avez la chance d'en connaître un.
Soyez attentif à la qualité de cette terre :
- un sol sableux nécessitera peu ou pas du tout d'apport de sable, par contre, ajoutez un peu de tourbe et d'argile afin qu'il retienne mieux les éléments nutritifs et l'eau ;
- le meilleur sol est la terre humifère des plates-bandes, à la fois meuble et grumeleuse. Ajoutez du sable ou de la tourbe, et un peu de compost.

Un sol argileux ne convient pour la culture des plantes condimentaires que si vous le mélangez à parties égales avec du sable, de la tourbe ou du compost.

Les taupinières : c'est une bonne terre, qui ne contient pas de graines de mauvaises herbes. Mais elle est assez pauvre puisque les taupes creusent dans les couches les plus profondes du sol. Suivant la nature du sol, elle sera plutôt argileuse ou sableuse, vous devrez donc l'amender comme la terre de jardin avant d'y faire pousser vos herbes. Ajoutez des engrais retard et davantage de compost que pour la terre de jardin, qui contient déjà des éléments nutritifs.

Le mélange idéal

Il varie suivant les besoins de chaque plante, qui sont eux-mêmes fonction de son origine. N'oubliez pas que les herbes aromatiques sont des plantes sauvages ! Plus la terre est proche de celle où elles sont à l'état naturel plus elles pousseront. La qualité de terre qui convient à chaque plante est indiquée sur le tableau de la page 192. On classe les supports de culture en trois groupes :

sol très pauvre : on mélange une partie de terreau de tourbe, une de sable et une de compost. Il faut parfois ajouter de la chaux, (voir page 202), à raison d'une cuillerée à café par pot ;

sol moyennement riche : on mélange deux parties de terreau de tourbe ou de terre de jardin et une partie de compost, ainsi qu'un peu de tourbe ou de sable (une poignée pour un pot de 20 cm de diamètre) ;

sol riche : on mélange une partie de terre de jardin ou de terreau de tourbe et deux parties de compost. Ajoutez de la tourbe ou du sable si la terre de jardin est très argileuse.

Comment faire le mélange : Mêlez bien tous les éléments du sol. L'opération est plus facile à

L'hysope, décorative, est très utilisée dans la cuisine végétarienne.

La rue est trop grande pour le balcon, mais superbe dans un jardin.

Le mélange qui convient à vos plantes condimentaires

Pauvre	Mi-riche	Riche
Cresson	Aneth	Bourrache
Marjolaine	Basilic	Capucine
Mélisse	Cerfeuil	Estragon
Origan	Ciboulette	Livèche
Romarin	Menthe poivrée	Laurier
Sauge	Persil	
Thym	Pimprenelle	
	Sarriette	

réaliser à sec. Seule la tourbe doit être légèrement humide ;

- déposez les ingrédients dans un grand bac ou sur une bâche en plastique ;
- émiettez les mottes à la main et tamisez le sable ;
- faites soigneusement votre mélange, à la main ou avec une petite pelle, et répartissez-le dans les pots et les bacs ;
- après l'arrosage, le sol va se tasser. Gardez un peu de substrat pour compléter les pots.

Comment alléger la terre

Les bacs et les jardinières de grande taille peuvent devenir très lourds quand ils sont emplis de terre.

Il peut être préférable d'alléger la charge des pots, surtout sur le balcon où vous pouvez être amené à les déplacer, ou bien si vous voulez les rentrer en hiver.

Remplacez le sable ou la tourbe par des billes de matériaux expansés, argile ou perlite tout en sachant que l'argile expansée a tendance à retenir l'eau et risque donc de peser.

Attention : Le vent peut renverser vos bacs ou jardinières, ils ne doivent pas être trop légers.

Des plantes de grande taille comme le romarin ou le laurier se développeront mieux dans un mélange assez lourd.

La terre des mini-plates-bandes

Si vous possédez un jardin suspendu ou un talus en spirale, quelques seaux de terre de taupinière ou un sac de terreau de tourbe ne suffiront probablement pas.

Procurez-vous de la terre de jardin. Préférez de la terre végétale que vous mélangerez à du compost pour faire un sol qui convienne à vos plantes condimentaires (voir ci-contre).

La terre végétale : elle est vendue par les entreprises du bâtiment, ou par les grandes entreprises horticoles. Pour un talus à plantes condimentaires ou un jardin suspendu, il vous suffit, tout au plus, d'un ou deux mètres cube.

Un conseil : ne commandez jamais votre terre végétale par téléphone, allez la voir sur place.

Dans le commerce, il arrive fréquemment qu'on vous vende pour de la terre végétale de la terre de remblai ; cette terre ne contient aucun élément nutritif, elle est souvent grasse, argileuse et ne convient pas à la culture des plantes condimentaires.

Mélanges pour plate-bande

Comme pour la culture en pots, vous devez respecter les exigences particulières des plantes condimentaires que vous voulez cultiver.

Sol très pauvre : terre végétale (ou terre de jardin) mêlée à part égale avec du sable et du compost.

Sol mi-riche : deux parties de terre végétale, une de compost, auxquelles on ajoute environ cinq seaux de sable par mètre cube de mélange.

Sol riche : une partie de terre végétale et deux de compost.

Si la terre végétale est très dense, ajoutez du sable.

Comment faire votre mélange :

- procédez à sec ;
- émiettez les mottes et retirez tous les bouts de bois et les cailloux que contient la terre végétale ;
- avec la pelle, mélangez les différents éléments sur un emplacement bien nettoyé.

Plusieurs mélanges différents sur une même plate-bande

C'est possible, et même nécessaire si vous voulez planter des espèces différentes.

La répartition des différents mélanges sur une pyramide ou un talus vous est indiquée page 186.

Voici encore quelques indications si vous plantez un talus ou un tonnelet à herbes :

- sur un talus, mettez la terre riche dans un trou et plantez-y les herbes aromatiques qui exigent un tel sol ;
- dans un tonnelet à herbes, placez dans les trous latéraux les herbes qui préfèrent un sol pauvre. Tout en haut, vous mettrez une couche de 20 cm de terre riche et plantez-y des plantes plus "gourmandes".

Le compost

Les plantes condimentaires sont des aliments, ne les fertilisez qu'avec des engrais organiques. Les engrais minéraux sont la plupart du emps trop riches en éléments azotés (voir page 200). Le compost est l'engrais idéal pour toutes les herbes aromatiques, y compris celles qui poussent en terrain pauvre. Mais vous pouvez utiliser d'autres engrais organiques (voir page 201). On trouve du compost tout préparé en petites quantités dans les jardineries et les grandes surfaces. Préférez le compost fabriqué à partir de déchets de végétaux.

Faire son compost

Dans un jardin, c'est très facile. Mais si vous n'avez qu'un balcon, vous n'aurez pas de difficulté pour faire votre compost, sans aucune mauvaise odeur.

Sur le balcon ou la terrasse : il suffit de laisser un sac à compost dans un coin à exposition chaude :

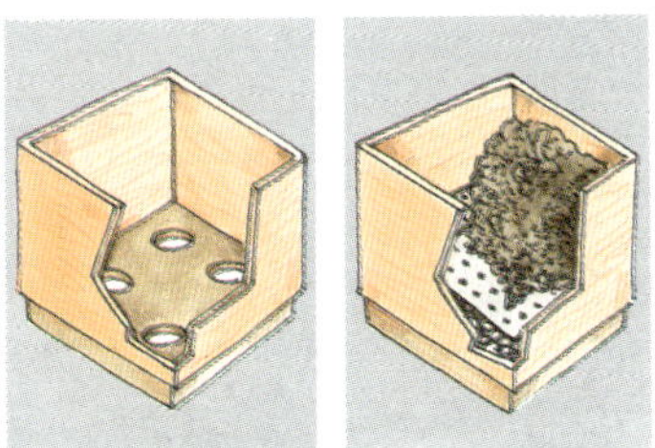

Le drainage des jardinières
Percez des trous pour l'écoulement de l'eau. Mettez du gravier, une toile de drainage remonté le long des parois. Complétez avec la terre.

- emplissez-le régulièrement d'épluchures de légumes, de bouquets fanés, etc. Pour 10 l de mélange, ajoutez une poignée d'activateur pour compost. Le contenu du sac va se décomposer rapidement ;
- si vous avez une cheminée, vous pouvez ajouter deux à trois pelletées de cendres par sac ;
- au bout de six à neuf mois vous aurez un compost très nutritif mais qui aura diminué de moitié dans le sac.

Au jardin : si vous en avez la possibilité, vous pouvez fabriquer un silo ou un réservoir à compost. Pour cela, on procède comme avec le sac à compost. Votre silo ne doit pas être placé en plein soleil, et vous devrez l'arroser de temps en temps quand il fait très sec.

Le drainage

Vous aurez beau choisir les meilleurs ingrédients pour votre sol, faire le mélange optimal, rien ne poussera si l'eau stagne dans vos bacs et jardinières. Le sol devient trop compact, les racines ne peuvent plus puiser les éléments nutritifs et l'oxygène, et la plante dépérit. Le drainage est donc un élément capital.

Dans les pots : il suffit de placer un tesson de poterie sur le trou d'écoulement et de mettre 2 cm de graviers ou de débris de poterie dans le fond du pot. Le trou ne risquera pas de se boucher.

Dans les bacs et jardinières : vous devez percer des trous d'écoulement (un seul ne suffit pas). Déposez au fond du bac une couche de 5 à 10 cm de graviers, de débris de poterie, d'argile expansée ou de billes de polystyrène expansé. Posez une toile de drainage sur le dessus, pour empêcher les éléments du sol de venir boucher les interstices. Faites remonter légèrement la toile de drainage le long des parois (illustration ci-contre).

Jardins suspendu et pyramidal ou jardinière sans fond : ils ont besoin d'un drainage encore plus soigné.

- Ameublissez le sol sur la profondeur d'une bêche à l'endroit de la plantation ;
- emplissez le fond de graviers grossiers ou de tessons de poterie ;
- mettez une couche de branchages en morceaux avant le remplissage final.

Important : un bon drainage permet l'écoulement des eaux de pluie, même si l'averse est violente. S'il est insuffisant, l'eau débordera par-dessus le rebord de vos plates-bandes.

Semis ou jeunes plants ?

Votre choix de l'un ou l'autre mode d'obtention dépend de la place dont vous disposez, et aussi du choix que vous ferez entre plantes annuelles, bisannuelles ou vivaces. Les annuelles et bisannuelles se cultivent facilement à partir de semis sur le rebord de la fenêtre. Pour les vivaces, il est préférable d'acheter des jeunes plants.

Les semences

On trouve un très grand choix de graines de plantes condimentaires. Des petites quantités suffisent pour le balcon, la terrasse ou les petites plantations comme un talus ou un jardin suspendu.
Des graines fraîches : beaucoup de graines de plantes condimentaires ne germent que si elles sont parfaitement fraîches. Elles doivent donc être semées l'année même de leur récolte. Les bons producteurs de graines impriment la date de péremption sur le sachet. On trouve aussi des graines emballées sous vide, ce qui est une garantie de fraîcheur.

La germination

Ne perdez pas patience et maintenez le sol humide le temps nécessaire ! Pour cela, vous devez connaître le temps de germination de chaque espèce.
En appartement, la plupart des graines germent deux à quatre fois plus vite qu'en pleine terre (voir tableau ci-contre).

Semis sur le rebord de la fenêtre

Plus vous semez vos herbes tôt dans l'année, plus vous les cueillerez tôt. Faites vos semis dès février derrière la fenêtre et vous aurez en mai de jeunes plants vigoureux que vous pourrez mettre en terre.

Conseils de culture

Toutes les graines germent mieux quand l'air est confiné. Sous le couvercle transparent d'une mini-serre ou sous une feuille de plastique, il se forme un microclimat humide et chaud favorable à la germination. Il faut cependant aérer plusieurs fois dans la journée, dès l'apparition des premières feuilles pour éviter la formation de moisissures.
On trouve dans le commerce différents appareils et récipients qui vous permettront de fournir à vos graines les conditions idéales de germination.
Serres d'appartement, mini-serres : ce sont des cuvettes en plastique à fond plat avec un couvercle amovible en plastique transparent. Certaines vous permettent de disposer de deux ou trois zones de température différentes.
Des plaques chauffantes ou des résistances installées dans votre mini-serre ou sous les pots et terrines de germination maintiennent une température constante dans la terre.
C'est important si vous chauffez peu ou pas du tout la nuit.
Les pastilles de tourbe compactée : elles gonflent quand on les trempe et contiennent tout ce dont les graines ont besoin pour leur germination. Disposez-les côte à côte sur le fond d'un bac en plastique ou d'une mini-serre. Vous pouvez même faire germer ainsi des herbes sur une assiette, mais il faut maintenir la tourbe humide.
Des godets de tourbe pressée : on les utilise pour le repiquage. Vous n'avez plus besoin de

Temps de germination des plantes condimentaires (en jours)

Plantes	Dedans	Dehors
Basilic	4	7
Bourrache	4	14
Capucine	7	21
Cerfeuil	7	14
Ciboulette	5	14
Cresson	2	4
Estragon	3	8
Livèche	11	21
Marjolaine	3	7
Mélisse	7	28
Menthe	7	28
Origan	10	28
Persil	9	29
Primprenelle	4	14
Romarin	14	30
Sarriette	5	14
Sauge	5	12
Thym	5	10

Une étagère devant la fenêtre est idéale pour vos plantes qui recevront ainsi suffisamment de lumière.

dépoter les jeunes plants lors de la mise en place définitive. Les plantes se développent sans difficultés puisque la tourbe pressée devient molle dans le sol humide ou dans la terre du jardin et les racines la traversent facilement.

Organiser vous-même votre culture en vase clos (voir illustration page 196 en haut) : il existe plusieurs façons de créer un climat de serre favorable à la germination :

- mettez le mélange pour semis dans des pots évasés vers le haut ; après avoir semé, placez un bocal un peu plus grand renversé au dessus du pot de terre ;
- semez dans des caissettes à fond plat que vous avez tapissées d'un feuillet plastique et que vous recouvrirez d'une plaque de verre ;
- les graines de grande taille, que vous mettez directement en pots (capucine, bourrache) seront recouvertes d'un sachet pour congélation que vous soutiendrez à l'intérieur avec deux morceaux de fil de fer recourbés. Fixez alors le sachet au sommet du pot ;
- si vous possédez une serre de balcon (illustration page 185), vous pouvez aussi semer dans les caissettes de polystyrène expansé servant au conditionnement d'aliments. C'est un matériau très isolant. Vous placerez une vitre sur le dessus de la caissette.

Comment semer

Le terreau pour semis : il doit être aussi pauvre que possible. On trouve dans le commerce un substrat spécial, que vous mêlerez d'un peu de sable.

La culture en vase clos
Placez un bocal retourné au-dessus du pot ou fabriquez une cloche avec un plastique tendu sur deux arceaux de fil de fer et fixé autour du pot.

Autre possibilité : mélangez du terreau de tourbe ou de la tourbe pure avec un peu de sable et environ 10 % de compost d'herbes (dans les jardineries). Emplissez vos bacs à semis ou mini-serres avec deux doigts environ de ce mélange pour semis. Si vous semez en pots, emplissez-les jusqu'au bord.
Le semis : ne semez pas trop serré, sinon vos graines auront du mal à germer et les plantules se gêneront mutuellement.
Exceptions : le cresson, le cerfeuil, la ciboulette doivent au contraire être semés serré.
Attention : avant de semer vos plantes condimentaires, vous devez savoir si elles germent à la lumière ou dans l'obscurité ? C'est indiqué sur le sachet ;
- les graines qui germent à la lumière ne doivent pas être recouvertes de terre. Semez-les à la surface du sol et recouvrez le tout d'une feuille de papier blanc ;
- les graines qui germent dans l'obscurité doivent être enfoncées dans le sol ou recouvertes d'une mince couche de terre, d'environ quatre fois l'épaisseur de la graine. Ainsi, une graine d'1 mm de diamètre sera recouverte par 4 mm de terre.

Maintenir l'humidité des graines et éclaircir

Les graines semées vont vous demander encore quelques soins.
Maintenir l'humidité : aucune graine ne germe sans eau. C'est l'eau qui suscite la germination et permet à la semence d'activer toutes les substances qui feront d'une graine minuscule une plante de belle taille. Dès que vous avez semé, vous devez donc humidifier le sol avec un vaporisateur (jamais avec l'arrosoir). Le sol doit être maintenu humide jusqu'à ce que les germes pointent à la surface. Ne perdez pas patience, si vous laissez le sol se dessécher, le germe meurt.
Eclaircir : dès que vous pouvez saisir les germes entre deux doigts, enlevez-en suffisamment pour que chaque plantule soit bien isolée. Ce n'est pas nécessaire si vous avez semé suffisamment clair. Ôtez aussi le couvercle car les plantules ont maintenant besoin d'air frais pour se développer. Mais elles ne supportent absolument pas les courants d'air (attention aux fenêtres entrebâillées). Si vos jeunes plantules restent trop longtemps en vase clos, elles vont s'étioler. Continuez à arroser régulièrement les jeunes plantes, mais ne les noyez pas ; elles sont encore très fragiles.

Le repiquage

Quant les plantules ont atteint 5 à 7 cm, repiquez-les (illustration page 197 en haut). Replantez-les dans des godets de repiquage en tourbe pressée ou dans des petits pots. Suivant l'espèce, on les repique une à une ou en touffe (voir indications pages 214 à 233).

Comment repiquer

La terre des nouveaux pots ne doit pas être riche, un mélange de terreau de tourbe avec un peu de sable et de compost convient parfaitement :
- avec un bâtonnet, retirez avec soin la plantule du sol :
- plantez le bâtonnet dans le nouveau sol, tournez un peu, la plante va venir se loger dans le trou ainsi formé ;
- arrosez doucement pour que la terre entre bien en contact avec les racines ;
- après quelques jours, mettez les plantes dans un endroit un peu plus frais pour qu'elles s'endurcissent peu à peu. Quand il fait chaud, vous pouvez placer vos plantes repiquées sur le balcon, mais pas en plein soleil ni dans les courants d'air !

Les graines qui germent à la lumière ou dans l'obscurité

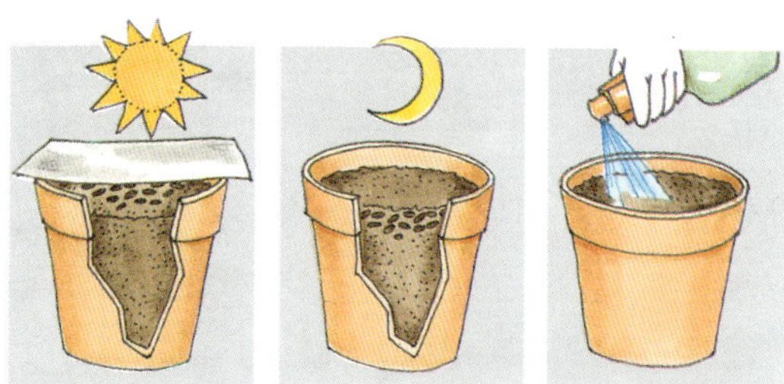

Si elles germent à la lumière, enfoncez très légèrement les graines dans le sol, puis recouvrez d'une feuille de papier. Dans le cas contraire, recouvrez-les d'une couche de terre 4 fois plus épaisse que la graine. Vaporisez pour maintenir l'humidité constante jusqu'à la germination.

- Vers la mi-mai (si vous avez semé fin février) les jeunes plantes peuvent être mises en place dans des pots plus grands (en respectant le sol qui convient à chaque espèce).

Mise en place à l'extérieur
Pour la plupart des plantes, il faut attendre la fin des gelées nocturnes, c'est-à-dire après la mi-mai. Les jeunes plantes sont très sensibles au froid, même les espèces ordinairement rustiques. Si vous avez élevé vos plantules en godets de tourbe pressée, plantez-les dans vos pots ou jardinières à l'extérieur sans les extraire des godets. Par contre, si vos plantules sont en godets de terre ou de plastique, il faut les dépoter avec leur motte pour les transplanter. Dans les nouveaux pots, le collet de la plante doit être au même niveau, à la surface du sol, que dans les godets. Arrosez pour que la terre de la motte se mêle bien à celle du nouveau pot.

Semer en pleine terre
Avant de semer, ôtez toutes les mauvaises herbes et les cailloux et émiettez les mottes les plus grosses. Les graines de plantes condimentaires sont petites, elles ont besoin d'une terre fine.
Quand semer : il faut attendre que le sol se soit réchauffé, vers la mi-mai.
Les semis précoces : vous pouvez semer avant la mi-mai si vous recouvrez le sol de votre plate-bande d'un feuillet de plastique entaillé, sous lequel la terre se réchauffera rapidement. Laissez le plastique en place jusqu'à ce que les gelées nocturnes ne soient plus à craindre. Grâce aux entailles, le plastique restera souple et ne gênera pas la croissance de la plante.

Eclaircir et repiquer

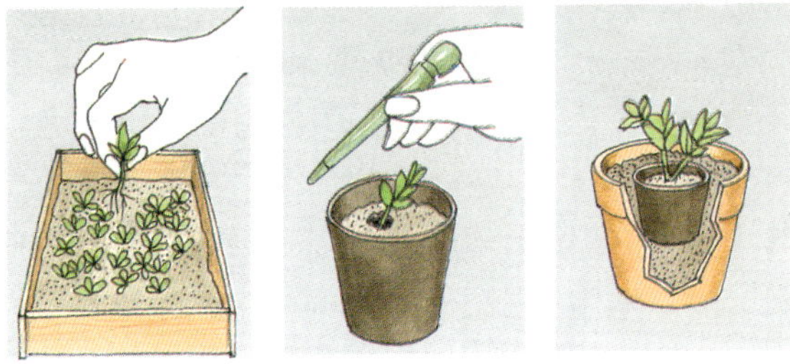

Eclaircissez les plantules de façon qu'elles ne se gênent plus. Quand elles atteignent 5 ou 7 cm, repiquez-les en godets de tourbe avec un bâtonnet. Vous mettrez en place la plante avec son godet : celui-ci se décomposera peu à peu dans le sol .

Comment semer : on procède comme pour les semis en terrine. Vous avez avantage à ne pas semer en lignes, mais plutôt largement à la volée ou le long d'une plate-bande de fleurs. Pensez à respecter les conditions de germination des graines (lumière ou obscurité) et ne semez pas trop serré pour ne pas avoir besoin d'éclaircir.

Mon conseil : les escargots raffolent des semis de plantes condimentaires. Recouvrez vos semis d'un paillis léger, au travers duquel les plantules pourront pousser, mais qui gênera la progression des escargots. Même en jardin suspendu ou en bac vos semis ne sont pas à l'abri de ces herbivores.

Maintenir l'humidité des semis en pleine terre et éclaircir
En pleine terre vous devez aussi vous occuper de vos semis.
Maintenir l'humidité : contrôlez régulièrement que la terre ne sèche pas. Sous une feuille de plastique ou sous une toile, le sol restera humide plus longtemps. Dès que vous apercevez les cotylédons vous pouvez ôter la couverture. Continuez à arroser très précautionneusement. Vous risquez cependant moins de noyer les jeunes plantes en pleine terre.
Eclaircir : toutes les espèces de grande taille doivent être éclaircies. Respectez les distances qui vous sont indiquées (pages 214 à 233) : si les plantes sont trop serrées, elles vont s'étioler.
Important : laissez en place les sujets les plus vigoureux.

Mon conseil : si vous semez en fin d'été, (période recommandée pour le persil), vous pouvez mettre quelques-unes des plantules éclaircies dans un pot que vous rentrerez dans la cuisine l'hiver.

Bien choisir le jeune plant
Ceux qui ont un port trapu (à gauche) pousseront mieux que ceux qui ont de longues pousses peu ramifiées (à droite).

Il faut un endroit chaud pour obtenir des plantes à partir de semis.

Culture à partir de jeunes plants

Si vous ne désirez qu'un ou deux pieds, achetez plutôt des jeunes plants – surtout s'il s'agit d'une plante vivace. Si vous voulez semer du romarin, il vous faudra attendre plusieurs années avant de pouvoir en récolter.

Quelques conseils avant d'acheter

Préférez une plante de taille moyenne, pour une cueillette précoce.
Les jeunes plants sont en général bon marché :
- achetez-les plutôt dans une jardinerie qui vend aussi des jeunes plants de légumes ;
- on trouve souvent des offres intéressantes sur les marchés au printemps ;
- les catalogues de vente par correspondance vous proposent aussi des jeunes plants d'herbes aromatiques.

Choisir des jeunes plants sains : (illustration page 197), ils sont en général trapus et buissonnants et doivent avoir une motte bien enracinée. Les plantes vivaces doivent être bien ramifiées.
Endurcir vos jeunes plants : cultivés en serre jusqu'au moment de l'achat, ils ont bénéficié d'un climat constant chaud et humide, sans ensoleillement direct. Vous ne devez pas les mettre en place immédiatement. Si vous les exposez sans précaution aux différences de température entre la nuit et le jour et au plein soleil, ils vont avoir un choc qui arrêtera leur croissance. Le soleil risque de brûler le feuillage. Aussi est-il important de les placer d'abord dans un endroit semi-ombragé et protégé, où les plantes ne sont exposées aux rayons du soleil que le matin ou le soir. Par la suite vous pourrez les mettre en place définitivement.

Rempoter les jeunes plants

Ils sont vendus dans des pots très petits : le rempotage est obligatoire et urgent.
En pots et bacs : après avoir prévu le drainage, déposez un peu de terreau de rempotage de sorte que la motte de la plante affleure le rebord du pot, puis complétez avec le terreau de rempotage.
En plein air : replantez chaque pied de sorte que le collet affleure la surface du sol. Tassez bien la terre autour de la plante et arrosez copieusement.

Arroser les jeunes plants

L'arrosage est très important au cours des trois semaines qui suivent la transplantation. Les racines du jeune plant doivent être bien en contact avec la nouvelle terre afin de s'y enfoncer pour développer un nouveau système radiculaire. Toutes les plantes condimentaires, même celles qui poussent ordinairement en terrain sec, ont besoin d'apports d'eau réguliers. Quand elles seront bien enracinées – vous vous en apercevrez à la formation de nouvelles pousses – vous pourrez espacer les arrosages.

La culture facile

Presque toutes les plantes condimentaires viennent du sud. Avec le soleil et la chaleur, elles fabriquent les substances et l'arôme qui nous les rendent précieuses. Mais heureusement, il n'est pas si difficile de créer de bonnes conditions, même sous un climat a priori peu favorable. Avec quelques soins, vos plantes condimentaires vont se développer aussi bien que dans leur Midi ensoleillé.

Le climat favorable aux plantes aromatiques sur le balcon ou la terrasse

Sur un balcon, une terrasse ou dans un petit jardin citadin, le climat n'est pas toujours identique à celui de la région. Les conditions de chaleur, d'ensoleillement et les vents forment un microclimat. Sur un balcon exposé au sud, ce microclimat peut être tout à fait méditerranéen, même si vous habitez le nord du pays ou une région montagneuse.
La lumière : au printemps et à l'automne, quand l'incidence des rayons du soleil est basse, le soleil pénètre plus loin sur votre balcon, votre terrasse ou dans la cour, qu'en plein été. Mais la durée d'ensoleillement est plus courte. En plein été, quand le soleil est au zénith, il n'atteint plus les coins reculés, mais l'ensoleillement dure beaucoup plus longtemps. Au printemps et en automne, quand le soleil est bas, les arbres et les immeubles voisins font davantage d'ombre qu'en plein été. Pensez à tous ces éléments quand vous choisissez l'emplacement de vos plantes condimentaires.
La chaleur : elle dépend bien entendu du climat et de la saison. Mais elle est toujours plus élevée de quelques degrés dans les emplacements abrités du vent. En ville, du fait de la calotte que forment les gaz d'échappement et la pollution, il fait nettement plus chaud qu'en rase campagne. Les murs et les pierres emmagasinent la chaleur et la restituent au cours de la nuit.
Le vent : évitez absolument les endroits éventés pour vos plantes condimentaires. Le vent refroidit considérablement l'air et le sol et assèche rapidement la terre.
La pollution : elle ne gêne pas la plupart des herbes aromatiques. Mais ces plantes sont destinées à l'alimentation, il faut donc les protéger de l'air trop pollué. Evitez de les planter au ras du sol, près d'une route très passante ou à proximité d'un garage.

Améliorer le microclimat

Il est tout à fait possible de transformer un emplacement peu favorable en paradis pour vos plantes condimentaires. Voici quelques conseils pratiques.
Augmenter la chaleur : les végétaux ont besoin de quelques degrés supplémentaires pour développer leur arôme :
- la température est plus élevée le long d'un mur blanc, au milieu des pierres qui emmagasinent la chaleur, sur des dalles sombres ou sur un sol de ciment ;
- l'eau chaude fournit le soir et la nuit un rayonnement chaud. Peignez en noir l'intérieur d'une bassine de métal et emplissez-la d'eau. Vous placerez vos plantes condimentaires tout autour, au niveau de la surface de l'eau ;
- les couvercles de verre captent beaucoup de chaleur. Si vous ne disposez pas d'une serre de balcon, il vous suffit de placer une vitre verticalement devant vos plantes aromatiques exposées au sud.

Important : quand il fait chaud, enlevez la vitre car la température serait trop élevée.
- Un feuillet de plastique a les mêmes propriétés qu'une vitre. Vous pouvez tendre un plastique transparent sur un cadre et le placer juste au-dessus de vos plantes.

Augmenter la lumière : elle est aussi importante que la chaleur ;
- ne placez pas vos plantes condimentaires le long d'une rambarde pleine, il y fait trop sombre. Pour qu'elles reçoivent le maximum de lumière dans la journée, placez les pots en hauteur ;
- fixez des roulettes sous vos bacs, vous pourrez les déplacer pour qu'ils reçoivent le maximum de soleil ;
- les murs en bois ou crépis absorbent beaucoup de lumière. Une planche laquée blanc ou une feuille d'aluminium tendue

sur un cadre la réverbèrent beaucoup mieux (illustration page 202, en haut). N'oubliez pas d'ôter ce dispositif quand le soleil donne directement, vous risqueriez de brûler vos plantes.

Les protéger du vent : les plantes condimentaires supportent très mal le vent ;

- une vitre incassable placée verticalement à l'endroit éventé du balcon ou de la terrasse est une protection efficace.

Important : collez sur cette plaque transparente des silhouettes d'oiseaux pour empêcher que de vrais oiseaux viennent la heurter et ne se blessent mortellement ;

- un grillage sur lequel vous faites grimper des plantes est une bonne protection contre le vent et les intempéries. Vous y planterez les légumes qui accompagneront vos herbes aromatiques : haricots, tomates-cerises, concombres.

L'ombre : elle est parfois insuffisante ;

- certains endroits du balcon restent à l'ombre plusieurs heures, vous y placerez les plantes qui ne supportent pas le plein soleil ;
- vous pouvez protéger vos jeunes plants qui craignent le plein soleil en plaçant des cônes de carton sur des bâtons (illustration page 202, en bas) ou bien une planche posée verticalement ;

La fraîcheur : elle est également nécessaire. C'est d'abord l'ombre qui la fournit ;

- les jours de grande chaleur, protégez vos plantes condimentaires fragiles sous un parasol ;
- un mur exposé plein sud dégage trop de chaleur : faites-y grimper des plantes décoratives ;
- arrosez le matin et le soir. L'eau rafraîchit le sol et l'humidité qui s'évapore ensuite est une source de fraîcheur.

L'arrosage

Vous avez peut-être lu qu'il ne fallait pas arroser les plantes condimentaires. Oubliez cela. C'est peut-être valable au jardin, quand l'été est humide, car il est vrai que les herbes aromatiques n'ont pas de grands besoins en eau. Mais en pots ou en jardinières, toutes les plantes doivent être arrosées régulièrement. En appartement, ne laissez jamais le sol se dessécher. L'air est très sec et la plante n'a donc aucune possibilité de puiser par ses feuilles l'eau nécessaire dans l'atmosphère ;

- vérifiez tous les jours l'humidité de la terre.

Mon conseil : si vous avez oublié d'arroser et que le sol est complètement sec, l'eau d'arrosage va ruisseler sans pouvoir pénétrer jusqu'aux racines. Immergez alors le pot tout entier pendant 10 mn.

Sur le balcon ou la terrasse : il faut arroser les plantes régulièrement, mais pas trop copieusement ;

- l'eau ne doit jamais stagner dans les cache-pots ou les soucoupes ;
- quand il fait très chaud, arrosez le matin ou le soir, mais jamais en plein soleil ;
- quand il fait frais et humide, il est à peine besoin d'arroser ;
- les sujets âgés et lignifiés ne doivent jamais manquer d'eau. Vous ne vous en apercevrez pas tout de suite, mais si vous les laissez se dessécher, un arrosage abondant ne pourra pas les sauver ;
- les plantes à feuilles molles telles que basilic, bourrache ou pimprenelle s'étiolent très vite quand elles manquent d'eau, mais elles retrouvent rapidement leur vigueur quand vous les arrosez.

Dans le jardin : arrosez si la sécheresse dure plusieurs jours. D'autres éléments vous permettront de décider s'il faut ou non arroser :

- si les herbes aromatiques sont plantées dans un sol pauvre et très perméable ;
- si les plantes sont serrées, leur feuillage fait de l'ombre et le sol se dessèche.

Arroser en hiver

Certaines plantes condimentaires vivaces restent dehors l'hiver. Si celui-ci n'est pas trop rigoureux, arrosez les bacs et jardinières avec parcimonie. La plupart des plantes en pot ne meurent pas de froid mais de sécheresse. Les herbes qui poussent en pleine terre n'ont pas besoin d'arrosage durant l'hiver.

L'eau d'arrosage

L'eau de pluie est meilleure que celle du robinet, souvent très calcaire et trop froide. Si vous ne pouvez pas en collecter laissez au moins l'eau du robinet reposer 24 h avant d'arroser, afin qu'elle se réchauffe.

La fertilisation

Soyez très prudent avec les engrais. Il suffit d'ajouter une partie de compost au sol, et d'arroser avec une infusion d'herbes (voir page 202). N'utilisez que des engrais organiques qui seront meilleurs pour les plantes, et pour vous.

Les engrais minéraux

Ils sont trop riches en azote pour les plantes condimentaires. Certaines plantes pourraient atteindre un grand développement, mais n'auraient aucun goût. Et beaucoup d'herbes aromatiques cesseraient de pousser si vous leur fournissiez trop d'azote.

Egayez votre jardin condimentaire avec des fleurs très colorées.

Exception : un laurier de grande taille doit recevoir environ 5 g d'engrais minéraux par mois.
Important : les engrais organiques ne doivent pas apporter trop d'azote à vos plantes condimentaires (voir conseils de culture pages 214 à 233).

Les engrais organiques du commerce

Les engrais organiques, donc biologiques sont des engrais retard. Ils se décomposent lentement dans le sol et ne risquent pas de brûler les plantes.
Les copeaux d'os : riches en azote, ils seront très utiles pour les plantes qui préfèrent un sol pauvre. Une cuillerée à café par litre de mélange est suffisante.
La poudre d'os et le sang séché : c'est un engrais organique complet qui contient du phosphore, de la chaux et de l'azote en petite quantité. On compte deux cuillerées à café par litre de mélange.
Engrais complet biologique : c'est un engrais complet organique à faible teneur en éléments azotés. Il contient en outre des micro-organismes qui contribuent à prolonger la vie du terreau dans les bacs et les pots.
La fertilisation en cours de végétation : elle n'est nécessaire que pour les jeunes sujets qui ont du mal à pousser, ou pour les espèces à croissance rapide qui ont de plus grands besoins en aliments nutritifs. Vous trouverez dans le commerce ou en magasins spécialisés des engrais liquides organiques, tels que le guano, etc. Pour vos plantes condimentaires, divisez par deux les doses indiquées pour les plantes en pots.

Augmentez la luminosité grâce à une feuille d'aluminium
L'aluminium réverbère bien la lumière. Collez-le sur de l'aggloméré pour plus de rigidité.

Autres apports
L'argile en poudre : ce n'est pas un engrais à proprement parler. Ses grains microscopiques emmagasinent l'eau et les éléments nutritifs. Ajoutez de l'argile en poudre à raison de deux cuillerées à café par litre aux mélanges très sableux pour qu'ils sèchent moins vite.
La chaux : elle est indispensable pour plusieurs espèces (voir pages 214 à 233). S'il faut en faire des apports, préférez la chaux d'algues, qui ne risque pas de brûler les racines. Elle se mélange au sol avant la plantation, à raison d'une cuillerée à café par litre.

Faire son engrais soi-même
Vous pouvez fabriquer vous-même de bons engrais biologiques.
Le compost : il est de loin le meilleur engrais (conseils de fabrication page 193).
Le purin d'orties : on en donne une fois au printemps et encore une fois en juillet.
La recette :

- emplir un seau d'orties fraîches hachées et recouvrir d'eau ;
- Laisser le seau au soleil une semaine en remuant régulièrement.
- Ajouter à l'eau d'arrosage en respectant la dose suivante : un volume de purin d'orties pour 9 volumes d'eau.

Mon conseil : on peut fabriquer l'infusion d'orties à partir d'orties séchées que l'on trouve dans le commerce : ajoutez 200 g d'orties séchées à 10 l d'eau.

L'infusion de consoude :
elle se prépare comme le purin d'orties et se trouve, en été, au bord des chemins et dans les prairies humides.
Le fumier animal : il faut le proscrire absolument.

La taille de rajeunissement

Pour savoir comment couper les tiges et les feuilles au moment de la cueillette, reportez-vous à la page 204.
Mais indépendamment de cela, beaucoup de plantes condimentaires ont besoin d'une taille (illustration page 203, en bas) en cours de végétation. Le thym, la sauge, le romarin et le laurier doivent être retaillés au début de l'automne, sinon la plante va se fatiguer et ne fera que de maigres pousses au printemps suivant.
Comment procéder : taillez toutes les tiges qui dépassent et raccourcissez les autres de façon à former un buisson trapu. Avant l'hiver, prenez soin de rabattre au ras du sol la livèche, l'origan, la mélisse, la citronnelle, la menthe poivrée et l'estragon. Vous pourrez ainsi conserver les tiges coupées et les sécher pour l'hiver.

Maladies et parasites : les prévenir, les guérir

Les plantes aromatiques sont assez résistantes aux maladies et aux parasites.
Dans un jardin vous aurez peu de problèmes. En bacs et en pots vous risquez des attaques de pucerons verts et noirs, d'acariens et de cochenilles.
Important : n'utilisez pas les insecticides. Ce sont des poisons. Si vos herbes aromatiques sont envahies de parasites, il ne vous reste qu'à les jeter et à en racheter. S'il s'agit de plantes vivaces de grande taille (laurier ou romarin) il faut essayer de les sauver (voir page 203).

La prévention est la meilleure protection
Sur le balcon ou la terrasse, la plantation trop serrée et la circulation insuffisante de l'air favorisent le développement des parasites, des bactéries et des champignons.
Ne plantez pas trop serré pour que l'air puisse circuler, tout en évitant les courants d'air (qui favorisent la propagation de certains parasites tels que les pucerons noirs).

Ombragez les cultures
Un parasol ou des cônes de carton fixés sur des bâtons protègent les jeunes plants du soleil de midi.

Evitez l'eau qui stagne
Placez un tesson sur le trou d'écoulement. Ne laissez jamais de l'eau dans le cache-pot.

Les sujets faibles : ils sont plus sensibles aux parasites que les plantes vigoureuses et saines. Un sol trop humide, un excès d'engrais, une croissance trop rapide affaiblissent les plantes. Les cellules végétales ont alors des parois trop minces que les insectes n'auront pas de mal à percer.
Les maladies cryptogamiques : elles se propagent souvent à la surface du sol. Renouvelez donc chaque année le terreau des bacs.
Les cochenilles à carapace : elles se développent sur les plantes à feuillage persistant qui sont hivernées à une température trop élevée.
Evitez certaines associations : la livèche gêne la croissance des autres plantes avec ses racines et ses feuilles à grand développement. Les plantes gênées seront fragilisées et résisteront moins bien aux maladies et parasites. Evitez de cultiver des herbes à proximité de fleurs peu résistantes aux parasites comme les pétunias, vous ne pourriez les protéger de la contagion.

Mon conseil : la capucine attire les pucerons noirs qui attaquent moins les autres plantes.

Combattre les parasites
Si les parasites attaquent vos plantes condimentaires, procédez à un contrôle quotidien, vous prendrez ainsi le mal à la racine.
Mesures de première urgence : coupez les tiges attaquées et détruisez-les ou enlevez les parasites avec un bâtonnet ou à la main. Une douche énergique à l'eau claire contribue aussi à faire reculer les premières attaques d'insectes. Si la plante est encore de petite taille, vous pouvez la plonger tête en bas 1 à 2 heures dans un seau d'eau.
L'infusion de tanaisie (barbotine) : utile contre les parasites, elle prévient aussi les maladies cryptogamiques.
La recette : faire infuser 15 mn 30 g de tanaisie séchée (du commerce) ou 20 g de tanaisie fraîche (récoltée au bord des chemins dès juillet) dans 5 l d'eau bouillante, puis filtrez. Laissez refroidir et ajoutez à trois volumes d'eau. Vaporisez le feuillage sans oublier le dessous des feuilles.
L'infusion d'absinthe : elle a le même usage et les mêmes propriétés que l'infusion de tanaisie. Mais on la vaporise directement sans la dissoudre dans l'eau.
Important : les infusions de tanaisie et d'absinthe ont un goût amer, rincez les plantes à l'eau claire deux à trois heures après l'application.
Les bâtonnets gluants : enduits d'une colle spéciale, ce sont des bâtonnets jaunes que l'on plante dans la terre des pots. Ils sont très efficaces contre les insectes, mais ont l'inconvénient de tous les attirer y compris les insectes utiles.

En cas d'urgence
Si vos plantes subissent une attaque importante de parasites, détruisez les annuelles et bisannuelles. Mais il est désagréable de jeter un laurier, un romarin, un pied de thym ou d'origan ; on peut alors utiliser des insecticides non nocifs. Attendez quelques semaines avant de consommer les plantes.

L'extrait de pyrèthre
C'est un insecticide naturel, mais il a l'inconvénient de tuer aussi les insectes utiles. Son action ne dure que quelques heures.

Autres moyens
Certains insecticides biologiques épargnent la plupart des insectes utiles. Mais n'en usez qu'en cas d'urgence. Respectez les conseils d'utilisation, en particulier le délai prescrit pour pouvoir consommer une plante traitée.

Taillez pour stimuler la croissance

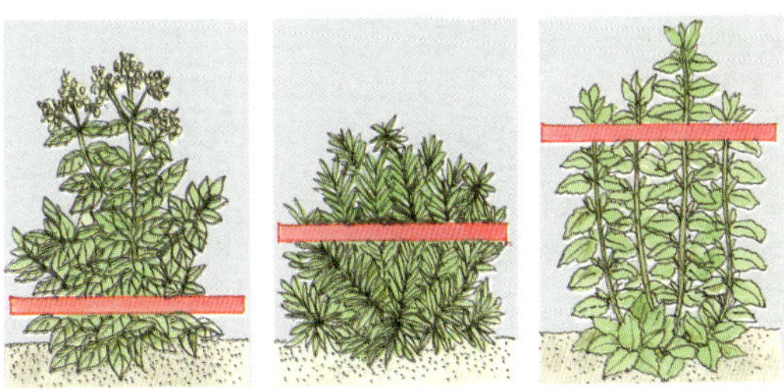

A l'automne, on rabat certaines plantes au ras du sol (à gauche). Le thym et la sauge ne seront raccourcis qu'au tiers de leur hauteur (milieu). Pour rajeunir les plantes vivaces, on taille les rameaux les plus longs afin que le sujet acquière un port plus buissonnant (à droite).

Cueillette et conservation

Même si vous cultivez vos plantes sur un très petit espace, faites une cueillette assez abondante et conservez-la pour l'hiver. Si vous ne voulez pas renoncer à leur saveur à cause de la mauvaise saison, calculez vos besoins au moment du semis. Même si vous ne pouvez conserver que de petites quantités, cela en vaut la peine.

La cueillette

Tant que vos plantes condimentaires sont encore très jeunes, il vaut mieux ne pas y toucher. Attendez qu'elles aient suffisamment de feuilles.

Conseils de base

La cueillette doit se faire avec de grandes précautions, que vous souhaitiez consommer les herbes fraîches, ou, à plus forte raison, si vous voulez les conserver pour l'hiver. Coupez feuilles et tiges avec un couteau ou des ciseaux bien affûtés. Ne laissez pas traîner vos herbes, il faut les utiliser immédiatement.

Recommandations :

- ne taillez jamais toutes les tiges d'une plante à l'exception du cresson et cerfeuil, qui ne vont pas repousser ;
- pour la ciboulette, ne taillez chaque fois que la moitié de la touffe ;
- le basilic, la sarriette et la marjolaine sont taillés à environ 10 cm du sol, ils repoussent et se ramifient l'année suivante ;
- pour les herbes de grande taille telles que l'estragon, la bourrache, la livèche ou la menthe, cueillez les feuilles tendres du bout des tiges. De nouvelles tiges vont se former au-dessous du point de coupe, porteuses de nouvelles feuilles tendres ;
- pour les plantes vivaces telles que l'origan, la mélisse ou la menthe, taillez régulièrement certaines tiges à ras du sol. C'est là que se formeront de nouveaux rameaux parfumés ;
- pour le thym, la sauge et le romarin, ne taillez pas plus du tiers de la longueur des tiges.

Le meilleur moment

Cueillez-les juste avant de les utiliser.

Pour la conservation : choisissez le moment où les plantes condimentaires exhalent l'arôme le plus puissant.

Quelques recommandations :

- marjolaine, thym, sarriette et origan seront cueillis juste avant ou pendant la floraison ;
- pour conserver l'estragon, la livèche, la menthe, la bourrache, la ciboulette, le persil et la mélisse citronnelle, on ne recueille que les jeunes feuilles tendres ;
- sauge, laurier et romarin se récoltent au début de l'automne.

Le bon moment de la journée : c'est celui où les herbes sont le plus parfumées, c'est-à-dire à midi pour toutes les plantes à saveur balsamique. Pour les plantes à feuillage plus tendre, ce sera plus tôt, après que la rosée du matin est bien ressuyée, mais avant la trop forte chaleur.

La conservation

Il existe plusieurs méthodes : chacune a ses avantages. Mais toutes les herbes ne se conservent pas de la même façon. Certaines perdent leur arôme en séchant ou lors de la congélation. Vous trouverez des indications sur la méthode qui convient à chaque espèce dans les conseils de culture (pages 214 à 233).

Préparation

- Utilisez les parties saines de la plante ;
- secouez bien la plante pour en faire tomber les insectes et autres petits animaux qui auraient pu s'y nicher ;
- pour les plantes à grandes feuilles, vérifiez aussi le dessous des feuilles, endroit que les parasites affectionnent ;
- si vos plantes aromatiques sont exposées à la pollution atmosphérique, il faut les laver.

<u>*Plante condimentaire en potée fleurie*</u>
Un buisson de romarin est aussi très décoratif, et vous pouvez en cueillir toute l'année.

Rien ne vaut la saveur d'une plante fraîchement cueillie.

Séchage
C'est la méthode la plus simple et la plus ancienne.
Séchage à l'air libre : formez un bouquet en attachant les tiges avec un bracelet élastique, et suspendez-le à l'ombre dans un endroit chaud. Mais pas à la cuisine, l'air y est trop humide et trop gras. Quand les plantes sont bien desséchées, conservez-les dans des bocaux de verre après les avoir réduites en miettes.
Si vous séchez des feuilles isolées, disposez-les sur un torchon propre dans un endroit chaud et ombragé.
Dans le four : efficace si vous n'avez pas d'endroit où les faire sécher à l'air libre. Cette méthode est également préférable si vous avez dû laver vos herbes.
Déposez vos herbes aromatiques sur une grille couverte d'une feuille d'aluminium et faites-les étuver à 50 °C. La porte du four doit rester entrouverte.
Dans une étuve : c'est encore la solution la plus simple. Les temps et les températures sont réglés, le séchage se fait quasi automatiquement. Surveillez seulement que vos herbes ne sèchent pas trop.
Important : les herbes séchées doivent toujours rester vertes. Elles deviennent grises ou brunes quand elles ont séché trop longtemps, ou quand la température était trop élevée ; elles ont alors perdu une grande part de leur arôme. Veillez également à ne sécher que des herbes parfaitement saines.

Congélation
On peut conserver la plupart des herbes dans le congélateur. Congelez-les par petites quantités, ainsi vous aurez toujours à portée de main ce dont vous avez besoin pour un plat. Vous pouvez aussi congeler des mélanges d'herbes.
Dans le bac à glaçons : c'est le meilleur moyen de faire des parts égales. Hachez les herbes très menu et congelez-les brusquement avec une très petite quantité d'eau. Emballez ensuite ces glaçons d'herbes aromatiques dans des sachets étiquetés.
En sachets : c'est la méthode la plus rapide. Placez vos plantes condimentaires – feuilles et tiges – dans un sachet et congelez rapidement. Retirez-les ensuite du congélateur et réduisez-les en miettes à la main sans les sortir du sachet. Si vous les hachez ainsi quand elles sont gelées, elles ne risquent pas de se coller et vous pourrez prélever les quantités que vous désirez.
Important : pour les utiliser dans les préparations culinaires, ajoutez les herbes encore gelées aux plats chauds, par contre il faut les faire dégeler environ 20 mn avant de les utiliser crues si vous voulez profiter de tout leur arôme.

Conservation dans le vinaigre ou dans l'huile
Quand on les met dans du vinaigre ou de l'huile, ce ne sont pas les herbes à proprement parler que l'on conserve, mais leur arôme : ces liquides prennent rapidement la fine saveur des plantes condimentaires. Ces préparations assaisonnent les salades et de nombreux autres plats. Vous pouvez mettre une ou plusieurs plantes différentes dans une bouteille.
Il faut impérativement laver la plante. Choisissez des rameaux décoratifs, l'aspect est aussi important que le goût.
Conservation dans le vinaigre : placez vos herbes avec tiges et feuilles dans une jolie bouteille transparente que vous emplirez de vinaigre de vin ou de cidre. Ne choisissez pas un vinaigre trop jeune, sinon il se formera une mère disgracieuse entre les feuilles. Placez la bouteille devant une fenêtre bien éclairée. Au bout de deux semaines, le vinaigre aura pris le goût de la plante. Vous pouvez alors la retirer. Si vous la laissez, il faudra sans cesse compléter avec du vinaigre car la partie qui n'est pas immergée prendra rapidement un aspect peu appétissant.
Conservation dans l'huile : hachez un peu les herbes, leur parfum se dégagera mieux. Mettez votre hachis dans une bouteille sombre et remplissez avec de l'huile.
Laissez reposer à la chaleur au moins quatre semaines. L'huile d'olive ne rancit pas. Si vous choisissez une autre huile, consommez-la rapidement.

Salaison
La plupart des plantes condimentaires peuvent se conserver dans le sel, et plus particulièrement la livèche et le persil. Lavez soigneusement les feuilles et les tiges et hachez grossièrement.
Dans un bocal foncé ou dans un pot en grès avec couvercle, déposez-y des couches alternées d'herbes et de sel (une partie de sel pour cinq parties d'herbes), puis tassez avec le manche d'une cuillère en bois. Ainsi conservées, les plantes condimentaires se gardent deux ans.
Important : ce condiment est très salé, tenez-en compte quand vous cuisinez.

Cuisiner les plantes aromatiques

Boissons rafraîchissantes : mélisse, menthe poivrée.
Carottes : persil.
Charcuterie : livèche, persil, ciboulette.
Chou : laurier.
Concombre : bourrache, aneth (feuilles et graines), laurier.
Entremets : fleurs de bourrache, sauge moscatelle, menthe poivrée.
Fines herbes : ciboulette, persil, estragon, cerfeuil, basilic.
Fromage : bourrache, persil, ciboulette.
Gibier : laurier, sauge, thym.
Gigot de mouton (cuisson rapide) : romarin, sauge, menthe poivrée.
Infusions : mélisse, sauge, romarin, menthe poivrée, thym
Œufs : basilic, bourrache, aneth, cresson, ciboulette, pimprenelle.
Pâtes : basilic, origan, thym, romarin, sauge.
Pizza : origan, thym, sauge.
Poisson : estragon, laurier, sauge.
Pommes de terre : sarriette, marjolaine, sauge, laurier, persil, thym.
Rôti : livèche, sauge, thym, laurier, romarin.
Salades : basilic, bourrache, aneth, estragon, cerfeuil, cresson, mélisse, persil, ciboulette, capucine, pimprenelle.
Sauce verte : cerfeuil, persil, ciboulette, pimprenelle, aneth, bourrache, mélisse.
Soupes : persil, ciboulette, cerfeuil, aneth, origan.
Tomates : basilic, aneth, persil, ciboulette, marjolaine, origan, pimprenelle.
Volaille : estragon, romarin, sauge, thym.

Propriétés thérapeutiques

Si vous souhaitez utiliser les herbes aromatiques comme médication, consultez la littérature spécialisée qui vous renseignera sur le dosage et l'utilisation.
Attention : des doses élevées ou une utilisation prolongée peuvent avoir des conséquences néfastes pour votre santé !
Aneth : contre les ballonnements et les maux d'estomac.
Basilic : calmant, antispasmodique pour l'estomac et les intestins, diurétique.
Bourrache : réconfortant, fortifiant, calme les rhumatismes.
Cerfeuil : dépuratif.
Cresson : efficace contre la fatigue de fin d'hiver.
Estragon : diurétique, facilite la digestion.
Laurier : facilite la digestion.
Livèche : diurétique, facilite la digestion, efficace contre les ballonnements.
Marjolaine : calmant, antispasmodique, efficace contre les rhumes et les troubles digestifs, aide à digérer les mets trop gras.
Mélisse : calmant.
Menthe : efficace contre les troubles digestifs.
Origan : calmant, efficace contre la toux et les maux de ventre.
Persil : diurétique, réconfortant.
Romarin : active la circulation, fortifiant.
Sarriette : facilite la digestion, soigne la toux et l'encombrement muqueux.
Sauge : anti-inflammatoire, efficace en gargarismes.
Thym : contre la toux et les crampes d'estomac.

L'aneth n'en fait qu'à sa tête
Semez l'aneth un peu partout, il finira bien par lever quelque part.

Multiplication et hivernage

Si vous avez réussi votre première production d'herbes aromatiques, vous allez vouloir poursuivre votre culture l'été suivant. Vous avez plusieurs solutions : récolter les graines de vos plantes ou faire des boutures. Vous pouvez aussi hiverner les plantes vivaces, à l'extérieur ou dans la maison.

Multipliez facilement vos plantes condimentaires

Voici quelques bonnes raisons pour le faire vous-même.
- Les plantes annuelles et bisannuelles doivent être semées chaque année. Quelle fierté de pouvoir semer les graines de vos propres plantes !
- Les plantes vivaces s'affaiblissent en vieillissant, surtout si vous les cultivez en pots. La multiplication va vous permettre d'avoir chaque année de nouveaux sujets.

Récolte des graines

Sous nos latitudes, toutes les plantes condimentaires ne viennent pas à graine. Les plantes du sud comme le basilic, la sauge ou le thym n'ont pas le temps de mûrir leurs semences, la période de végétation est trop courte.
Les plantes qui forment des graines : cresson, cerfeuil, persil et bourrache forment des graines bonnes à récolter. Vous mettrez de côté un ou deux pieds dont vous ne cueillerez pas les feuilles pour les laisser fleurir.
Chez les plantes annuelles, fleurs et graines se forment dès la première année, la deuxième chez les plantes bisannuelles.
Les vivaces fleurissent chaque année, mais il vaut mieux utiliser d'autres modes de multiplication (voir pages 214 à 233 pour plus de précisions).
La récolte des graines : n'attendez pas que celles-ci soient complètement mûres et sur le point de tomber.
Comment procéder :
- coupez les tiges qui portent les graines juste avant leur complète maturité. Les capsules séminales ne doivent pas être encore ouvertes, les téguments extérieurs des graines ne doivent pas être encore tout à fait sombres ;
- suspendez ces tiges tête en bas à l'ombre, au-dessus d'un torchon ou d'un papier propre ;
- quand les graines arrivent à maturité, elles tombent. Débarrassez soigneusement votre récolte des enveloppes et des feuilles mortes.

Récolter les graines
Suspendez les plantes tête en bas, les graines vont tomber sur le torchon. Conservez-les en sachets dans un bocal fermé.

La conservation :

- veillez à ce que les graines soient bien sèches, sinon elles vont moisir ou pourrir.
- par précaution, vous pouvez les sécher un peu plus, dans une assiette au-dessus du radiateur, ou en les passant un court moment (pas plus de 10 mn) dans le four préchauffé à 50 °C ;
- conserver les graines dans un bocal propre et sec, bien fermé, dans un endroit frais et sombre.

Important : vérifiez régulièrement que vos graines ne sont pas attaquées par des parasites. Jetez immédiatement les lots contaminés.

Bouturage

Sauge, romarin, thym et laurier se reproduisent par bouturage. Coupez en juillet/août environ 10 cm de tiges de l'année avec un couteau aiguisé. Veillez à ce que le point de coupe se trouve au-dessous du point d'insertion d'une feuille. Enlevez les feuilles tout autour de cet endroit.
Faire enraciner les boutures : placez plusieurs boutures dans un petit pot contenant un mélange de terreau de tourbe et de sable. L'enracinement se fera mieux si vous placez les boutures sur le pourtour du pot, de sorte que la trace de la coupure soit en contact avec la paroi. Pour que la bouture profite de l'humidité atmosphérique, puisqu'elle n'a pas encore de racines, tendez un sachet de plastique transparent au-dessus du pot et maintenez-le en cloche avec deux morceaux de fil de fer croisés. Dès que la bouture est enracinée – ce que vous constatez à la formation de nouvelles pousses – ôtez le sachet de plastique.
Autres soins : quand la bouture est bien enracinée, mettez-la en place dans un pot plus grand qui contient une terre plus nutritive. Pincez les extrémités des tiges deux à trois fois pour obliger la plante à se ramifier.

Marcottage

C'est une autre forme de bouturage, que l'on utilise par exemple pour la sauge.
Comment procéder : recourbez une tige lignifiée jusqu'au sol et fixez-la avec une épingle à cheveux, un bout de fil de fer ou un caillou.
Dès que des racines se sont formées à cet endroit, coupez les marcottes des pieds mères et replantez les nouveaux sujets dans des pots.

Division des touffes

La livèche, la mélisse citronelle, l'origan et la ciboulette se multiplient en divisant le pied (voir illustration p. 211). On procède de préférence à l'automne ou au printemps.
Comment procéder :

- quand votre pied a deux ou trois ans, et qu'il forme une motte compacte de racines, vous pouvez l'extraire de la terre après l'avoir bien humidifié ;
- avec un couteau pointu ou des cisailles, divisez la motte de racines en deux ou trois parties, en prenant garde de ne pas blesser les racines fines ;
- raccourcissez les tiges et les feuilles de moitié ;
- mettez aussitôt en terre les nouveaux sujets ainsi obtenus : le collet doit se trouver au même niveau que précédemment ;
- au printemps, laissez les pots contenant les nouvelles plantes à l'ombre jusqu'à ce que de nouvelles pousses se forment. Vous pouvez alors les mettre en place ;

Multiplication par boutures
Avec un couteau bien aiguisé, taillez des rameaux de l'année qui ne sont pas encore trop lignifiés. Placez-les dans un mélange de terre et de sable contre le bord du pot.

- en automne, rentrez-les et mettez-les en hivernage devant une fenêtre exposée au nord.

Drageonnage

Vous pouvez procéder ainsi avec l'estragon, la menthe et la mélisse citronnelle. Les drageons se forment quand la plante a suffisamment d'espace.

Comment procéder :
si vous constatez qu'une nouvelle petite plante surgit de terre à proximité du pied mère, vous pouvez la couper, en lui laissant ses racines et la replanter dans un autre pot. Taillez un peu la partie aérienne de la plante pour stimuler l'enracinement.

Mon conseil : peu importe la méthode que vous choisirez pour multiplier vos plantes condimentaires. Mais ne mettez jamais les jeunes sujets en plein soleil. Laissez-les à l'ombre – au chaud – jusqu'à ce qu'ils se soient bien développés.

Les plantes condimentaires en hiver

Vous pouvez profiter plusieurs années de vos plantes vivaces à condition de respecter la période de repos hivernal. Si vous rentrez des pots de thym, d'origan, de romarin et de sauge en hiver pour poursuivre la récolte, vous risquez d'être bien déçu.
La plante va former des pousses nouvelles si vous la soignez correctement, mais rapidement elle s'étiolera et va dépérir.

Hivernage en plein air

Origan, persil, mélisse citronnelle, menthe, livèche et estragon passent l'hiver sans difficulté à l'extérieur avec une légère protection contre le gel.
En pleine terre : inutile de les protéger du gel, mais offrez-leur un bon paillis de feuilles mortes.
En pots et jardinières : le danger principal, c'est la sécheresse, surtout si la motte est gelée durant plusieurs jours.
Placez les pots avec les plantes que vous voulez faire hiverner dans un endroit abrité et

Multiplication par division des touffes
Beaucoup se multiplient ainsi (par exemple la ciboulette). On taille une partie des feuilles puis on partage la motte.

enveloppez-les de papier journal. Sur un balcon ou une terrasse, offrez leur une protection de feuillage ou d'aiguilles de pin. Arrosez seulement quand il ne gèle pas.

Hivernage dans la maison

Comme les géraniums, laurier, romarin, sauge et thym ont besoin de repos hivernal. Vous pouvez les laisser à l'extérieur tant que la température ne descend pas en dessous de -5 °C. Ne les mettez jamais dans une cave obscure, car elles ont besoin de lumière. Cependant la température ne doit pas dépasser 15 °C.
Pendant l'hivernage, n'arrosez que très peu. Le sol ne doit pas sécher complètement. Dès que la température extérieure s'élève au dessus de -5 °C (dès mars-avril), sortez les plantes.

Conseils pour l'hivernage

On peut hiverner dans l'obscurité toutes les plantes vivaces rabattues au ras du sol : livèche, estragon, origan, mélisse, menthe. Si vous n'avez pas d'endroit abrité pour les hiverner à l'extérieur, placez les pots jusqu'en février dans un endroit frais. Ne les arrosez pas. Dès la mi-février vous placerez vos plantes condimentaires dans un endroit clair et plus chaud et vous les arroserez régulièrement mais sans excès. Elles vont rapidement former de nouvelles pousses.
Il faut hiverner dans un endroit clair tous les jeunes plants issus de boutures ou de divisions de touffes. Vous devrez les soigner comme des plantes d'intérieur, les arroser et les vaporiser régulièrement. Mais résistez à la tentation d'en cueillir.

La récolte d'hiver

On rentre des pots préparés spécialement durant l'été. Vous pouvez mettre en pot à l'automne le persil et la ciboulette du jardin, ainsi que la sarriette, le basilic et la marjolaine. Soignez-les comme les plantes condimentaires que l'on cultive à l'intérieur (voir page 187).
Mais ne soyez pas déçu de ne pas retrouver l'arôme qu'elles avaient en plein air. Cresson et cerfeuil se sèment directement en pots à l'intérieur.

Les plantes condimentaires les plus répandues

Vous trouverez dans les pages suivantes toutes les indications pour faire pousser et soigner les plantes condimentaires, ainsi que des précisions sur leur saveur et leur utilisation en cuisine.

Les différentes rubriques

Vous trouverez en premier le nom français, puis le nom scientifique. La rubrique *aspect* décrit les caractères principaux de chaque plante.
A chaque *saveur* correspondent des *utilisations* culinaires particulières. La rubrique *culture* vous apprendra tout sur les graines et les boutures. N'oubliez pas l'importance du sol, le mélange de terre qui convient pour chaque plante. L'*emplacement* est important pour votre plante : balcon, rebord de fenêtre ou jardin. Vous découvrirez également tout ce qu'il faut savoir sur leurs besoins en *température* et *éclairement*, comment doser l'*arrosage* et *fertiliser*. La *cueillette* doit se faire au moment le plus propice. Pour la *multiplication*, l'*hivernage* et la *conservation*, on vous proposera les méthodes les plus appropriées.
Enfin la rubrique *attention* vous indiquera les erreurs à éviter.

Les symboles

emplacement clair et ensoleillé.

emplacement clair, mais pas d'ensoleillement direct toute la journée. Mi-ombre.

plante annuelle : semée au printemps, elle meurt à l'automne.

plante bisannuelle : fleurit et fructifie la deuxième année, puis meurt.

plante vivace : si vous la soignez convenablement, elle durera longtemps.

<u>La belle des champs</u>
le serpolet est la forme sauvage du thym.

Aneth
Anethum graveolens

Aspect : de hautes tiges, qui peuvent atteindre 1 m, portent de nombreuses feuilles très étroites, en plumets.
Saveur : les feuilles ont un goût frais et très agréable. Les graines rappellent celles du carvi.
Utilisation : les feuilles dans les salades vertes, salades de concombre ou de pommes de terre, les sauces, mayonnaises et plats de poisson.
Ne pas cuire.
Les graines vous serviront à assaisonner les cornichons, ainsi que tout ce qui se conserve dans le vinaigre.
Culture : annuelle.
Germe à l'obscurité.
Mettez les graines en terre à partir d'avril, ne laissez jamais le sol se dessécher.
Ne repiquez que les plantules très jeunes (racine en pivot).
L'aneth est capricieux, il ne lève pas toujours.
Sol : deux parties de compost, une partie de terre de jardin, une partie de sable.
Emplacement : dans des pots et jardinières profonds sur le balcon et la terrasse, à l'abri des courants d'air.
En pleine terre.
Eclairement : la tête en plein soleil, les pieds à l'ombre, semez au milieu d'autres plantes.
Température *:* élevée. Mettez-le sous abri quand l'été est frais.
Arrosage : le sol ne doit jamais se dessécher, mais évitez absolument l'eau qui stagne.
Fertilisation : inutile.
Cueillette : on cueille régulièrement les feuilles vertes. On peut aussi consommer les tiges. Utilisez les plantules éclaircies pour la cuisine. Récoltez les graines à partir d'août-septembre.
Multiplication : par semis. Les graines restent viables quatre ans.
Hivernage : semez encore une fois en août dans un grand pot. Certaines espèces poussent très bien quand l'éclairement est un peu insuffisant, à la fenêtre. Rentrez avant les gelées, à exposition très claire.
Conservation : les ombelles et les feuilles au vinaigre. Les graines séchées. Le mieux est de congeler les feuilles.

Attention : si vous souffrez des reins, ne consommez pas de l'aneth.

Mon conseil : semez l'aneth au milieu de toutes vos plantes aromatiques, ainsi vous aurez davantage de chances de le voir lever. Comme le dit le dicton : "l'aneth n'en fait qu'à sa tête" !

Les graines d'aneth servent bien à l'assaisonnement.

Il pousse mieux en pot qu'en pleine terre.

On trouve des variétés rouges dans le commerce.

Basilic

Ocimum basilicum

Aspect : petites feuilles ovales un peu incurvées sur des tiges anguleuses. Il peut être vert émeraude (parfumé) ou brun rouge (décoratif). Préférez les espèces à petites feuilles (15 à 25 cm) pour la fenêtre ou le balcon, elles sont plus parfumées. Pour la pleine terre, les espèces à grandes feuilles (jusqu'à 50 cm de hauteur) sont plus rustiques. L'extrémité des pousses porte des fleurs blanches ou roses à partir de juillet.

Saveur : à la fois douce et poivrée, très balsamique, elle domine et atténue celle des autres herbes.

Utilisation : les feuilles, crues, avec salades, tomates, œufs, pistou, les plats méditerranéens, le poisson, le fromage. Ne pas cuire.

Culture : annuelle. Germe en pleine lumière, ne pas couvrir les graines. Quand les jeunes pousses atteignent 10 cm, on les replante en groupes dans des pots ou des jardinières.

Sol : deux parties de terreau pour fleurs ou de terreau de tourbe, une partie de sable, une partie de compost.

Emplacement : en pots et jardinières sur le balcon ou la terrasse et à la fenêtre. En pleine terre seulement en plein été.

Eclairement : plein soleil.

Température : les graines germent quand la température nocturne dépasse 10 °C. Si l'été est frais, vous devrez cultiver le basilic dans un endroit ensoleillé sur le balcon ou à la fenêtre.

Arrosage : ne laissez jamais dessécher la motte, arrosez tous les jours quand il fait très chaud.

Fertilisation : ajoutez un peu d'engrais retard au moment de la mise en place, puis arrosez avec du purin d'orties un mois plus tard.

Cueillette : cueillez les jeunes feuilles. Coupez le sommet des pousses, ainsi la plante va se ramifier. La cueillette se fait tout l'été.

Multiplication : semez des graines du commerce.

Hivernage : procédez à de nouveaux semis devant la fenêtre pour avoir des plantes en hiver. La saveur sera cependant moins prononcée.

Conservation : dans le vinaigre ou dans l'huile, ou par congélation.

Mon conseil : un pot de basilic à la fenêtre éloigne les mouches.

Le bleu lumineux des fleurs de bourrache est particulièrement décoratif et attire les abeilles.

Bourrache

Borago officinalis

Aspect : des tiges velues portent de grandes feuilles vert clair, également velues. Fleurs d'un bleu lumineux à l'extrémité des tiges. Plante décorative, appréciée des abeilles et des bourdons.
En pleine terre, elle peut atteindre 1 m de haut, en pot elle reste plus petite.
Utilisation : les feuilles tendres assaisonnent salades, œufs, fromage, fromage blanc, cornichons. Les fleurs en décoration sont comestibles dans les salades.
Ne pas cuire.
Culture : annuelle. Germe à l'obscurité. Semez en place, il est facile de bien répartir les graines qui sont grosses. Semez en pleine terre à partir d'avril, en pot un peu plus tôt. Les plantules se repiquent difficilement (racine à pivot).
Ne mettez qu'une ou deux graines par pot, espacez de 40 cm en pleine terre. Si la bourrache est plantée trop serré, elle est attaquée par le blanc ou les pucerons.
Sol : une partie de terreau de tourbe ou de terre de jardin, une partie de compost.
Emplacement : dans des pots de grande taille et des jardinières profondes sur le balcon ou la terrasse, au pied de plantes sur tige, en pleine terre.
Eclairement : plein soleil.
Température : nécessaire pour un bon développement, mais la bourrache germe même par temps frais.
Arrosage : quotidien quand il fait très chaud.
Fertilisation : compost ou engrais organiques comme fumure de fond dans le sol. Arrosez tous les mois avec du purin d'orties ou de consoude.
Cueillette : attendez que les tiges soient assez vigoureuses, sinon la plante risque de s'étioler. Ce sont les feuilles tendres, au sommet et à l'aisselle des tiges, qui sont le plus parfumées.
Multiplication : par semis.
Hivernage : semez encore une fois en août, cultivez à la fenêtre, vous pourrez récolter jusqu'en novembre.
Conservation : par congélation, mais la plante perd de son arôme ; on peut conserver les fleurs dans du sucre.

Des fleurs lumineuses avec un feuillage sombre.

Les boutons floraux s'utilisent comme des câpres.

Capucine

Tropaeolum majus, Tropaeolum nanum

Aspect : il en existe deux sortes : *Tropaeolum majus*, dont les vrilles peuvent atteindre 1 m et *Tropaeolum nanum* qui pousse en buissons. Les feuilles rondes, d'un vert bleuté, poussent sur des tiges charnues, les fleurs sont très grandes, possèdent un éperon, et leurs coloris vont du jaune clair au rouge intense.
Saveur : proche du cresson, mais moins prononcée.
Utilisation : les feuilles, hachées, dans salades, fromages blancs et les fleurs en décoration sont comestibles. Les boutons floraux en câpres. Ne pas cuire.
Culture : annuelle. Germe à l'obscurité. Les graines, très grosses, sont enfoncées de 2 cm dans la terre du pot. Espacez-les suffisamment. Pour que vos capucines fleurissent dès le mois de mai, faites-les lever à l'intérieur, près d'une fenêtre.
Ne semez en pleine terre que lorsque les gelées nocturnes ne sont plus à craindre. Si les vrilles sont trop longues, vous pouvez les tailler.
Fleurit jusqu'aux premières gelées.
Sol : moitié terre de jardin, moitié compost.
Emplacement : en décoration florale sur le balcon, à la fenêtre, dans le jardin en plate-bande, au pied des plantes en bacs.
Ne fleurit pas à l'intérieur.
Eclairement : ne fleurit que si elle reçoit suffisamment de lumière.
Température : pas très exigeante, elle fleurit aussi bien quand l'été est frais que sous un climat un peu rude.
Arrosage : en jardinière, aussi souvent que les autres fleurs, en pleine terre, seulement en période de sécheresse.
Fertilisation : inutile.
Cueillette : on cueille les feuilles, les fleurs et les boutons floraux.
Multiplication : on peut semer les graines que l'on a récoltées.
Hivernage : les graines hivernées en pleine terre lèvent au printemps suivant.
Conservation : les boutons floraux dans la saumure et dans le vinaigre, les feuilles et fleurs dans le vinaigre.
Important : les pucerons l'affectionnent particulièrement et cela protège vos autres plantes. Surveillez les feuilles et si l'attaque est trop virulente, détruisez les plantes.

Délicat, il est apprécié des connaisseurs.

Les feuilles tendres sont les plus parfumées.

Cerfeuil

Anthriscus cerefolium

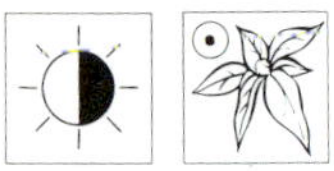

Aspect : petites feuilles vert tendre, molles et très découpées, en buisson bien ramifié à la base, moins vers le sommet. En pleine terre, le cerfeuil peut atteindre 60 cm. Il porte à partir de mai des ombelles de fleurs blanches.
Saveur : douce, un peu anisée.
Utilisation : les jeunes feuilles en soupe (velouté de cerfeuil), salades, omelettes aux fines herbes. Evitez de mélanger cerfeuil et jus de citron, la saveur devient rapidement trop acide. Ne pas cuire.
Culture : annuelle. Germe à l'obscurité. On trouve dans le commerce des graines de cerfeuil plat ou frisé, l'un et l'autre sont également parfumés. Semez fin mars ou début avril en terrines, jardinières ou directement en pleine terre. En pots, la plante lève en une semaine ; il lui faut un peu plus longtemps en pleine terre. On peut cueillir le cerfeuil au bout de six semaines mais il ne repousse pas. Faites des semis régulièrement tous les quinze jours, vous en aurez ainsi tout au long de l'année. Renouvelez la terre de vos terrines et de vos pots à chaque nouveau semis.
Sol : deux parties de terreau de tourbe, une partie de sable.
Emplacement : en jardinières et terrines sur le balcon, la terrasse, à la fenêtre.
Eclairement : le cerfeuil prospère mieux à mi-ombre, il ne supporte pas le plein soleil, sauf au début du printemps.
Température : peu sensible, on peut le semer dès mars.
Arrosage : maintenez la motte humide, sinon les feuilles vont rougir et la plante fleurira avant que vous ayez pu procéder à la cueillette. Elle perd alors son arôme.
Fertilisation : inutile.
Cueillette : les feuilles tendres, avant la floraison.
Multiplication : par semis. Au jardin, laissez certains pieds arriver à complète maturité et former des graines que vous sèmerez l'année suivante.
Hivernage : on peut cultiver le cerfeuil comme le cresson, devant une fenêtre.
Conservation : par congélation.

La ciboulette se cueille toute l'année.

La ciboule a un goût légèrement aillé.

Ciboulette

Allium schœnoprasum

Aspect : des feuilles vertes tubulaires sortent des minuscules oignons qui poussent en motte serrée. Des ombelles roses apparaissent en juin au sommet des tiges raides.
Saveur : prononcée, proche de l'oignon pour la ciboulette et de l'ail pour la ciboule.
Utilisation : avec salades, potages, fromage blanc, œufs, pommes de terre, fines herbes. Ne pas cuire.
Culture : vivace. Semez en avril directement en pleine terre ou en pots. Semez serré, il faut que les oignons forment une motte dense. Ne cueillez pas trop tôt, la plante risque de dépérir.
Le mieux est d'acheter au printemps un ou deux pieds de ciboulette.
Si vous en utilisez beaucoup, ressemez-en régulièrement, la plante s'épuise rapidement quand elle est cultivée en pot.
Sol : moitié terre de jardin, moitié compost, un peu de chaux.
Emplacement : en pots sur le balcon, la terrasse ou à la fenêtre, en jardinière, même exposée au nord.
En pleine terre.
Eclairement : soleil et mi-ombre.
Température : plutôt fraîche.
Arrosage : maintenez la motte humide mais ne laissez pas l'eau stagner.
Fertilisation : si vous n'avez pas de compost, donnez un engrais organique. Arrosez avec du purin d'orties.
Cueillette : ne cueillez chaque fois que la moitié des feuilles. Attendez que la première moitié ait repoussé avant de couper l'autre.
Multiplication : par division de la touffe au printemps ou à l'automne.
Hivernage : en pleine terre, pas besoin de protection. En pot, hivernez au frais et au sec.
Conservation : congélation, mais il est préférable de poursuivre la culture à la fenêtre.

Mon conseil : si vous la faites pousser en pleine terre, voici comment rentrer un pot : sortez les oignons de terre à l'automne, laissez-les sécher 4 à 6 semaines. Un peu de gel ne leur fera pas de mal. Posez sur le rebord de la fenêtre. Quand le pied est épuisé, remettez-le au jardin.

Le cresson est facile à cultiver toute l'année sur le rebord d'une fenêtre.

Cresson alénois
Lepidium sativum

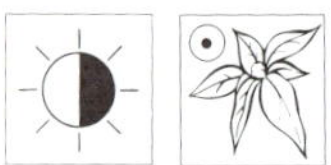

Aspect : des tiges coriaces portent des feuilles vert clair disposées en rosettes. Les premières feuilles sont petites et ovoïdes. C'est sous cette forme que le cresson est le plus utilisé. Si vous le laissez pousser, des petites fleurs blanches apparaîtront au sommet des tiges.
Saveur : proche du raifort, forte et rafraîchissante.
Utilisation : en salade, avec le fromage blanc, les œufs, sur des tartines beurrées. Ne pas cuire. Couvre toutes les autres saveurs.
Culture : annuelle. Germe à la lumière. Les graines germent en deux à trois jours. Semez du cresson tous les huit jours, vous en aurez ainsi toujours à disposition. En plein air, on le sème souvent au début du printemps sur les plates-bandes où il ne sera replanté que plus tard. N'en semez pas parmi d'autres plantes, ses huiles essentielles très fortes gênent la croissance des autres plantes.
Sol : sans importance, puisque l'on cueille le cresson très jeune. Il pousse dans le sable, la tourbe, le terreau pour fleurs, mais tout aussi bien sur la ouate humide.
Emplacement : en plein air, à mi-ombre, en terrines, jardinières, soucoupes sur le balcon ou sur le rebord de la fenêtre de la cuisine.
Eclairement : mi-ombre. Préférez une fenêtre exposée au nord.
Température : sans importance, lève en plein air dès mars ; pousse aussi bien à l'intérieur.
Arrosage : maintenir une humidité constante.
Fertilisation : inutile.
Cueillette : ne cueillez que les plantes très jeunes, avant qu'elles atteignent 10 à 15 cm.
Multiplication : par semis.
Hivernage : le cresson pousse tout l'hiver sur le rebord de la fenêtre et vous fournit un apport non négligeable en vitamine C.
Conservation : impossible mais inutile puisque vous pouvez en faire pousser toute l'année.

Mon conseil : en plein été, le cresson cultivé en pleine terre est trop fort et amer. Préférez un emplacement plus frais à mi-ombre sur le balcon ou devant une fenêtre.

L'estragon prospère facilement, même si l'été est frais.

Estragon

Artemisia dracunculus

Aspect : tiges très ramifiées portant des feuilles étroites, allongées et d'un vert intense. Des boutons floraux verdâtres apparaissent au sommet des tiges à partir de juin. En pleine terre, il atteint 1,50 m, un peu moins en pot.

Saveur : douce amère, très fine.

Utilisation : les feuilles accompagnent salades, poissons, volailles, soupes, omelette aux fines herbes. Ne pas cuire.

Culture : vivace. Germe à l'obscurité. Il existe deux sortes d'estragon : l'estragon russe, moins parfumé mais plus rustique. On le fait germer à la fenêtre, puis on le replante dans le jardin ou dans de grands pots quand les plantules sont bien enracinées. L'estragon français est plus parfumé mais moins résistant au froid. Il ne se multiplie que par drageons. En pleine terre, un pied d'estragon peut rester quatre ans, ensuite il perd ses feuilles basses.

Sol : moitié terreau de feuilles ou terre de jardin, moitié compost.

Emplacement : en pots de grande taille ou en jardinières sur le balcon ou la terrasse, en plein air dans un endroit abrité, parmi d'autres buissons.

Eclairement : intense. Le long d'un mur clair.

Température : il pousse aussi quand l'été est frais et le climat un peu rude.

Arrosage : arrosez copieusement par temps sec mais ne laissez jamais d'eau au fond des pots.

Fertilisation : ajoutez un peu d'engrais organique au moment de la plantation. Arrosez tous les mois avec du purin d'orties ou de consoude.

Cueillette : on récolte les feuilles toute l'année.

Multiplication : l'estragon russe se sème, le français se multiplie par drageons.

Hivernage : en automne, on le rabat au ras du sol. Si l'hiver est rigoureux, couvrez les plantes de pleine terre. Rentrez les sujets en pots et cueillez les feuilles jusqu'à ce que la plante soit épuisée. Semez de nouveau au printemps. Pour l'estragon français, faites enraciner les jeunes drageons à l'automne en pots que vous hivernerez près d'une fenêtre. Mais attendez le printemps pour faire la cueillette.

Conservation : dans le vinaigre, ou congelé.

Ne consommez pas les baies du laurier.

Les sujets les plus âgés fleurissent parfois.

Laurier

Laurus nobilis

Aspect : buisson vigoureux aux branches ligneuses et aux feuilles coriaces, allongées, toujours vertes.
Les sujets les plus âgés fleurissent en mai.
Les fleurs sont petites, blanches et très parfumées. Les baies noires ne sont pas comestibles.
Saveur : très prononcée. Les feuilles fraîches sont un peu amères.
Utilisation : les feuilles dans les potages, les plats de poisson et de viande, les pommes de terre, les marinades pour le gibier, les cornichons, la choucroute.
Culture : vivace. Multiplication par boutures.
Sol : moitié terre de jardin, moitié compost.
Emplacement : en bacs sur le balcon ou la terrasse. Vous pouvez rentrez les jeunes sujets en hiver si la salle de séjour n'est pas trop chauffée.
Eclairement : suffisamment de lumière, mais pas de soleil direct toute la journée.
Température : peut supporter jusqu'à -10 °C pendant des temps très courts.
Arrosage : deux fois par semaine.
Si les feuilles sèchent, la plante dépérit.
Cueillette : toutes l'année, les feuilles fraîches.
Multiplication : par bouturage. Soyez patient, le laurier pousse lentement.
Ne cueillez pas les feuilles les premières années, la plante en a besoin.
Quand le pied est plus grand, vous pouvez le tailler en pyramide ou en couronne.
Hivernage : placez dans une pièce claire à une température inférieure à 15 °C et arrosez une fois par mois.
Conservation : séchez les feuilles en bouquets ou une à une. Si elles brunissent, elles perdent leur arôme.
Important : nettoyez régulièrement en été au jet d'eau pour disperser les pucerons. Pendant l'hivernage, la plante peut être attaquée par des cochenilles. Vérifiez régulièrement.
Attention : certaines personnes sont allergiques au laurier.

Mon conseil : après la taille du buisson en automne, ramassez les branches et mettez-les en bouquets que vous sécherez. C'est très décoratif dans la cuisine.

La livèche fleurit dès juillet.

N'abusez pas de ses feuilles au goût très prononcé.

Livèche
Levisticum officinale

Aspect : des tiges anguleuses portent des feuilles dures et très découpées. En plein air, elle forme des buissons qui peuvent atteindre 1,50 m. Les premières pousses de printemps sont rougeâtres. Au mois de juillet apparaissent des épis de fleurs jaunes au bout des tiges.
Saveur : forte, assez proche du céleri.
Utilisation : les feuilles et les tiges dans les soupes, ragoûts et salades à base de viande. Attention à ne pas en mettre trop. Peut s'utiliser aussi bien cru que cuit.
Culture : vivace. N'essayez pas de faire lever des graines, elles ne germent que si elles sont de l'automne précédent, et encore, seulement à 40 %. Un pied suffit pour une famille, achetez donc un jeune plant.
Sol : une partie de terre de jardin ou de terreau de tourbe, deux parties de compost.
Emplacement : sur le balcon et la terrasse, dans des récipients profonds et de grande taille, au jardin, en plate-bande.
Eclairement : soleil ou mi-ombre.
Température : peu sensible au froid, vous pouvez la sortir dès avril si l'emplacement est abrité.
Arrosage : abondant. Tous les jours par temps chaud.
Fertilisation : si vous ne disposez pas de compost, ajoutez une poignée d'engrais organique (copeaux de corne) dans le mélange. Arrosez tous les mois avec du purin d'orties ou de consoude. Renouvelez chaque année la terre des pots.
Cueillette : les feuilles fraîches de mai à novembre.
Multiplication : par division de touffes dès la deuxième année.
Hivernage : on rabat toutes les tiges en hiver. La livèche passe l'hiver sans problème en pleine terre. Hivernez les plantes en pots comme vos plantes ornementales dans une pièce fraîche. La livèche a besoin de repos hivernal. Sortez-la en mars et reprenez les arrosages, elle ne tardera pas à faire de nouvelles pousses.
Conservation : séchage, congélation, salaison.

Attention : évitez d'en consommer si vous êtes enceinte.

Les inflorescences en boules sont caractéristiques.

Les jeunes pousses sont les plus savoureuses.

Marjolaine
Majorana hortensis

Aspect : des tiges carrées et rougeâtres portent des feuilles ovoïdes et légèrement velues. Des fleurs blanches ou mauve pâle, insérées dans des bractées vertes, apparaissent en juillet au sommet des tiges. Buissons touffus qui peuvent atteindre 50 cm s'il y a assez d'espace.
Saveur : forte.
Utilisation : les feuilles et les tiges dans les plats de viande, les pommes de terre au four, les tomates, les ragoûts. N'ajoutez à la cuisson que 10 mn avant la fin. Difficile à associer à d'autres condiments.
Culture : annuelle sous nos latitudes. Germe à la lumière. Il existe deux espèces : la marjolaine française qui est très rustique ; la marjolaine allemande est plus fragile mais pousse plus vite. Les deux espèces conviennent pour le balcon ou la terrasse. Dans le jardin et si le climat est un peu rude, préférez la marjolaine française. A moins que vous n'en consommiez de grandes quantités, il n'est pas très intéressant de la cultiver à partir de semis. Achetez plutôt un ou deux jeunes plants.
Sol : moitié terre humifère, moitié sable, et un peu de chaux.
Emplacement : en pots et jardinières sur le balcon ou la terrasse, sur le rebord d'une fenêtre exposée au sud, dans le jardin de rocaille. En hiver devant une fenêtre bien éclairée.
Eclairement : exposition claire et ensoleillée.
Température : très sensible au froid. Ne la sortez que fin mai et rentrez-la avant les premières gelées.
Arrosage : ne laissez pas les jeunes sujets se dessécher. Les plantes adultes supportent la sécheresse.
Fertilisation : inutile.
Cueillette : on cueille les jeunes pousses du sommet et les bractées vertes qui entourent les fleurs. La marjolaine est plus parfumée si on la cueille tôt le matin ou en fin d'après-midi.
Multiplication : par semis, mais les graines ne mûrissent pas sous nos latitudes.
Hivernage : en automne rentrez un ou deux pieds vigoureux devant une fenêtre. Cependant, la plante ne repousse pas après la cueillette.
Conservation : séchez et stockez à l'abri de l'air, ou conservez dans l'huile.

La mélisse vous donnera le meilleur de sa saveur si vous écrasez les feuilles dans un mortier.

Mélisse

Melissa officinalis

Aspect : des tiges anguleuses et velues aux feuilles ovoïdes, vert clair et dentées. En juillet apparaissent des petites fleurs roses et blanches à l'aisselle des feuilles. En pleine terre, le buisson peut atteindre 1 m.
Saveur : fraîche et citronnée, un peu douce amère.
Utilisation : avec les salades, tomates, sauces aux herbes, mayonnaise, poisson, riz, dans le vin chaud et le thé. Utilisez cru ou ajoutez en fin de cuisson. L'arôme est plus puissant si on écrase la plante.
Culture : vivace. Achetez des jeunes plants, un pied suffit pour toute la famille.
Sol : une partie de terre de jardin, une partie de compost et une partie de sable.
Emplacement : en pots de grande taille et jardinières sur le balcon ou la terrasse, à la fenêtre, ou à l'intérieur dans un endroit bien éclairé mais pas trop chaud. En pleine terre en veillant à ce qu'elle ne gêne pas la croissance d'autres plantes.
Eclairement : plein soleil, fenêtre exposée au sud pour la culture en appartement.
Température : peu sensible au froid, elle hiverne sans difficulté en pleine terre si on la rabat complètement. Sortez-la à partir d'avril.
Arrosage : ne laissez pas les jeunes plants se dessécher. Les sujets plus âgés supportent la sécheresse.
Fertilisation : en mai et juin, arrosez une fois avec un purin d'orties.
Cueillette : les jeunes feuilles vert tendre du début du printemps à la fin de l'automne.
Multiplication : vous pouvez diviser la motte des sujets les plus grands au printemps.
Hivernage : en pleine terre. Si l'hiver n'est pas rigoureux, votre plante va repartir dès février. Ne rentrez les pots que si les gelées durent assez longtemps. Si la plante n'est pas trop grande, hivernez-la avec la totalité de ses feuilles dans une pièce claire et fraîche. Si, à l'inverse, le sujet est de grande taille, rabattez-le complètement et hivernez-le dans une pièce sombre et fraîche. Replacez-le à la lumière en mars et reprenez les arrosages réguliers. La végétation va rapidement repartir.
Conservation : séchage ou congélation.

La menthe a de nombreuses utilisations.

Les fleurs apparaissent au cœur de l'été.

Menthe poivrée

Mentha piperita

Aspect : de longues tiges anguleuses portent des fleurs vert sombre ou rougeâtres au bord denté. Les fleurs apparaissent en épis roses au sommet des tiges à partir de juillet-août.
Saveur : fraîche et balsamique.
Utilisation : les feuilles en infusion, boissons rafraîchissantes, liqueur, avec l'agneau, en sauces. Utilisation crue ou cuite.
Culture : vivace. Achetez plutôt un jeune plant. Sur le balcon, offrez-vous des espèces originales telles que menthe à parfum d'orange, de pomme, d'ananas ou épicé. Pour l'agneau utilisez de la menthe frisée, qui est plus douce. La menthe aquatique, qui pousse à l'état sauvage, a un parfum délicat. On peut aussi se procurer de jeunes plants de menthe forte, qui est plutôt âpre.
Sol : moitié terre de jardin ou terreau de tourbe, moitié compost.
Emplacement : sur le balcon ou la terrasse, en pot ou terrine de grande taille. En jardinière au milieu des fleurs de balcon. En pleine terre, dans un endroit bien délimité. Limitez la croissance des racines en faisant pousser la plante au centre d'un seau dont vous aurez ôté le fond.
Eclairement : soleil ou mi-ombre.
Température : plus parfumée quand l'été est très chaud, mais assez résistante au froid.
Arrosage : ne laissez pas les jeunes plants se dessécher. Quand le sujet est plus âgé, n'arrosez que par temps très sec.
Fertilisation : inutile.
Cueillette : l'extrémité des tiges (plus parfumées). Rabattez de temps à autre une partie des tiges au ras du sol (faites sécher) pour favoriser la formation de nouvelles pousses.
Multiplication : par drageonnage.
Hivernage : rabattez au ras du sol, protégez d'un paillis les pieds en pleine terre, hivernez les pots en cave sombre et fraîche.
Conservation : séchage, congélation.
Attention : déconseillé aux nourrissons et aux enfants.

Mon conseil : pour les espèces rares, il faudra obtenir des drageons. Avec l'autorisation du propriétaire, prélevez un morceau de racine porteur de pousses.

Il apportera dans votre cuisine le parfum du sud.

Admirez sa somptueuse couronne de fleurs roses.

Origan

Origanum vulgare

Aspect : de longues tiges dures et rougeâtres, pouvant atteindre 70 cm, portent de nombreuses feuilles minuscules, finement velues, gris-vert. Les fleurs apparaissent en corymbes roses à partir de juillet.
Saveur : balsamique, teintée d'amertume.
Utilisation : tous les plats méditerranéens, pizzas, fromage, viande, charcuterie, potages. Aussi en infusion. Se cuit.
Culture : vivace. Germe à l'obscurité. Vous pouvez faire germer les graines devant une fenêtre, et mettre en place dehors à partir de mai. Il est cependant plus simple d'acheter un jeune plant, qui poussera plus vite.
Sol : deux parties de terreau de tourbe, une de compost, une de sable, un peu de chaux.
Emplacement : sur le balcon ou la terrasse, en pots, terrines et bacs de grande taille, en jardinière sur le rebord d'une fenêtre plein sud, en pleine terre, dans un jardin de rocaille. Il a besoin d'espace, ne le mettez pas en pot. Dans un jardin, offrez-lui un emplacement où il atteindra son plein développement.
Eclairement : plein soleil.
Température : prospère même si l'été est frais, mais son arôme sera alors moins prononcé. Sous un climat rude, offrez-lui une protection hivernale.
Arrosage : préfère la sécheresse.
Cueillette : cueillez les feuilles et les pousses fleuries. Taillez de temps en temps une partie des longs rameaux et faites les sécher. De nouvelles pousses porteuses de feuilles tendres et parfumées vont se former.
Multiplication : à partir de la deuxième année, on peut diviser la touffe.
Hivernage : à l'automne, rabattez-le au ras du sol et recouvrez le pied d'une couche de feuilles mortes. Protégez du gel les bacs qui restent sur le balcon. Vous pouvez éventuellement hiverner le pied dans une cave sombre et fraîche.
Attention : les femmes enceintes ne doivent pas boire d'infusion d'origan.

Mon conseil : prélevez à l'automne un morceau de racine qui porte de jeunes pousses et mettez-le en terre dans un pot, près d'une fenêtre à partir d'octobre. Vous pourrez effectuer des cueillettes pendant quelques semaines.

Le persil pousse très bien en pots de grande taille. Plantez les deux espèces : plate et frisée.

Persil

Petroselinum crispum

Aspect : les tiges anguleuses portent des feuilles plates ou frisées. La deuxième année des ombelles verdâtres apparaissent au sommet des longues tiges.
Saveur : relevée, un peu amère.
Utilisation : le persil plat est plus parfumé que le persil frisé, qui convient mieux pour la décoration des plats. Les feuilles accompagnent salades, pommes de terre, légumes, sauces, fromage blanc. Ne pas cuire, on l'ajoute en fin de cuisson dans les plats chauds.
Culture : bisannuel. Germe à l'obscurité. Semez à partir de mars à l'intérieur, en pots ou jardinières que vous sortirez en avril, quand les plantules seront assez vigoureuses. En pleine terre, il vaut mieux semer en août ; vous pourrez le cueillir dès le printemps suivant. La deuxième année, quand les fleurs se forment, le persil n'est plus bon : il faut le ressemer chaque année.
Sol : moitié terre de jardin ou terreau de tourbe, moitié compost.
Emplacement : sur le balcon ou la terrasse en pots ou bacs profonds, en jardinière sur le rebord de la fenêtre ou en pleine terre en choisissant chaque année un nouvel emplacement.
Eclairement : mi-ombre. En hiver, devant une fenêtre éclairée.
Température : ne craint pas les étés frais.
Fertilisation : ni engrais minéral, ni engrais animal. Si vous ne disposez pas de compost, utilisez un engrais organique retard.
Cueillette : attendez que se soient formées suffisamment de feuilles vigoureuses. Par la suite, le persil pousse d'autant plus vite qu'on le coupe souvent.
Multiplication : semez les graines récoltées la deuxième année.
Hivernage : le persil peut passer l'hiver en pleine terre. En pot, il ne résiste pas au froid. Rentrez les pieds les plus vigoureux en pots que vous mettrez près d'une fenêtre bien éclairée : vous aurez ainsi du persil tout l'hiver.
Conservation : séchage, congélation, salaison.

Attention : les graines ne sont pas comestibles.

Les feuilles tendres ont un goût de noix.

Les fleurs rondes et rouges apparaissent en juin.

Pimprenelle
Sanguisorba minor

Aspect : les petites feuilles dentées poussent en rosettes serrées au bout de longues tiges.
Saveur : fraîche, rappelle la noix et le concombre.
Utilisation : les feuilles tendres accompagnent salades, œufs, sauces, tomates. Ne pas cuire.
Culture : vivace. Germe à l'obscurité.
Semez à partir d'avril directement en pleine terre ou en pot.
Eclaircissez dès que les plantules se laissent saisir entre deux doigts. Plantée trop serrée, la pimprenelle ne poussera pas. En pleine terre, espacez les pieds de 20 cm. En pots, un seul pied par pot de 12 cm. Choisissez toujours le plus vigoureux.
Sol : deux parties de terre de jardin ou de terreau de tourbe, une partie de sable, un peu de chaux.
Emplacement : sur le balcon ou la terrasse en pots ou bacs profonds, à la fenêtre en hiver. Les tiges ont tendance à pendre par-dessus le rebord du pot, ce qui est très décoratif si vous plantez la pimprenelle en bordure ou en angle d'un bac à plantes aromatiques ou d'un jardin suspendu.
Eclairement : soleil intense, surtout en hiver à la fenêtre.
Température : peu sensible au froid, la pimprenelle supporte les étés frais et pousse en pleine terre jusqu'aux premières gelées.
On la cueille jusqu'à la première neige.
Arrosage : pas trop d'eau. Si les feuilles ont tendance à pendre, il faut la baigner.
Fertilisation : inutile.
Cueillette : les feuilles tendres et vert clair qui repoussent régulièrement.
Multiplication : se ressème toute seule en pleine terre.
Hivernage : pour en avoir l'hiver, semer de nouveau en août et rentrez les pots fin octobre.
Conservation : congélation. Mais il vaut mieux continuer la cueillette tout l'hiver.
Important : il faut couper les fleurs pour favoriser la pousse des feuilles. En pleine terre, cela permet d'éviter que la pimprenelle ne se ressème et ne se répande comme de la mauvaise herbe.

Mon conseil : semez des graines de pimprenelle au pied d'un arbuste sur tige, cela empêchera la terre du bac de se dessécher.

Les feuilles tendres des jeunes pousses sont molles.

Les abeilles raffolent des fleurs qui poussent en mars.

Romarin
Rosmarinus officinalis

Aspect : buisson ligneux qui peut atteindre 1 m, portant des aiguilles d'un vert bleuté, blanches en dessous. A partir de mars, il se couvre de fleurs bleues.
Saveur : balsamique, âpre et amère.
Utilisation : accompagne tous les plats méditerranéens, rôtis, viandes blanches, pâtes, tomates, légumes. Jetez quelques rameaux dans le feu pour les grillades. Se cuit. Facilite la digestion.
Culture : vivace. Vous pouvez le semer, mais il pousse très lentement ; il faut attendre trois ans pour la première récolte. Il vaut mieux se procurer un ou deux pieds dans le commerce.
Sol : deux parties de terre de jardin ou de terreau de tourbe, une de compost, une de sable ou de gravier fin, un peu de chaux. Ne supporte pas la terre trop compacte.
Emplacement : en bacs sur le balcon ou la terrasse. Pour le cultiver au jardin, enterrez le pot à la belle saison ; vous le déterrerez pour le rentrer en hiver.
Eclairement : grand soleil.
Température : l'arôme se développe avec la chaleur. Il supporte des températures basses jusqu'à -5 °C. En dessous, il faut le rentrer ou le protéger.
Arrosage : maintenir humide.
Fertilisation : inutile.
Cueillette : on cueille les jeunes pousses en permanence. Mais ne pillez pas trop le pied, il aurait du mal à pousser. Taillez l'extrémité des tiges pour donner une jolie forme. N'en cueillez pas trop en hiver, les nouvelles pousses ne se forment qu'au printemps.
Multiplication : vous pouvez faire des boutures à partir de la deuxième année. Les sujets qui ont plus de cinq ans ne fournissent plus. Pensez à assurer leur descendance.
Hivernage : à l'intérieur. Sortez la plante au soleil quand il ne gèle pas.
Conservation : inutile, puisque la cueillette se fait aussi en hiver.
Attention : ne prenez pas de bain au romarin le soir, vous auriez du mal à dormir.

Mon conseil : si vous n'appréciez pas de trouver une aiguille dans votre assiette, vous pouvez le moudre dans un moulin à épices ou mettre une branche dans le plat, et l'ôter.

Elle a besoin de beaucoup de chaleur et de soleil.

Admirez de près ses superbes fleurs.

Sarriette

Satureja hortensis

Aspect : tiges dures et ramifiées, d'une hauteur de 30 cm, portant des feuilles étroites vert sombre. En juillet, des fleurs roses ou mauve pâle apparaissent.
Saveur : poivrée, très parfumée.
Utilisation : les feuilles ou les tiges entières avec les haricots, la soupe de pommes de terre, les ragoûts, les viandes grasses. Elle excite l'appétit et favorise la digestion. Se cuit.
Culture : annuelle. Germe en pleine lumière. Faites-la démarrer en mini-serre ou derrière une fenêtre. Quand les plantules ont atteint 5 cm, repiquez-les en pots, trois plants pour un pot de 12 cm. Vous pouvez repiquer en pleine terre à la mi-mai. Vous ne devez pas laisser la motte se dessécher tant que les plantes n'ont pas atteint leur plein développement. Par la suite, la sarriette supporte la sécheresse.
Sol : deux parties de terreau de tourbe, une partie de compost, une partie de sable, un peu de chaux.
Emplacement : en pots, en terrines ou en jardinières sur le balcon ou la terrasse, sur le rebord d'une fenêtre, à l'intérieur en hiver. En pleine terre.
Eclairement : plein soleil.
Température : élevée.
Arrosage : supporte la sécheresse.
Fertilisation : nuisible à l'arôme.
Cueillette : c'est au moment de la floraison et en plein soleil que la sarriette exhale le meilleur de son arôme. Coupez les tiges à environ 10 cm du sol, la plante repousse et se ramifie.
Multiplication : semez les graines du commerce.
Hivernage : si vous procédez à un deuxième semis en juin-juillet, vous aurez des provisions pour l'hiver. Vous pouvez repiquer plusieurs pieds dans un pot assez grand que vous mettrez à la fenêtre. Mais la plante ne repousse pas en intérieur.
Conservation : séchage et congélation.

Mon conseil : congelez de la sarriette avec les haricots verts.

Les feuilles tendres ont une saveur moins forte.

La variété « tricolor » *est à la fois belle et comestible.*

Sauge

Salvia officinalis

Aspect : petit buisson ligneux à feuillage persistant, un peu clairsemé, portant des feuilles ovoïdes bleu-vert couvertes de poils argentés. Des fleurs bleues ou violettes apparaissent en juillet-août au bout de longues tiges.
Saveur : très prononcée, amère.
Utilisation : les feuilles accompagnent viandes, jambon, ragoûts méditerranéens, pâtes. A cuire. Utilisées également en infusion pour les gargarismes.
Culture : vivace. Germe à l'obscurité. Faites lever les graines, dès avril à la fenêtre, en mai en pleine terre. Quand les plantules atteignent 10 à 15 cm, repiquez-les en pots (3 ou 4 par pot) ou en pleine terre, à l'emplacement prévu.
Sol : deux parties de terre de jardin, une partie de compost, une partie de sable, un peu de chaux.
Emplacement : en pots et bacs sur le balcon ou la terrasse. En jardinière exposée au sud, en pleine terre bien ensoleillée. L'arôme se développe au soleil.
Eclairement : intense, y compris l'hiver, derrière la fenêtre.
Température : plus elle est élevée, plus intense sera l'arôme.
Arrosage : apprécie la sécheresse.
Fertilisation : inutile.
Cueillette : préférez les feuilles tendres pour vos assaisonnements, le goût est moins fort. La sauge pousse rapidement, alors qu'on en utilise peu. On peut la rabattre en août et sécher les feuilles. De nouvelles pousses vont se former avant l'hiver.
Multiplication : par marcottage en juin.
Hivernage : peut passer l'hiver dehors. Si la température descend au-dessous de -10 °C, couvrez le pied de feuilles mortes ou (provisoirement) d'un plastique. Rentrez les pots à exposition claire et fraîche quand il gèle.
Conservation : séchage.

Mon conseil : essayez la sauge moscatelle *(Salvia sclarea)*. On l'utilise surtout dans les entremets épicés. Certaines sauges ornementales du commerce ne conviennent pas pour la cuisine.

Thym d'été sur le balcon.

Tendres fleurs roses en été.

Thym

Thymus vulgaris

Aspect : petit buisson ligneux portant de petites feuilles étroites, gris-bleu, persistantes.
En juin apparaissent de nombreuses fleurs roses.
Saveur : très balsamique, un peu amère.
Utilisation : feuilles, fleurs, pousses accompagnent les plats de viande, les pâtes, les ragoûts, les pommes de terre, le gibier. Se cuit. Facilite la digestion.
Culture : vivace. Pour le cultiver en intérieur, vous pouvez le semer. Les plantules poussent lentement, s'étalent tant que les tiges sont encore molles et pendent par-dessus le rebord du pot. Si vous les remettez régulièrement dans le pot, elles vont former une sorte de coussin.
Mais il est plus simple d'acheter un jeune plant. Vous pouvez ainsi en cueillir immédiatement.
En pleine terre, le thym a du mal à repartir, mais pousse ensuite généreusement. Préférez le thym allemand (thym d'hiver), qui résiste au gel. Pour le balcon ou la terrasse, préférez le thym français (thym d'été), qui pousse plus vite mais est moins rustique.
Sol : deux parties de terre de jardin ou de terreau de tourbe, une de compost, une de sable, un peu de chaux.
Emplacement : en pots, bacs et terrines sur le balcon ou la terrasse, en jardinière à la fenêtre, en pleine terre ou dans le jardin de rocaille.
Eclairement : beaucoup de soleil.
Température : l'arôme se développe mieux quand il fait chaud.
Arrosage : préfère un terrain sec.
Fertilisation : inutile.
Cueillette : permanente.
Multiplication : bouturez les tiges qui ne sont pas trop lignifiées en juillet-août.
Hivernage : au début de l'automne, rabattez le buisson aux deux tiers, il se ramifiera généreusement au printemps suivant.
Séchez les branches taillées.
En pleine terre, le thym allemand résiste au froid.
Rentrez les pots et jardinières quand il gèle.
Conservation : séchage, congélation.

Mon conseil : au cours de vos promenades en montagne, profitez-en pour ramasser du thym sauvage (serpolet) : sa saveur est plus délicate que celle du thym de jardin.

INDEX

Les chiffres en caractères gras renvoient aux photos et aux illustrations. Les astérisques indiquent les pages où figure une description complète de la plante.

ADRESSES

Toutes les jardineries
Truffaut (siège social)
Ferme de la Maison-Neuve
Avenue de la Commune de Paris
91220 Brétigny-sur-Orge

Delbard S.A. (siège social)
16, quai de la Mégisserie
75054 Paris cedex 01

Vilmorin
Oxadis, B.P. 37
Rue Luzais
38070 Saint-Quentin Fallavier

Jardiland
Tripode

Bulbes à fleurs
Les jardineries
Delbard
Jardiland
Truffaut
Vilmorin

Les graineteries Clause

Willemse France
300, rue des Trois Pierres
59200 Tourcoing cedex

Ellebore
Jardin d'acclimatation
Bois de Boulogne
75116 Paris

Schryve Jardin
1315, route de Steent'Je
59270 Bailleul

Les plantes vivaces
Les jardineries indiquées ci-dessus.

Les Jardins de Cotelle
Avenue Gabriel de Clieu
76370 Derchigny-Graincourt

Graines de fleurs
Les Jardins de Valloire
80120 Argoules
(distribuent toute la gamme
des graines Thompson & Morgan).

Clause Semences
1, avenue Lucien Clause
91220 Brétigny-sur-Orge

Willemse France
300, rue des Trois Pierres
59200 Tourcoing cedex

Plants de fleurs pour balcons
Les jardineries
Delbard
Jardiland
Truffaut
Vilmorin

Les graineteries Clause

Willemse France
300, rue des Trois-Pierres
59200 Tourcoing cedex

Ets Hodnik
19, place du 19-mars-1962
45700 Saint Maurice/Fessard

B. Mitton
Avenue Gouvieux
60260 Lamorlaye

Pots et jardinières
Le Cèdre Rouge
Lille
Paris
Toulouse

Les jardineries citées dans
les premiers paragraphes.

Avertissement
Cet ouvrage traite de la culture des fleurs, légumes, fruits et plantes aromatiques sur les balcons et terrasses. Entretenez régulièrement vos outils de jardin, de façon à ce que personne ne puisse se blesser, et rangez-les dès que vous avez fini de vous en servir
Pour éviter de vous blesser en soignant les plantes, portez des gants. Si vous vous blessez en manipulant de la terre, consultez sans tarder un médecin pour vérifier si une vaccination antitétanique est nécessaire.
Lorsque vous utilisez engrais et produits de traitement, conformez-vous strictement aux indications d'emploi figurant sur les emballages. Conservez ces produits hors de portée des enfants et des animaux domestiques. Leur ingestion ou leur contact avec les yeux peut provoquer de graves problèmes de santé.
L'installation des systèmes d'arrosage doit se faire dans les règles. Le cas échéant, faites appel à un professionnel pour les systèmes importants.

Mes plantations mois par mois

Mes plantations en janvier

Mes plantations en février

Mes plantations en mars

Mes plantations en avril

Mes plantations en mai

Mes plantations en juin

Mes plantations en juillet

Mes plantations en août

Mes plantations en septembre

Mes plantations en octobre

Mes plantations en novembre

Mes plantations en décembre

Crédits photographiques
Pour la partie Fleurs :
Friedrich Strauss

Pour la partie Légumes :
Toutes les photos sont de Jürgen Stork, à l'exception de :
Borstell : pp. 70, 86 en bas, 87 en bas ; de Cuveland : pp. 103 à droite, 108 en haut ; König : p. 91 à droite ; Pforr : p. 87, au milieu et à droite ; Reinhard : pp. 77 en haut, 78 à gauche et à droite ; p. 79 en haut et en bas, 80 en haut, 81 en haut, 82 à gauche, 183 en haut et en bas à gauche, 84 en haut, 85 en haut, 86 en haut à gauche, 115 ; Sammer : pp. 74-75, 76 en haut, 80 en bas, 82 à droite, 84 en bas, 87 à gauche et au milieu à gauche ; Silvestris/Brockhaus : p. 81 en bas ; Silvestris/Hanneforth : p. 76 en bas ; Stork : pp. 64, 66-67, 67 à droite, 69, 72 en haut et en bas, 77 en bas, 83 en bas à droite, 85 en bas, 86 en haut au milieu, 87 à droite, 90-91, 93, 94, 95 en haut et en bas, 96 en haut et en bas, 97, 98 en haut et en bas, 99, 100, 101 en haut et en bas, 102-103, 107, 110 en bas, 119 ; Willner : p. 86 en haut à droite.

Pour la partie Fruits :
Toutes les photos sont de Peter Himmelhuber, à l'exception de :
Burda : pp. 132-133, 134 (en haut) (Skogstad), 150-151 (Stork) ; Nickig : p. 48 (à droite) ; Rheinhard : pp. 122-123, 125, 145 (en haut), 155, 164 ; Silvestris : pp. 123, 145 (en bas) (kuch) ; Stein : pp. 147 (en haut), 163, 168 ; Strauss : pp. 129, 131, 139 (à droite), 140 (à gauche), 141 (les deux), 142 (en bas), 144 (en bas), 146 (en haut), 148, (à droite), 152, 157, 158, 173, 174.

Pour la partie Plantes aromatiques :
Burda/Mein schöner Garten : p. 201, 212, 228, 219 (à droite) ;
Busek : p. 215 (à gauche), 233 (à gauche) ; Eigstler : p. 227 (à gauche), 232 (à gauche) ; Eisenbeiss : p. 216, 221, 218 (à gauche), 223 (à droite) ; Felbinger : p. 198, 229 (à gauche) ; Greiner und Meyer : p. 208 ; König : p. 22 (à droite), 226 (à gauche) ; Marktanner : p. 184 ; Reinhard : pp. 191, 205, 229 ; Reuter : p. 222 ; Riedmiller : pp. 225, 219 (à gauche) ; Scherz : p. 223 (à gauche) ; Teubner : pp. 179, 206 ; Skogstad : p. 178, et toutes les autres photos.

Couverture : Jacques Debru (à gauche et en bas à droite), Pierre Ginet (en haut à droite).

Dépôt légal : 45519 - Mai 2004
N° éditeur : OF 51229
ISBN : 2.01.620906.2
62.63.0906.02.8

Impression : G. Canale & S.p.A., Turin, Italie.